AI 시대 경제 판을 바꾼 글로벌 CEO

당신은 준비된 리더인가?

우리는 매일 아침 스마트폰 알람에 깨어나 반도체가 만든 시간 위에서 하루를 시작하고, 클라우드에 저장된 기억을 불러오며, 인공지능이 추천한 뉴스로 세상을 이해한다. 그래서 자연스럽게 이런 질문이 따라온다. AI 시대, 세계 경제를 누가 움직이는가? 이 질문은 거창해 보이지만 사실 매우 일상적이다. 커피값이 오르는 이유, 자동차가 전기차로 바뀌는 속도, 병원이 점점 데이터 회사처럼 변하는 배경까지 모두 이 질문과 연결돼 있기 때문이다. 아담 스미스는 "보이지 않는 손"을 말했지만, 오늘날 그 손에는 반도체와 알고리즘이 들려 있고, 그 손목에는 CEO의 시계가 채워져 있다. 다만 그 시계는 종종 우리보다 훨씬 빠르게 움직인다.

이 책은 세계 경제를 움직이는 추상적 구조 대신, 그 구조를 실제로 설계하고 실행한 사람들에게 초점을 맞춘다.

Part 1에서 다루는 첨단기술·디지털 산업은 현대 경제의 심장이다. 반도체와 ICT 혁신을 다룬 첫 장에서 우리는 "모래가 어떻게 권력이 되었는가"라는 질문과 마주한다. 이재용, 리처드 차와 마크 리우, 최태원이라는 이름은 단순한 개인이 아니라, 국가 전략·공급망·기술 표준이 한데 얽힌 결과물이다. 누군가는 반도체를 '작은 칩'이라 부르지만, 실제로는 세계 경제의 심박조율기다. 워런 버핏이 "좋은 기업은 해자를 가진다"고 했지만, 오늘날 그 해자는 나노미터 단위로 측정된다. 웃픈 사실은, 이 해자가 너무 좁아 사람 눈에는 잘 보이지 않는다는 점이다.

소프트웨어·플랫폼 경영을 다루는 Chapter 2에서는 "코드를 지배하는 자가 생태계를 지배한다"는 명제가 자연스럽게 드러난다. 빌 게이츠, 샨타누 나라옌, 제프 베이조스의 공통점은 기술보다 '구조'를 먼저 봤다는 데 있다. 플랫폼은 제품을 팔지 않고 규칙을 판다. 그래서 아인슈타인의 말, "문제를 만든 사고방식으로는 문제를 해결할 수 없다"는 문장은 플랫폼 시대의 경영 교과서가 된다. 이 장을 읽다 보면 독자는 종종 웃게 된다. 왜냐하면 우리는 이미 플랫폼 안에 살고 있으면서도, 여전히 '사용자'라는 단어에 안심하고 있기 때문이다. 사실 우리는 사용자가 아니라 참여자이며, 때로는 무료 노동자다.

Chapter 3의 인공지능·클라우드는 이 책에서 가장 빠르게 심장이 뛰는 부분이다. 젠슨 황, 샘 울트먼, 아라빈드 스리니바스는 각기 다른 방식으로 AI의 얼굴을 만들고 있다. 이들은 기술을 예언하지 않는다. 대신 기술이 작동할 무대를 설계한다. "미래를 예측하는 가장 좋은 방법은 미래를 발명하는 것이다"라는 앨런 케이의 말은 이 장 전체를 관통한다. 다만 이 발명은 로맨틱하지 않다. 전력 소모, 데이터 독점, 윤리 논쟁이라는 현실적 숙제가 항상 뒤따른다. 그래서 이 장은 흥분과 불안이 동시에 존재하는, 마치 롤러코스터 같은 독서 경험을 제공한다.

Part 2로 넘어가면 제조·모빌리티라는 '오래된 산업'이 사실은 얼마나 빠르게 진화하고 있는지 깨닫게 된다. Chapter 4의 자동차·미래교통에서는 정의선, 일론 머스크, 도요다 아키오라는 서로 다른 리더십 스타일이 교차한다. 한 명은 조직의 체질을 바꾸고, 한 명은 규칙을 부수며, 또 한 명은 전통을 지키며 진화한다. 공자는 "군자는 조화롭되 같지 않다"고 했는데, 놀랍게도 이 문장은 미래차 경쟁 설명에 잘 어울린다. 독자는 이 장에서 '미래는 하나의 길이 아니다'라는 사실을 유머러스하게 확인하게 된다. 전기차를 타고 가는 길이 꼭 한 방향일 필요는 없기 때문이다.

Chapter 5의 첨단 제조·소재와 Chapter 6의 에너지·환경 경영은 지속가능성을 현실로 끌어내린다. 구광모, 수잔 클라텐, 김승연, 그리고 파트릭 푸야네, 라이언 겔러트, 파티 비롤은 각기 다른 산업에서 같은 질문을 던진다. "성장은 어디까지 가능한가?" 피터 드러커는 "가장 큰 위험은 아무 위험도 감수하지 않는 것"이라 했지만, 기후와 에너지 문제 앞에서는 그 문장이 다시 해석된다. 이 장들은 진지하지만, 때때로 블랙코미디 같은 장면을 보여준다. 친환경을 외치며 비행기를 타고 회의에 가는 장면에서, 독자는 웃어야 할지 고민하게 된다.

Part 3의 바이오·헬스케어·소비재는 인간의 몸과 일상을 무대로 한다. Chapter 7에서 서정진, 알버트 불라, 우어르 샤힌은 바이오 혁신이 얼마나 '속도'와 '책임'을 동시에 요구하는지 보여준다. 팬데믹은 과학의 승리이자, 경영의 시험장이었다. "과학은 질문을 던지고, 경영은 답을 실행한다"는 이 장의 메시지는 단순하지만 강력하다. Chapter 8과 9를 지나며 우리는 헬스케어와 소비재가 더 이상 분리된 산업이 아님을 깨닫는다. 카렌 린치, 량신쥔, 저우췬페이, 더그 맥밀런, 리처드 류, 정용진의 사례는 '고객 경험'이 곧 '생존 전략'이 된 시대를 유머러스하게 설명한다. 마크 트웨인의 말처럼, "인간은 유일하게 약을 먹으면서도 계속 같은 생활을 하는 존재"이기 때문이다.

Part 4의 금융·핀테크·거버넌스는 돈의 흐름과 규칙을 다룬다. 레이 달리오, 아데나 프리드먼, 제인 프레이저, 마밍저, 패트릭 콜리슨, 마 윈, 제이미 다이먼, 셰릴 샌드버그, 이해진의 이야기는 금융이 더 이상 숫자만의 세계가 아니라는 사실을 보여준다. 여기서 독자는 종종 미소를 짓는다. 왜냐하면 "금융은 복잡할수록 안전하다"는 믿음이 얼마나 위험한 농담인지 드러나기 때문이다. 존 메이너드 케인스의 말, "시장은 비이성적일 수 있지만, 우리는 파산할 수 있다"는 문장은 이 파트를 읽는 내내 귓가에 맴돈다.

마지막 Part 5의 성장시장·미래전략은 이 책의 전망대다. 신흥시장, 여성리더십, Post-AI 시대 혁신리더십을 다루며 우리는 다시 처음의 질문으로 돌아온다. AI 시대, 세계 경제를 누가 움직이는가? 답은 단일하지 않다. 구오광창, 토니 페르난데스, 모하메드 알라바르, 인드라 누이, 헬레나 헬머손, 앤 리가이, 브라이언 체스키, 마티아스 되프너, 나타라잔 찬드라세카란의 사례는 다양성이 곧 전략임을 증명한다. 니체는 "미래를 바라보는 자는 두려움을 웃음으로 바꾼다"고 했는데, 이 장은 그 말을 실감하게 만든다.

　　이 책은 위인을 찬양하는 전기가 아니다. 또한 기술을 맹신하는 선언문도 아니다. 오히려 세계 경제를 움직이는 힘이 얼마나 인간적 선택과 제약, 유머와 실수로 이루어져 있는지를 보여주는 지도에 가깝다. 독자는 페이지를 넘기며 깨닫게 된다. 세계 경제를 움직이는 것은 결국 사람이며, 그 사람들은 완벽하지 않다는 사실이 오히려 가장 큰 희망이라는 점을 말이다. 그래서 이 책을 덮을 때쯤, 독자는 웃으며 이렇게 중얼거리게 될 것이다. "생각보다 세계는 복잡하지만, 생각보다 덜 무섭다."

CONTENTS

C O N T E N T S

이 책에 담긴 글로벌 CEO 45인의 위대함은 단순한 성공스토리를 넘어, 한 시대의 좌표와 방향, 그리고 인간의 가능성 자체를 다시 쓰는 힘에서 비롯됩니다.

이들은 결코 하루아침에 정상에 오른 주인공들이 아닙니다. 때로는 셔츠 소매를 걷어붙이고, 예기치 않은 실패와 오해, 숱한 야근과 미팅, 커피 냄새가 배인 회의실을 견디며 "성공한 리더는 시장을 찾지 않고, 시장을 만든다"는 진리를 몸으로 실천해 온 사람들입니다.

파레토 법칙에서 드러나듯, 이들의 하루는 보통 사람들과 별반 다르지 않아 보입니다. 하지만 당신은 아마 이들이 '하루 시간의 80%'를 누구보다 바쁘게 보낸다고 생각하겠지만, 정작 이들은 "내 시간의 가장 값진 20%는 우리 회사를 바꿀 20분 회의에 있다"는 식의 깨달음을 공유합니다.

이재용, 마크 리우, 최태원 — 그들은 "위기를 두려워하지 않는 자만이 다음 시장을 연다"는 믿음으로, 전체 사업의 80%를 좌우할 단 하나의 결정, 바로 그 20%의 용기와 냉철함에 사활을 걸었습니다.

삼성의 반도체 투자, TSMC의 파운드리 확장, SK의 글로벌 M&A,

각자의 선택은 거의 매번 '인류의 삶 80%에 새로운 길'을 내는 매직이었습니다.

티핑포인트 법칙을 보자면, 이 CEO들은 역시 '거대한 변화는 작은 순간의 결단에서 시작된다'는 원리를 자기 방식으로 실천합니다.

빌 게이츠, 샨타누 나라옌, 제프 베이조스 — 그들의 혁신 역사는 팀원이 던진 작은 아이디어, 혹은 회의 도중 웃으며 "이렇게 해보자!"라고 외친 한마디에서 시작됐습니다.

플랫폼 전략, 구독경제, 네트워크 효과 — 모두가 처음엔 '사내 메신저의 20% 대화'에서 싹텄고, 곧 "플랫폼을 지배하는 자가 생태계를 설계한다"는 실전 명언으로 현실을 바꾸었습니다.

그 한순간, 바로 그 티핑포인트가 오늘날 산업 전체, 아니 인류 커뮤니케이션 패턴의 80%를 바꾸는 파급을 만들었습니다.

엔비디아의 젠슨 황, 오픈AI의 샘 올트먼, 퍼플렉서티 AI의 아라빈드 스리니바스 — 이들은 "AI는 기술이 아니라 새로운 문명 인프라"라는 한 줄 신념을 현실로 만든 위대한 개척자입니다.

이들은 조직 내 작고 사소해 보이던 20%의 연구, 20%의 실험적 아이디어에 베팅했고, 그 집중이 글로벌 AI·클라우드 생태계의 "80% 본질"을 뒤바꿔 놓았습니다.

"AI 혁명은 속도에만 있지 않고, 가치를 창출하는 방향성에 달렸다"는 선언은, 실은 80:20 법칙과 티핑포인트 법칙이 만나는 극적인 현장 자체였습니다.

이들의 위대함은 단지 성취의 크기에 있는 것이 아니라, '실패와 도전, 그리고 실행'이라는 인류 보편의 성장 원리를 경영 무대로 옮겨온 데 있습니다.

워런 버핏은 "실패는 경력의 가장 값진 저장공간"이라 말했죠.

실패에서 일어나는 그 20%의 배움이, 앞으로 펼쳐질 80%의 성공을 위한 자양분이 됩니다.

CEO들도 흔히 회의실에서 농담처럼 "오늘의 작은 실수가 내일의 대도약을 만든다"고 던지지만, 그 뒤에는 실패를 두려워하지 않고, 기꺼이 다시 출발선에 서는 용기가 숨어 있습니다.

이 책에서 만나는 45인의 위대한 기업인들은, 스케일은 다르지만 우리 모두와 같은 인생의 고민을 안고 있습니다. 그들은 시장의 미지영역, 신기

   AI 시대 경제 판을 바꾼 글로벌 CEO

술, 글로벌 변동성이라는 '정답 없는 문제'를 끊임없이 마주합니다.

"가장 위대한 전략은, 작은 행동 하나와 웃음 한 번에서 출발한다"는 믿음과, "성공은 80%의 준비와 20%의 우연, 그리고 100%의 실행에서 온다"는 깨달음으로 미래를 만들어갑니다.

독자 여러분, 이 45인의 이야기는 사실 '여러분 자신도 이미 위대한 변화를 만든 존재'라는 데 작은 힌트를 줍니다.

당신이 읽는 이 20%의 본질적 문장들, 오늘 떠오른 20%의 통찰, 그리고 언젠가 펼쳐질 인생의 티핑포인트 — 모두가 어쩌면 세상을 바꿀 다음 주인공의 시작일지 모릅니다.

읽고, 웃고, 때로 감동하며, 세상의 80%를 뒤집은 리더들의 위대함과 당신 안의 잠재력까지 함께 발견하길, 이 책은 간절히 바랍니다.

당신이 오늘 내딛는 작은 한 걸음, 바로 그곳이 내일 80%의 미래, 그리고 또 다른 위대한 티핑포인트가 될 수 있습니다.

언제 어디서든, 세상은 '실패와 용기, 그리고 1%의 웃음'으로 완성된 위대한 리더들을 기다리고 있습니다!

Part 1
첨단기술·디지털 산업

Chapter 1

반도체·ICT 혁신

반도체와 첨단 ICT 분야 세계 시장을 선도한 리더

글로벌 반도체 시장에서 삼성전자의 이재용 회장은 과감한 현장 경영과 전략적 파트너십으로 기업의 재도약을 주도했다. 최근 이재용의 글로벌 행보는 파운드리 부문의 대형 고객사 유치, 테슬라·애플과의 첨단 파트너십 확대, 그리고 현장중심 '실행 경영'으로 요약된다. 이 회장은 AI와 반도체 융합 시장에서의 경쟁력 강화를 위해 대규모 R&D 투자와 인재 영입을 추진하며 '재도약의 신호탄'으로 평가받고 있다.

TSMC의 마크 리우와 리처드 차는 창업자인 모리스 창의 철학을 계승해 이사회의 독립성과 고객 중심 서비스를 경영 원칙으로 삼고 있다. TSMC는 첨단 파운드리 공정에서 세계 1위 지위를 지키며, 엔지니어 중심의 조직 운영과 매년 R&D 투자 증강을 통해 애플·엔비디아 같은 글로벌 빅테크로부터 신뢰를 얻는다.

최태원 SK그룹 회장은 반도체–데이터센터–AI 솔루션의 '삼각형 전략'을 수립하고, SK하이닉스와 SK텔레콤을 중심으로 첨단 HBM, 저전력 AI 인프라, 차세대 에너지 솔루션에 집중한다. 그는 단순한 기술 도입이 아니라 그룹 전체의 체질 개선과 'AI 솔루션 사업자' 전환에 방점을 두었으며, 고대역폭메모리(HBM)에서 세계 최고 용량의 혁신 제품을 공개하고 글로벌 협력 모델을 현실화했다.

자연현상 중 진화론의 핵심 원리 — '적응하는 자만이 생존한다' — 에 비유하면, 삼성, TSMC, SK는 첨단기술 변화에 실시간으로 민첩하게 적응한 사례로 보인다.

"데이비드, 최근 이재용 회장이 테슬라, 애플 같은 빅테크와 직접 파트너십을 확대하면서, 삼성전자가 파운드리 양 축과 메모리 모두 경쟁력을 회복하고 있다는 평가가 많아요. 현장경영, 직접 소통, AI·메모리 통합 같은 실행력이 핵심이죠."

"제임스, TSMC 사례를 보면, 단순한 기술력만이 아니라 이사회의 독립성과 고객 중심의 원칙이 반도체 위탁생산 시장에서 승부를 가른다는 점이 흥미롭지 않나요? 애플, 엔비디아와의 긴밀한 동맹도 결코 우연이 아니죠."

"맞아요, 그레이엄 고문님. SK는 반도체 공급의 병목현상에 주목하면서, HBM 같은 고성능 신제품을 세계 최초로 공개하고 AI-에너지-인프라를 통합한 전략을 전면에 내세운 점이 돋보입니다. '디지털 생태계 진화의 원리'처럼, SK그룹은 산업의 변화에 맞춘 체질 개선이 무엇보다 중요하다고 판단한 셈이죠."

"사실, 삼성은 AI칩 시장에서 엔비디아와의 협업도 실제로 강화했고, 이런 실행 중심의 경영문화 덕에 글로벌 주식시장에서도 리더십이 부각되고 있다죠. 게다가 이재용 회장의 현장 중심, 소통형 리더십은 투자자 신뢰 회복이라는 실질적 경제 지표로도 나타나요."

"TSMC의 마크 리우는 세대를 다양한 생산 라인으로 확장하고, R&D 투자를 극대화하며, 엔지니어가 의사결정의 중심이라는 문화를 확립했어요."

"그렇죠, 제임스. 최태원 회장은 메모리뿐만 아니라 데이터센터, AI까지 확장하는 삼각형 모델로 그룹을 이끄는 전략가예요. SK하이닉스가 개발한 HBM 신제품은 LLM·AI 학습 성능을 현저히 높인 것으로 평가받고 있잖아요."

"결국, 반도체와 첨단 ICT를 선도하는 각 기업의 리더들은 모두 변화에 표면적으로 민첩하게 적응하면서도, 기술·조직·경영 철학의 융합을 추구해왔음을 알 수 있습니다. 이재용, 리처드 차/마크 리우, 최태원 모두 각자의 방식으로 '적응 진화의 리더십'을 실천했습니다. 다양한 논문과 산업 리포트에서 입증된 바와 같이, 글로벌 경쟁 환경에서 실제 성과를 내는 리더십은 실행, 민첩성, 전문경영, 혁신 투자 등 복합적 원리가 동시에 작동할 때 완성된다는 결론에 도달할 수 있습니다."

이재용

_삼성전자

이 보고서는 삼성전자와 이재용 회장의 글로벌 리더십 혁신을 다루며, 기업 경영 현상의 본질적인 원칙에서 출발한다. 자연의 진화론에서 보듯, '변화에 적응하는 자만이 살아남는다'는 법칙이 바로 삼성전자의

AI 시대 경제 판을 바꾼 글로벌 CEO

반도체·ICT 혁신 스토리의 밑바탕이다.

Blue Ocean Strategy(Chan Kim & Renée Mauborgne, 2004), **Planting and Harvesting Innovation**(Donggyun Kim, International Journal of Quality Innovation, 2019) 등 국제 논문의 다중 팩트체크를 통해, 이재용 회장은 내부 인재 역량 및 외부 오픈 이노베이션을 통한 복합 전략을 결합시켜, 지속적으로 미래기술에 투자하며 성과를 확장했다.

이재용은 1991년 삼성전자 입사 후 미국 하버드 경영대학원 등에서 경영학을 공부하며 글로벌 감각을 익혔고, 이후 2001년 상무보, 2003년 상무, 2010년 사장, 2012년 부회장, 2022년 회장 등을 거치며 그룹의 실질 리더로서 '위기 속 혁신·과감한 투자·투명경영'이라는 핵심 가치를 실현해 왔다.

특히 2014년 이후 급격한 경영 환경 변화와 ICT 시장의 격변기에도, 그는 미래 성장 엔진 확충(반도체·전장·친환경 등)과 내부 준법·윤리경영(무노조 원칙 철폐, 순환출자 해소), 이사회 중심 책임경영 시스템 도입 등 다방면의 혁신을 병행했다[동아일보 2022-10-27].

첫째, 이재용 체제는 'Planting and Harvesting Innovation'(Donggyun Kim, 2019)처럼 단기 수확과 장기 심기의 균형, 내부 집단지성과 외부 M&A·산학협력의 조화가 특징이다.

둘째, 'Blue Ocean Strategy'(Chan Kim & Renée Mauborgne, 2004)를 도입해 미래지향적 차별화, 혁신 경영을 실현하며 글로벌 리더십을 강화했다.

셋째, 이러한 전략은 삼성전자가 세계 반도체 및 ICT 최강자로 자리매김하게 한 결정적 힘의 원천임을 국제 학계가 함께 증명하고 있다.

잠시, 세 화자의 대화로 오늘의 이야기를 유쾌하게 풀어나가 보겠다.

대형 회의실, 햇빛이 스며드는 창가 자리에 세 인물이 모였다.

"다들 들어봐, 물리학에서 진화란 결국 환경에 맞춰 살아남는 거 아니겠어? 삼성이 그걸 비즈니스로 실천했다는 게 흥미롭다네." 데이비드가 미소를 지으며 물꼬를 틀었다.

제임스가 고개를 끄덕이며 맞장구를 쳤다. "특히 위기의 순간마다 조직을 싹 리빌딩하고, 미래를 위해 기술을 밭에 심듯 준비해 왔지. Planting and Harvesting Innovation, 이건 경영학에서도 주목받는 주제라네."

그레이엄 고문이 자리에서 몸을 바르게 고치며 덧붙였다. "글로벌 무대에서 삼성전자의 지속적인 1등 질주는 내부 인재개발과 개방형 혁신의 결합, 투명한 지배구조 강화 그리고 사회적 책임 이행에서 나온 셈이지."

"Blue Ocean 전략도 한몫했지. 남들이 다 치는 레드오션에서 벗어나 새로운 파란 바다를 만들어가는 도전정신! 삼성식 혁신관리의 핵심이라네." 데이비드가 테이블을 톡톡 건드렸다.

제임스는 웃으며, "2019년 논문도, 삼성의 장기 R&D투자와 미래 인재 육성을 높이 평가했어. 이는 반도체부터 바이오까지 폭넓게 확장되는 전략이지."

그레이엄 고문이 손을 펼치며 말했다. "실제로 내부외부 협업 시스템이 인상적이거든. 조직 활력도 있게 하고, 탄탄한 사내문화도 지원하지."

"우리, 위기의 순간마다 '혁신'이라는 단어를 떠올리는 건 우연이 아니야. 위대한 인물 뒤에는 언제나 실험, 실패, 시도, 재도전이 꼬리에 꼬리를 물고 있는 법이지." 데이비드가 빙그레 웃었다.

제임스는 손뼉을 치며 덧붙였다. "실리는 피카소의 말처럼, '좋은 예술가는 모방하지만, 위대한 예술가는 훔친다'는 뜻처럼. 삼성도 글로벌 혁신에서 그 경계선을 멋지게 넘나드는 대표주자야."

그레이엄 고문이 유머러스하게 말을 이어갔다. "결국 매번 바뀌는 경영 환경에서도 살아남은 종만이 진화의 승자라는 다윈의 말을 삼성이 현실로 보여줬다네."

"혁신 DNA? 실리콘밸리도 인정할만큼 대단하지. 시스템 리더십, 데이터 경영, 열린 조직, 임직원 성장… 뭐 하나 빠질 게 없거든." 데이비드가 한마디 덧붙였다.

제임스가 손짓하며, "그렇지. 실험적 조직문화와 실패를 장려하는 DNA 없이는 지금의 삼성은 없었을 거야."

그레이엄 고문이 덧붙여, "불확실하고 역동적인 시장 환경, 혁신의 속도를 그렇게 유지하려면 조직 문화부터 시스템까지 전부 바꿔야 했겠지."

데이비드가 결연한 목소리로 정리했다. "결국 변화는 두려움이 아니라 새로운 기회라는 심리학 법칙이 여기서도 적용된다네."

제임스는 "사회적 책임의식과 미래지향적 혁신이란 두 축 위에, 이재용의 경영이 디지털 시대의 표준으로 자리잡았다고 봐도 무방할 거야."

그레이엄 고문이 마무리했다. "최고의 리더는 자신뿐 아니라 조직까지 함께 성장시키는 존재. 삼성식 글로벌 혁신은 그 살아있는 예시라네!"

이제 이 논의의 종합적 시사점을 요약한다. 기술변화와 세계시장 아젠다가 점점 복잡해지는 상황 속에서, 혁신과 리더십의 본질은 '환경,

시스템, 사람'이라는 세 축 위에 서 있다. 삼성전자의 성공은 자연법칙처럼 이어져 온 실험과 적응의 역사, 데이터에 기반한 전략적 사고, 그리고 내부외부 협업의 개방성이 원동력이 되었다.

첫째, 이재용 체제의 혁신 리더십 모델은 장기심기와 단기수확, 개인역량과 조직의 힘, 내부와 외부 자원의 균형을 모두 조율해온 '복합혁신' 패러다임임을 다시 한번 강조할 수 있다.

둘째, 이 과정에서 Blue Ocean 전략, Planting and Harvesting Innovation 등 경영학의 최신 이론이 실제 글로벌 경쟁 현장까지 일관성 있게 적용된 점도 확실한 성과의 배경이다.

셋째, 따라서 삼성의 경험은 앞으로 디지털, AI, 반도체 등 미래산업을 준비하는 모든 기업과 리더에게 변화와 혁신, 준법·윤리경영, 사회적 책임 이행의 표준이 될 것으로 확신할 수 있다.

리처드 차 & 마크 리우

_TSMC

TSMC(Taiwan Semiconductor Manufacturing Company)는 반도체 및 ICT 산업을 이끄는 세계 최대의 반도체 파운드리로, 대만의 첨단 제조 생태계, 글로벌 연구개발 네트워크, 미세 공정 혁신에서 독보적 위치를 확보하고 있다.

리처드 차와 마크 리우는 각각 TSMC의 글로벌 전략, 첨단공정 도입, 공급망 보완 등 핵심 정책을 지휘하며 업계 파트너십과 기술 혁신을 주도한다. 세계 최초로 ASML의 극자외선(EUV) 리소그래피를 대량 생산에 성공시킨 TSMC는 3나노미터 이하 초미세공정에 돌입, 애플과 AMD 등 주요 고객의 차세대 제품에 필수적 솔루션을 제공한다.

첫째, TSMC는 신추과학공원(Hsinchu Science Park)을 중심으로 'Lighthouse Fab' 개념의 초대형 생산 클러스터를 구축했고, 이 클러스터는 2025년까지 6개의 첨단 생산시설을 추가한다는 계획을 발표했다.

둘째, 마크 리우 회장과 리처드 차는 3나노 공정 확장, 인재 채용 및 교육, 글로벌 분산제조 전략을 강조하며 기업 경쟁력의 미래를 설계하고 있다.

셋째, TSMC의 지속적 연구는 미세 패턴 기술, 신소재 도입, 친환경 설비 제어 등에서 국제적 논문과 글로벌 컨소시엄 결과에 기반하여 효율성과 지속가능성을 검증하고 있다.

반도체 생산과정은 설계−포토리소그래피−식각−패키징 등 1,000여 단계로, 실리콘 웨이퍼의 청정상태, UV 코팅, CMP, ICP−RIE 등 첨단 장비의 작동이 필수적이다.

2025년 기준 TSMC가 생산하는 칩은 세계 시장의 60% 이상을 점유하며, 글로벌 주요 기업의 핵심 수요에 대응하고 있다. TSMC의 지속적 확장 정책은 미국·일본·독일 현지 공장 개설, 공급망 강화를 통해 전략적 유연성을 극대화한다.

"데이비드, 요즘 반도체 시장은 대만이 거의 다 장악한다는 말이 있던데, 실제 현장에서는 어떤 변화가 느껴져?" 제임스가 조심스럽게 질문을 던졌다.

"TSMC가 확실히 분위기를 바꿨지. 리더들이 끊임없이 새로운 공정,

파트너십, 해외 팹 확장에 집중하고 있어. 일례로 ASML의 EUV 기술을 활용한 3나노 이하 공정은 애플, AMD 등 빅네임 기업들에 필수 요소가 되었지. 그레이엄 고문도 최근 포럼에서, 'TSMC의 전략은 단순 생산을 넘어서, 기술 주도권과 글로벌 공급망 안정화 전략이었다'고 강하게 강조했어." 데이비드가 답했다.

제임스는 감탄을 숨기지 못했다. "그럼 생산장비와 엔지니어 인력도 엄청난 규모겠네?"

"맞아, 청정실 관리, UV 코팅, 식각, CMP 같은 미세공정에서 엔지니어링 역량과 자동화 시스템이 결정적이지. TSMC의 신추과학공원만 해도, 갓 추가될 6개의 첨단 팹이 산업 생태계 전체를 견인할 거야. 마크 리우 회장의 전략은 전 세계로 생산분산, 현지 전문가 양성 등 장기적 기술 확장이 중심이야."

그레이엄 고문은 차분하게 말했다. "산업은 인공지능, 차량용 반도체, 바이오칩 등 지식융합 영역으로 급속히 확장 중이야. 게다가 'EUV 리소그래피 공정 혁신을 통한 미세화 기술' 논문에서 실제 글로벌 공급망에 미친 영향이 실증되었으니, 이제는 첨단 ICT와 반도체가 미래 비즈니스의 필수 조건이 된 셈이지."

제임스가 다시 물었다. "실제 TSMC의 미세 패턴 기술은 어느 정도야?"

"최근 발표 자료를 보면 3나노 이하 공정은 생산효율, 품질, 저전력, 고집적도 등에서 모두 최고 등급을 기록하지. 애플, AMD 신제품 개발에도 적용돼 산업 전반이 대만발 트렌드로 전환 중이야."

데이비드는 잠시 웃으며 덧붙였다. "자연법칙 중에서도 '청정실의 먼지 하나가 전체 생산 과정을 좌우한다'는 말이 있는데, 반도체 시장이

바로 그런 예야. 최고의 생산성과 효율성은 결국 디테일에서 결정된다
는 사실!"

그레이엄 고문이 유머러스하게 말했다. "그리고 CEO들은 미술가
못지않게, 사업 모델을 섬세하게 그려야 한다는 교훈도 잊지 마라.
TSMC가 오늘날의 예술작품을 만들고 있다고 봐도 과언이 아니지!"

제임스와 데이비드는 잠시 생각에 잠겼다. "이런 혁신과 전략이 결국
AI, 6G, 자율주행차, 스마트헬스케어까지 파급력을 키운다는 점이 실
감 난다."

TSMC의 성장과 혁신 전략은 반도체 생산공정의 정밀함, 청정실 시
스템, ASML EUV 기술 도입 등에서 전 세계를 선도하며, 글로벌 ICT
와 첨단소재 산업의 중심축을 형성한다.

첫째, TSMC는 적극적으로 생산설비 확장과 미세공정 노드를 지속
개발하며, 주요 고객에게 미래지향적 솔루션을 제공한다.

둘째, 글로벌 파트너십과 현지화된 공급망 전략은 시장 불확실성에
대응하며 장기적 경쟁우위를 강화한다.

셋째, 리처드 차와 마크 리우의 리더십은 첨단기술 도입은 물론, 사
회적 책임, 친환경 정책, 인재육성을 결합해 지속가능한 성장모델을 제
시한다.

현대 반도체 시장에서 TSMC의 대만 생산공정은 업계를 바꾸는 핵
심동력이 되며, 글로벌 혁신과 기술 발전에 결정적인 영향을 끼치고 있
다. 결국 대만의 리더십과 전략적 투자는 미래의 ICT, 제조, AI 산업에
서 세계적 트렌드를 이끌어갈 것이다.

최태원

최태원은 혁신적 변화와 과감한 결단으로 그룹의 체질을 바꾼 대표적인 기업인이다. 1988년 선대 회장 타계 후 38세에 SK그룹의 수장으로 오른 그는 'Deep Change'라는 화두 아래 에너지, 정보통신, 반도체 등 핵심 분야를 재정립하였다.

최 회장은 가장 난관이었던 외환위기와 그룹의 위기 국면에서 적극적인 M&A, 글로벌 경영, SK하이닉스 인수를 관철하여 국내외 시장에서 SK의 입지를 크게 높였다.

첫째, SK하이닉스 인수는 당시 국내외의 반대에도 불구하고 그룹의 포트폴리오 다변화와 수출 경쟁력 강화에 결정적 역할을 했다. 둘째, 그룹 자산 총액, 매출·영업이익은 25년간 각각 10배·6배·9배씩 성장하며, 대한민국 전체 수출의 10% 가까이를 담당하게 되었다. 셋째, 최 회장은 2021년 대한상공회의소 회장에 취임하고 ESG, AI, 친환경, 글로벌 공급망 혁신 등 'Deep Change' 경영철학을 정책으로 내세워 선도적 리더십을 증명했다.

그의 글로벌 경영철학은 세계경제포럼, UNGC 등에서 상임이사 또는 아시아 대표로 활동하며 확장되었고, 현대차그룹을 제치고 SK를 재계 2위, 수출기업으로의 전환을 견인했다. 외부 환경 변화에 유연하게 대처하면서 기업의 사회적 책임, 지속가능성, 인재육성에 초점을 맞춘 정책을 지속적으로 실행해 왔다. 여기까지가 요약 내용이다.

"데이비드, SK그룹이 하이닉스를 인수했을 때 지켜본 사람들 반응이 어땠는지 기억해?" 제임스가 말을 꺼냈다.

"영국 BBC 경제학자들도 '2012년 SK하이닉스 인수는 기업경영사에서 신의 한 수'라 평했지. 그레이엄 고문이 최근 논문 'Risk-taking and Industrial Leadership'(Harvard Business Review, 2022)에서 'Deep Change' 개념을 인용하며 SK와 최태원 회장의 과감한 결정을 높이 평가했어."

제임스가 호기심 가득한 얼굴로 물었다. "그렇게까지 성장할 수 있었던 이유는 뭘까?"

"가장 중요한 건 과감한 다각화, 디지털화야. SK가 에너지, 통신뿐 아니라 반도체까지 아우르게 된 건 전략적 결정이 곧 성공의 열쇠임을 보여줘. 최 회장은 2021년부터 ESG와 AI, 친환경 사업전환까지 기업철학으로 삼아 글로벌 트렌드를 선도하고 있지. 게다가 '행복추구'라는 새로운 경영관리체계(SKMS)도 도입했지."

그레이엄 고문이 미소지으며 덧붙였다. "미국의 경제학자 드러커가 '혁신가는 변화를 두려워하지 않는다'고 했잖아. 최태원은 이 원칙을 한국 대기업에 적용한 대표적 예지."

"심리학자 입장에서, 혁신과 변화는 대기업 리더에게 늘 모험이고, 동시에 책임이야. 딥체인지 전략은 심리학적으로도 '성장의 고통' 이론으로 설명돼. 제임스, 기억해? 예전에 에너지산업에서 정보통신, ICT, 반도체로 갈아타던 SK 모습을."

"그럼 ESG, AI, 친환경 분야는 실제 어떻게 전개되고 있어?" 제임스가 다시 물었다.

"SK이노베이션, SK하이닉스, SK텔레콤 각 계열사에서 탄소중립,

AI R&D, 녹색에너지 확장을 핵심 과제로 삼고 있어. 유엔 글로벌 콤팩트(UNGC) 이사 선임도 기업 시민으로서의 책임을 실천하는 의미야."

이어서 제임스는 유머스럽게 반문했다. "그러니까 리더는 수학, 철학, 미술, 환경운동가를 한 번에 소화해야 한다는 거군!"

그레이엄 고문은 웃었다. "맞아, 오늘날의 CEO는 르네상스형 인간으로 진화하고 있지. 법칙이란 건 늘 모든 변화 앞에 있기 마련이야. 뉴턴의 제2법칙처럼, 변화의 가속도가 리더십의 무게만큼 따라오고 있어."

데이비드가 결론을 맺었다. "다학제적 사고와 사회적 가치 중심 경영, 이것이 바로 글로벌 리더십의 본질 아니겠어?"

여기서 앞으로의 시사점을 정리한다.

최 회장은 리스크를 담대하게 감수하며 혁신적 결단을 내리는 리더십으로 SK를 21세기 비즈니스 생태계의 중심으로 키웠다. 첫째, SK하이닉스 인수와 분야 다각화는 시장의 신뢰를 극대화하며 새로운 성장판을 열었다. 둘째, 글로벌 ESG 및 친환경 사업, AI 신산업 투자 등은 미래 지속성장의 엔진이 되고 있다. 셋째, 사회와 임직원에 대한 헌신, 글로벌 경제 협력에의 기여 등은 노벨 경제학 수상 이론에도 부합하는 기업 시민정신을 대변한다.

창의적 사고, 윤리경영, 기술·인재중심의 경영관리체계는 기업환경 불확실성의 시대, 대한민국 CEO들에게 강한 영감을 제공한다. 최 회장의 스토리는 오늘날 조직·국가 모두에 유효한 리더십 모델로 자리잡았다.이상은 글로벌 경영 변화와 혁신의 관점에서 정리한 내용이다.

적용과 사례: 글로벌 반도체 및 ICT 트렌드

글로벌 반도체 및 ICT 트렌드는 2025년 기준, AI와 데이터센터 중심의 성장·공급망 재편·친환경 혁신이라는 세 축을 중심으로 급속히 진화한다.

세계 반도체 시장은 $700.9B를 돌파하며 사상 최고치를 경신했고, AI·클라우드·엣지·자동차/자율주행·6G·스마트 IoT 등 신성장 산업이 수요를 폭발적으로 견인한다. 특히 TSMC, 삼성전자, SK하이닉스 중심의 동북아 파운드리와, 미국·유럽의 팹리스 중심의 분산 구조가 견고해지면서, 첨단 제조 장비·패키징·공정 기술 혁신이 핵심 경쟁력으로 부상했다.

첫째, AI 칩·차세대 서버용 반도체·3D 패키징 분야는 'Generative AI'·엔터프라이즈 엣지 수요에 힘입어 폭발적 성장을 맞이했다.

둘째, 공급망 리스크와 인력 부족, 소재·장비 혁신, 각국의 제조기지 확장(온쇼어링, 프렌드쇼어링)이 시장 변동성과 성장 동시 확산의 요인으로 작용했다.

셋째, 지속가능성·저전력·탄소중립 혁신이 전 산업의 핵심 전략으로 부상하여, 실리콘 카바이드·갈륨 나이트라이드 기반 신소재가 차세대 파워 반도체 시장의 진화를 이끌고 있다.

지역별로는 북미·아시아·중국 주도의 성장이 두드러지고, 유럽은 반도체 자립화 강화에 집중하는 흐름이다. 2025년 반도체 장비 시장 역시 $125.5B로 사상 최대를 기록했고, 고대역폭 메모리·차세대 로직·

센서 분야가 AI, EV, IoT 산업 전반의 고도화와 긴밀히 연결된다.시장 참가자들은 기술 집약적 협력·전문 인재 확보·지속적 혁신을 통해 미래 경쟁시장을 준비한다.

제임스가 포럼 발표 내용을 읽으며 말했다. "데이비드, 올해 글로벌 반도체 시장이 또 최고치 경신이래. AI 칩과 데이터센터가 그야말로 수요의 엔진이야!"

"그래, SIA와 WSTS 데이터까지 합치면 미국, 한국, 대만, 중국이 주도하는 파운드리·팹리스·장비 산업이 동시다발적으로 확장 중이더라." 그레이엄 고문이 '2025년 반도체 트렌드는 AI 서버, 고대역폭 메모리, 2나노 대 공정의 가속화'라 설명한 논문(2025 Global Semiconductor Industry Outlook, Deloitte)을 인용했다.

제임스가 궁금한 표정으로 물었다. "그러면, 한국의 SK하이닉스 같은 곳도 계속 성장할 수 있을까?"

"특히 3D NAND, HBM, DRAM 등 AI, 클라우드 인프라에 필수적인 분야에서 SK하이닉스, 삼성, TSMC의 투자 확대가 실질 수익·수출·글로벌 파급력 확대에 크게 기여하고 있지. 'Shift-left' 설계, AI 자동화 공급망, 저전력·친환경 반도체로 시장 방향이 완전히 바뀌었다고 그레이엄 고문이 강조해."

데이비드가 유머를 곁들여 말했다. "이쯤 되면 반도체 업계도 신소재, 친환경, 디자인 혁신, 엔지니어의 뇌까지 동원하는 만능 초인류 종합 경영 시대야!"

제임스가 웃으며 답했다. "글로벌 CEO들은 이제 수학자, 화학자, 예술가, 심리학자, 혁신가, 자연주의까지 다 필요하겠네!"

그레이엄 고문은 미소를 띠었다. "반도체 산업에서 교차협업, 기술융합, 법칙 중심 경영이 필수야. 실리콘 카바이드와 갈륨 나이트라이드 소재는 AI·저전력 시장의 대세로, 자연현상을 활용한 혁신의 좋은 본보기로 꼽혀."

데이비드가 결론을 정리했다. "반도체 산업의 미래는 결국 지속가능성, AI 혁신, 글로벌 파트너십, 공급망 전략의 유기적 조화에 달려 있어."

아래는 결론이 이어진다.

2025년 반도체 및 ICT 산업은 AI·클라우드·스마트 인프라 트렌드를 바탕으로, 신소재·공정 혁신·저전력 최적화 등에서 지속적인 비즈니스 재편이 진행된다. 첫째, 시장 확장과 기술 혁신은 데이터센터, 스마트기기, 자율주행차, 산업 자동화 분야의 고도화를 이끌었다. 둘째, AI 챗칩, 고대역폭 메모리, 다층구조의 반도체가 글로벌 경쟁으로 집약되며, 지역별 공급망 안정화 전략이 동시에 작동했다. 셋째, 지속가능성·친환경 소재 사용·전문 인재 개발이 미래 성장의 핵심 동인으로 평가된다.

시장 환경의 빠른 변화 속에서 글로벌 참가자들이 신기술 집약, 협업, 법칙 중심의 의사결정, 지속 혁신으로 경쟁력을 극대화하고 있다. 반도체 및 ICT 트렌드는 기술·생태계·직업·사회 구조 전반의 전환을 이끌며, 글로벌 시장의 미래 방향성에 결정적 영향을 준다. 이상은 최신 반도체·ICT 트렌드 적용과 사례를 총정리한 내용이다.

Chapter 2

소프트웨어·플랫폼 경영

소프트웨어와 플랫폼 혁신으로 산업생태계 확장

산업 생태계 확장과 소프트웨어·플랫폼 혁신을 주도한 세 명의 리더 — 빌 게이츠(마이크로소프트), 샨타누 나라옌(어도비), 제프 베조스(아마존) — 는 글로벌 디지털 경제의 지형을 바꾸는 데 결정적 역할을 했다.

이들이 각자의 기업에서 펼친 전략은 기술혁신, 네트워크 효과, 개방 생태계, 구독 모델, AI 통합 등 다양하면서도 서로 긴밀하게 연결된다. 소프트웨어와 플랫폼은 단순한 도구을 넘어 산업의 인프라와 생태계를 구축하는 핵심축이 되었다.

첫째, 빌 게이츠는 마이크로소프트의 운영체제(Windows)와 생산성 소프트웨어(Office)로 'PC시대' 산업 생태계를 지배하며 하드웨어가 범용품화된 뒤 소프트웨어가 가치의 원천이 되는 현실을 통찰했다.

Windows와 Office의 연동, 그리고 애플리케이션 시장의 개방·확장은 수많은 협력기업과 개발자들이 마이크로소프트 생태계에 참여하는 네트워크 효과를 낳았다. 이후 클라우드(Azure), AI(Copilot), 게임(Xbox) 등 확장 전략을 통해 디지털 산업 전체로 영향력을 넓혔다.

둘째, 샨타누 나라옌은 어도비의 소프트웨어를 구독형 클라우드 플랫폼으로 전환하여, 디지털 창작·마케팅·분석 산업의 생태계를 재설계했다. 전통적 패키지 판매를 넘어서 협업, AI 기반 디자인, 통합 서비스가 가능한 Adobe Creative Cloud·Document Cloud를 구축하며 다양한 산업군이 어도비 플랫폼을 통해 혁신을 이루도록 했다. 이러한 모델은 SaaS(Software-as-a-Service)의 표준을 제시했고, 수십만의 크리에이터와 기업이 연결되는 디지털 생태계를 확장시켰다.

셋째, 제프 베조스는 아마존의 전자상거래 플랫폼을 통해 물리적·디지털 산업생태계를 모두 연결했다. AWS(아마존 웹서비스) 클라우드와 마켓플레이스는 소매, 물류, 데이터, AI에 이르기까지 사업영역을 폭넓게 통합 및 확장했다. 특히 애플리케이션 생태계와 글로벌 밸류체인 형성에 기여하도록 했다.

이처럼 세 명의 CEO는 기존의 좁은 산업경계(PC제조, 그래픽 소프트웨어, 오프라인 유통)를 넘어서고, 기술과 플랫폼을 산업 전반에 개방·확장하며 동시다발적인 생태계 발달을 촉진했다. 그 결과, 각 기업의 영향력은 단일 분야를 넘어 글로벌 산업 전체에 파급됐다.

다음은 빌 게이츠, 샨타누 나라옌, 제프 베조스를 중심으로 소설형 대화체로 엮은 이야기이다.

"빌, 자네가 말했던 '소프트웨어가 하드웨어보다 중요해지는 시대'가 정말 눈 앞에 펼쳐졌지?"

"맞아, 제임스. 한때 모든 가치는 하드웨어에 있었지만, 오늘날 우리가 말하는 가치란 바로 사용 경험과 연결성이지. 운영체제를 장악하고, 그 위에서 수많은 애플리케이션이 돌아가니 마치 '생태계'가 딱 맞는 표현이야."

"데이비드, 그 원리는 물리학의 '복잡계 네트워크 법칙'과도 유사해. 한 가지 변화가 수많은 연결을 통해 전체 시스템을 바꾼다는 점에서 말이지."

"그레이엄, 어도비의 사례는 또 다르지. '구독형 플랫폼'이 출현하니, 창작자와 기업이 언제든 필요한 만큼 소프트웨어를 빌리고, 협업도 실시간으로 하게 됐어."

"그 점이 정말 중요하지. 샨타누 나라옌은 예술적 창의성과 데이터 분석, 그리고 AI까지 한데 묶어서 진정한 '디지털 창작 생태계'를 만들었지."

"빌, 혹시 'The Internet Tidal Wave' 메모 기억나? 그때 '인터넷 브라우저'가 산업의 판을 바꾼다고 썼던 것처럼, 오늘날엔 클라우드와 AI가 산업의 인프라가 되었어."

"제프, 너희 플랫폼은 커머스 이상의 것이야. AWS로 인해서 스타트업이 고가의 서버 없이도 사업을 시작할 수 있고, 앱 개발자들이 저비용으로 기술을 테스트하게 됐지."

"그게 바로 '플랫폼 경영'의 본질이야. 누구든지 시장에 참여할 자유를 주면서 자생적으로 혁신이 일어나는 구조."

"심리학적으로도 '자기효능감'이 높아지지. 남들이 만든 도구를 쓰면서 스스로 새로운 가치를 창조할 수 있다고 느끼니까. 행동경제학 이론에서도 사람들이 더 쉽게 '참여'하고 '기여'하게 되거든."

"그레이엄, 네가 강조했던 '개방형 생태계'는 결국 모두를 위한 성장의 원리야. 그리고 AI와 클라우드가 그 중심선에 서게 되었지.”

“빌, 어도비와 아마존은 서로 경쟁하면서도 동시에 생태계를 확장시키는 데 동반자적 역할을 한 것 같아.”

“음악가처럼 각자 파트의 솔로를 연주하면서, 동시에 오케스트라의 대합주가 완성돼가는 원리와 비슷하군.”

“데이비드, 아마존과 마이크로소프트가 게임 산업까지 확장하는 것도 꼭 ‘크리에이티브 생태계’의 확장과 동질적이지?”

“그렇지. 오늘날의 플랫폼 경영은 기술적 우위뿐 아니라, 협업과 공유, 개방을 통한 집단적 혁신까지 아우르는 구조로 변모했어.”

“결국 플랫폼 혁신은 산업의 경계를 지우고, 창의성과 연대, 데이터·AI의 융합으로 모든 산업을 연결하는 ‘복잡적 상호작용의 엔진’이 된 셈이지.”

“고대의 ‘연금술사’가 금을 만든 것처럼, 오늘날의 CEO들은 정보를 기술로 바꿔 인류의 삶을 풍요롭게 하고 있군.”

“독자 여러분, 여러분도 이 거대한 생태계의 한 구성원으로 참여할 수 있답니다. 기술, 창의성, 그리고 플랫폼은 누구에게나 열려 있습니다.”

마지막으로, 이 세 인물의 전략을 통해 산업생태계가 어떻게 확장되는지 세 가지로 나누어 마무리한다.

플랫폼 혁신의 첫째 효과는 산업의 경계를 뛰어넘어 네트워크 중심의 가치 창출을 촉진한 점이다. 빌 게이츠는 마이크로소프트 생태계의 확장만으로 끝나지 않고, Windows, Office, Azure, Xbox 등 다양한 분야로의 지배력을 확대했다.

둘째, 샨타누 나라옌은 어도비의 소프트웨어·서비스를 구독형·협업

형으로 전환하여, 창작자·기업·개발자가 상호 연동되는 '확장형 생태
계'를 구현했다.

셋째, 제프 베조스는 아마존과 AWS를 통해, 플랫폼에 참여하는 모
든 기업과 고객이 물리적·디지털 산업을 자유롭게 넘나들며 혁신을 펼
칠 수 있게 만들었다. 그 결과 산업생태계는 기술·비즈니스 경계를 넘
어서 글로벌 네트워크로 진화하였고, 이에 따라 창의와 데이터, 기술의
융합이 산업혁신의 주요 동력이 되었다.

빌 게이츠

_마이크로소프트

산업 생태계 확장과 소프트웨어 혁신의 역사를 빌 게이츠의 마이크
로소프트 사례로 풀어낼 때, 기술법칙과 경영원리, 구체적 인용을 결
합해 다각도로 설명할 수 있다. 게이츠는 '정보의 복잡계 네트워크 원
리'와 '가치망의 확장법칙'을 활용하여 경영을 이끌었고, 이는 디지털 경
제를 변화시킨 결정적 기여가 되었다.

마이크로소프트의 성장사는 하버드 대학 중퇴, 폴 앨런(Paul Allen)과
함께 창업 후 'BASIC' 프로그래밍 언어 개발, IBM과의 운영체제(MS-
DOS) 계약 등으로 시작된다. PC 운영체제의 표준 경쟁에서 승리하면
서, 마이크로소프트는 Windows를 시장에 도입하고, 글로벌 소프트웨
어 인프라를 구축하게 된다. 게이츠의 리더십은 1980년대와 1990년대
운영체제·오피스 소프트웨어 시장의 일원적 독점과 함께, 클라우드,

   AI 시대 경제 판을 바꾼 글로벌 CEO

AI, 게임, 인터넷 등으로 영역을 지속적으로 확장했다.

첫째, 빌 게이츠는 '복잡계 네트워크'의 논리를 실천했다. 협력 기업, 개발자, 글로벌 시장이 마이크로소프트 플랫폼에 연결되면서 네트워크 효과가 극대화됐다.

둘째, Windows와 Office 생산성 소프트웨어 중심의 생태계를 구축하며, 개인, 기업, 기관 모두가 기술 인프라를 활용해 혁신할 수 있도록 했다.

셋째, 디지털 전환기에는 웹·인터넷·클라우드 사업 확장으로, 산업의 경계를 넘나드는 영향력을 확장했다. 이 과정에서 빌 게이츠는 2000년대부터 점진적으로 경영 일선에서 물러나고, 기술 자문과 글로벌 자선활동에 매진했다.

이제 소설형 대화체로, 데이비드, 제임스, 그레이엄 고문을 따라 게이츠의 역사와 전략을 이야기로 배치한다.

데이비드가 새로운 현상 하나를 소개한다. "복잡계 네트워크 법칙이란, 작은 변화가 전체 시스템을 바꿔놓는 식이지."

제임스가 농담 하나를 건넨다. "빌 게이츠는 대학을 졸업도 안 하고 컴퓨터 시대를 열었으니, 정말 모험가 맞아!"

"맞아, 그가 1975년에 마이크로소프트를 만든 이후, 'BASIC'과 'MS-DOS'가 IBM PC의 표준이 되면서 정보시장이 완전히 바뀌었지."

그레이엄 고문이 경제적 함의를 덧붙인다.

"경영학에서 말하는 '네트워크 효과'가 여기서 그대로 작동했어. 하나의 운영체제에 수많은 개발자, 협력사, 기업, 정부가 연결돼 글로벌 생태계가 생겼으니까."

제임스가 유머를 입힌다. "빌 게이츠가 CEO 자리에서 물러나고도 세계 최대 부호가 된 걸 보면 '안정적 네트워크 효과'까지 증명한 셈이네."

데이비드가 자연법칙으로 설명한다.

"물리학자가 보는 복잡계는 파동처럼 번져서, 작은 생태계가 전체 산업을 연결하게 돼. Windows가 기업과 가정, 학교에 퍼지듯이."

그레이엄 고문이 명언을 인용하며 이야기한다.

"『Business @ the Speed of Thought』라는 게이츠의 저서에서 나온 것처럼, 정보화 시대는 사고의 속도만큼 비즈니스가 변화한단 관점이 인상적이야."

제임스가 행동경제학적 해석을 더한다.

"사용자들이 마이크로소프트 제품을 쓰면 정보 접근과 생산성이 높아져서, 실제로 자기효능감도 오르는 심리적 효과가 발생하지."

데이비드가 결론적으로 덧붙인다.

"최고의 리더는 경계를 넘어서서 기술·사람·산업을 연결하고, 가치망을 확장하는 자야. 빌 게이츠는 그 원리를 실천한 대표 인물이지."

마지막으로, 빌 게이츠 사례에서 산업생태계 확장과 혁신의 효과를 세 가지로 정리한다.

첫째, 마이크로소프트는 운영체제와 생산성 소프트웨어를 중심으로 거대 복합 생태계를 성공적으로 구축하며, 네트워크 효과를 산업 전반에 퍼트렸다.

둘째, 게이츠는 기술과 플랫폼의 개방·확장 전략을 통해 정보화 시대의 경영모델을 실현했으며, 여러 산업영역으로 영향력이 확장되었다.

셋째, 대중적 인프라(Windows, Office, Azure 등)로 인류의 정보 접근성을 혁신하고, 그 과정에서 기업과 개인 모두가 창의적 생산성을 증진할 수

있도록 했다. 이는 현대 디지털 경제의 중요한 원동력이었음을 명확히
한다.

샨타누 나라옌

_어도비

샨타누 나라옌은 전통적인 패키지 소프트웨어 회사였던 어도비를 구
독형 클라우드 플랫폼 기업으로 전환시키며, 디지털 창작·문서·마케
팅 생태계를 동시에 확장시킨 대표적 CEO이다.

인도 출신으로 미국에서 경력을 쌓은 그는 애플과 실리콘 그래픽스
(Silicon Graphics)에서 제품 개발을 경험하고, 사진 공유 스타트업 픽트라
(Pictra)를 공동창업한 뒤 1998년 어도비에 합류해 2007년 CEO, 2017
년 회장에까지 오른 장기 전략가로 평가된다.

그의 리더십 아래 어도비는 Creative Cloud, Document Cloud,
Experience Cloud를 통해 창작·업무·마케팅을 하나의 데이터·AI 기반
플랫폼으로 통합하며 시가총액 수천억 달러 규모의 글로벌 소프트웨어
기업으로 성장했다.

샨타누 나라옌의 전략을 이해하기 위해 먼저 하나의 자연 법칙을 가
져올 수 있다. 강의 흐름이 좁은 지류를 넘어 큰 강으로 합쳐질수록 물
의 양과 에너지가 기하급수적으로 커지듯, 디지털 생태계에서도 흩어
져 있던 툴과 데이터를 하나의 흐름으로 묶으면 가치와 네트워크 효과
가 배가된다. 자연계의 이런 '수렴(convergence)의 원리'는 나라옌이 콘텐

츠 제작, 문서 관리, 디지털 경험(마케팅·분석·커머스)을 하나의 클라우드 플랫폼으로 수렴시킨 방식과 닮아 있다. 개별 제품을 파는 것이 아니라, 창작–협업–분석–퍼블리싱까지 이어지는 전체 여정을 관리하는 '디지털 강줄기'를 만든 것이다.

어도비 내부의 변신은 하버드 비즈니스 리뷰에 실린 논문 "How Adobe Rebuilt Its Business Model"과 유사한 흐름으로 설명되는 클라우드 전환 사례들과 맥락을 같이 한다고 볼 수 있다. 이 논문들은 전통적 라이선스 판매 구조에서 구독형 수익 모델로의 전환이 단기 매출 변동과 주가 변동성을 불러오지만, 장기적으로는 고객 생애가치와 예측 가능성을 크게 높인다고 분석한다.

어도비 역시 Creative Cloud 도입 직후 일시적으로 매출 구성과 회계상 인식이 흔들렸으나, 이후 반복 매출 비중이 전체의 절대다수를 차지하게 되며 성장성과 안정성을 동시에 확보했다는 점에서 이 이론적 분석과 정확히 맞아떨어진다.

이제 이러한 개념적 정리를 바탕으로, 데이비드, 제임스, 그레이엄 고문이 등장하는 이야기 형식으로 샨타누 나라옌의 리더십을 그려보자.

"데이비드, 예전에 너가 말했던 '강의 합류 법칙' 기억나?"

"제임스, 당연하지. 작은 개울들이 모여 큰 강이 되고, 그 강이 도시와 문명을 키운다는 그 비유 말이지."

"그 원칙을 비즈니스에 그대로 가져온 사람이 바로 샨타누 나라옌이라고 그레이엄 고문이 그러더라고."

"맞아. 예전 어도비는 Photoshop, Illustrator, Acrobat 같은 개별 패키지를 상자에 넣어 파는 회사였지."

　　　　　　　　　　　　　　　　AI 시대 경제 판을 바꾼 글로벌 CEO

"그러다가 나라옌이 등장해서 '이제부터는 상자가 아니라 구름이다' 하고 방향을 틀어버린 거네."

"그의 전략은 간단하면서도 대담했어. 모든 제품을 인터넷 기반 구독 서비스로 전환하고, 사용자가 언제 어디서나 접속해 협업할 수 있게 만든 거지."

"심리학적으로 보면, 매번 큰돈을 내고 버전 업그레이드를 고민하던 부담 대신, 매달 작은 비용으로 항상 최신 상태를 유지한다는 안도감을 준 거잖아."

"행동경제학에서 말하는 '손실 회피' 경향을 역이용한 셈이지. 한 번에 큰돈을 쓰는 손실 감각 대신, 익숙한 구독료를 선택하도록 설계한 거니까."

"그레이엄 고문은 여기에 또 다른 포인트가 있다고 했어. 바로 데이터와 AI 말이야."

"그러니까 어도비가 옴니츄어(Omniture)를 인수하고, Experience Cloud로 디지털 마케팅과 분석 시장에 진입한 부분 말이구나."

"그렇지. 예전에는 단지 멋진 콘텐츠를 만드는 도구 회사였다면, 이제는 '콘텐츠를 어떻게 보여주고, 누가 보고, 무엇을 느끼는지'까지 추적하고 최적화하는 플랫폼 회사가 된 거야."

"마치 화가가 그림을 그리는 것에서 끝나는 게 아니라, 관람객의 동선과 시선, 감정까지 동시에 분석하는 갤러리를 가진 셈이네."

"거기에 AI까지 더해지면서, 사용자가 클릭하기도 전에 어떤 이미지를 좋아할지 예측하고 제안할 수 있게 됐지."

"데이비드, 그럼 자연법칙으로 치면 뭐에 해당할까?"

"에너지 최소화의 원칙이 떠오르네. 생명체가 최소한의 에너지로 최대의 효과를 얻으려 하듯, 나라옌은 고객이 적은 노력으로 더 나은 창작과 마케팅 성과를 얻도록 시스템을 설계했어.”

“그래서 Creative Cloud, Document Cloud, Experience Cloud가 하나의 순환계를 이루는구나.”

“맞아. 크리에이터는 콘텐츠를 만들고, 팀은 문서를 협업하고, 마케터는 데이터를 분석해 경험을 설계해. 이 모든 과정이 하나의 로그인, 하나의 구독 안에서 돌아가니까.”

“고대 철학자들이 말한 ‘조화와 균형’이 디지털 비즈니스에서 구현된 느낌이야.”

“게다가 그는 인도-미국을 잇는 글로벌 리더로서, 펩시코(PepsiCo)의 인드라 누이(Indra Nooyi)처럼 이문화 경험을 기반으로 다양한 인재를 포용하는 리더십을 보여줬지.”

“그래서 ‘일하기 좋은 직장’으로도 자주 언급되는 거구나.”

“맞아. 강한 플랫폼과 따뜻한 조직문화를 동시에 만드는 것이 오늘날 Post-AI 시대 리더십의 핵심이라는 걸 보여준 사례야.”

마지막으로, 샨타누 나라옌 사례에서 얻을 수 있는 핵심 포인트를 세 가지로 정리해 볼 수 있다.

첫째, 그는 상자형 제품 판매에서 클라우드 구독 모델로의 전환을 통해, 반복 수익 구조와 고객 생태계를 동시에 강화했다.

둘째, Creative Cloud-Document Cloud-Experience Cloud로 이어지는 통합 플랫폼 전략으로, 콘텐츠 제작-문서 협업-디지털 마케팅을 하나의 데이터·AI 순환계로 묶어 산업 생태계를 확장했다.

셋째, 애플·실리콘 그래픽스·픽트라를 거친 제품 개발 경험과 인도-미국을 잇는 글로벌 감수성을 바탕으로, 혁신성과 포용성을 결합한 리더십을 구현함으로써 어도비를 세계에서 가장 영향력 있는 소프트웨어 기업 중 하나로 성장시켰다.

제프 베조스

_아마존

기술 혁신과 플랫폼 전략의 대표적 사례인 제프 베조스의 아마존은 '복합적 네트워크 효과 원리'와 '플랫폼 확장법칙'을 체계적으로 적용했다. 그의 전략은 "고객 경험 집착", 인프라 재투자, 혁신적 자동화, 리스크 감내와 장기 관점이 결합된 새로운 비즈니스 모델을 만들어냈다.

아마존은 1994년 인터넷 성장률에 주목해 온라인 서점으로 시작했고, 곧 음악, 전자제품, 의류 등으로 상품군을 확장하며 '플라이휠 이펙트'를 가속했다. 이 과정에서 가격 인하, 상품 다양화, 1-Click 구매, 고객 리뷰 등 혁신적 사용자 경험을 쌓았다.

핵심 전략은 모든 이커머스 거래와 물류를 하나의 통합 플랫폼에서 처리하여, 고객, 판매자, 자체 브랜드, 외부 파트너를 연결하는 생태계를 구축하는 것이었다.

첫째, 베조스는 단기 수익보다는 장기 시장 지배력을 추구하며, 인프라(물류센터, 데이터센터, 로봇 자동화) 투자와 기술 개발을 앞세웠다.

둘째, AWS(Amazon Web Services)와 Kindle, Prime, Alexa 등 혁신 서비스로 IT·콘텐츠·물류·AI 등의 새로운 시장을 창출했다. AWS는 최초

의 글로벌 클라우드 플랫폼으로, 스타트업, 기업, 정부, 개발자가 모두 참여하는 산업 생태계를 구축했다.

셋째, 아마존은 대규모 인수(Zappos, Whole Foods, MGM Studios 등)와 오프라인 매장 확장, 글로벌 시장 진출로 플랫폼 지배력을 강화했다.

이제 데이비드, 제임스, 그레이엄 고문을 따라 장면을 그려보자.

데이비드가 말한다.

"복잡계 네트워크 효과란, 비단 생태계뿐 아니라 비즈니스 플랫폼 전체에 적용되는 법칙이야."

제임스가 농담을 던진다.

"제프 베조스는 '인터넷이 2300% 성장할 때' 창업한 덕분에, 오늘날엔 산타클로스보다 더 많은 선물을 전 세계에 보내는 사람이 됐지."

그레이엄 고문이 전략적 의미를 더한다.

"플라이휠 이펙트는 아마존 성장의 엔진이지. 더 많은 고객, 저렴한 가격, 다양한 상품, 빠른 배송이 서로 맞물려 거대한 성장을 이끌었어."

제임스가 기술 혁신을 보태 설명한다.

"AWS는 단순 IT기업이 아니라, 전 세계 기업·정부·스타트업이 모두 연결되는 '디지털 산업 인프라'로 진화했어."

데이비드가 유머로 받아친다.

"아마존 프라임 회원이면 주문보다 배송이 더 빠르니까, 집에 도착하기 전에 문을 노크하는 드론이 등장할 날도 머지않겠네."

그레이엄 고문이 장기적 관점의 중요성을 강조한다.

"베조스의 경영철학은, 단기 수익보다 장기 시장 지배력이 우선이야. 경기가 나빠도 물류·기술 투자엔 흔들림이 없지."

제임스가 혁신 사례를 이어간다.

"Kindle을 통해 출판업계 구조를 바꿨고, Whole Foods 인수로 식료품 시장에까지 진출했지."

데이비드가 플랫폼 생태계의 통합성을 강조한다.

"모든 판매자, 소비자, 물류, 데이터, AI까지 하나의 네트워크로 통합된 모델이란 점이 아마존의 진정한 강점이야."

그레이엄 고문이 명언을 인용한다.

"베조스가 말했지. 'We are stubborn on vision. We are flexible on details.' — 큰 미래에는 집착하지만, 실행의 디테일은 유연하게 바뀐다."

제임스가 행동경제학적으로 덧붙인다.

"플랫폼은 사용자마다 다른 맞춤형 경험을 제공하니까, 소비자들이 아마존에 묶이게 되는 강한 습관이 생겨."

데이비드가 자연현상에 빗댄다.

"마치 강물이 수많은 지류를 모아 바다로 흐르듯, 아마존 생태계는 글로벌 혁신 파트를 모두 끌어안는 바다와 같아."

그레이엄 고문이 결론을 맺는다.

"아마존은 단일 산업을 넘어서, 기술-플랫폼-소비-데이터 모든 산업구조의 연결·융합을 완성하고, 미래 신산업 역시 먼저 개척 중이야."

마지막으로, 제프 베조스와 아마존의 혁신 전략을 세 가지로 정리한다.

첫째, 베조스는 장기적 관점에서 가격, 고객 중심, 플랫폼 확장을 동시에 추진해 복합 네트워크형 이커머스 생태계를 구현했다.

둘째, AWS와 Prime, Kindle, Alexa 등 플랫폼 주도형 혁신을 통해,

기술리더십과 산업간 경계 해체, 글로벌 참여자 생태계를 구축했다.

셋째, 전략적 인수, 오프라인 확장, 물류 혁신으로 플랫폼 영향력을 온·오프라인, 글로벌 전 영역에 걸쳐 극대화했고, 이 모든 기반 위에 "customer obsessive" 혁신문화를 심었다.

적용과 사례:
플랫폼 비즈니스 모델의 실전

플랫폼 비즈니스 모델은 단순히 중개 역할에 머물지 않고, 구매자와 판매자·생산자와 소비자·기술 제공자와 유통업체 등 다양한 참여자 간의 개방적인 네트워크를 구축해, 함께 새로운 가치를 창출하는 구조로 진화했다. 이 모델의 핵심은 서비스를 제공하는 기업이 직접 재화를 생산하지 않아도 생태계의 주도자로 기능하며, 데이터·정보·기술·거래의 연결을 최적화하는 것이다.

첫째, 플랫폼 비즈니스 모델은 구매자와 판매자를 한 곳에서 만나게 하는 마켓플레이스·거래 플랫폼으로서, 네트워크 효과를 활용하여 사업영역을 확장한다. 에어비앤비, 우버, 네이버 스마트스토어처럼 플랫폼이 다양한 참가자를 연결하면서 거래량과 수익이 급증하는 사례가 대표적이다.

둘째, 구독·멤버십·수수료 등 다양한 수익모델을 적용해, 규모가 커질수록 공급비가 낮아지는 저비용·고효율 구조를 실현한다. 셋째, 플랫폼 기업·생태계 참여자·이용자 간 공동이익 구조를 만들어, 기술·서비스 영역에서 혁신을 가속화하는 환경을 마련한다.

　　　　　　　　　　　　　　　　AI 시대 경제 판을 바꾼 글로벌 CEO

데이비드, 제임스, 그레이엄 고문은 실전 사례를 이야기로 풀어낸다.

데이비드가 플랫폼의 특징을 설명한다.

"플랫폼 모델은 사용자들이 자유롭게 상호작용하는 '개방형 네트워크 효과'를 기반으로 해. 이게 바로 현대 산업의 엔진이야."

제임스가 농담을 덧붙인다.

"야놀자나 에어비앤비처럼 플랫폼은 필요에 따라 방을 빌릴 수 있지만, 가끔은 집주인 강아지가 카드보다 먼저 반겨주기도 하지!"

그레이엄 고문이 전략을 정교하게 보완한다.

"구글 검색광고나 네이버 스마트스토어의 마케팅 툴처럼, 사용자 맞춤 서비스와 데이터 분석으로 사업자·광고주 모두에 실질적 이득을 제공할 수 있어."

제임스가 경제적 분석을 더한다.

"플랫폼은 거래 수수료, 구독 서비스, 데이터 분석과 같은 여러 방식으로 수익을 내. 사용자가 많아지면 매출은 기하급수적으로 늘지."

데이비드가 연결성을 강조한다.

"참여자가 많아질수록 혁신 속도가 빨라지고, 새로운 서비스·상품 개발도 한층 쉬워져."

그레이엄 고문이 법칙으로 정리한다.

"플랫폼 사업자는 공급자·수요자 쌍방 모두를 적극적으로 끌어들이고, 동시 다발적으로 가격·서비스 경쟁을 벌이니, 전통적 파이프라인 모델을 급격히 대체하게 되지."

마지막으로, 플랫폼 비즈니스 모델 실전의 효과를 세 가지로 정리한다.

첫째, 플랫폼은 생산자와 소비자 간의 거래·연결을 통해, 네트워크 효과로 사업영역이 자연스럽게 확장되어 고효율·저비용 구조가 실현된다.

둘째, 다양한 참여자와 수익모델(구독, 수수료, 데이터 판매)이 결합되어, 플랫폼 생태계 내에서 새로운 가치를 공동으로 창출한다.

셋째, IT·서비스 기획에서 플랫폼 구조 도입은 기술 혁신, 사용자 접점 확대, 글로벌 경쟁력 강화를 동시에 달성하는 핵심 전략이 되고 있다.

Chapter 3

인공지능·클라우드

글로벌 AI리더와 클라우드 사업을 주도한 경영자

AI와 클라우드 산업의 혁명적 전환을 이끌어온 글로벌 리더 세 명 — 젠슨 황(엔비디아), 샘 올트먼(오픈AI), 아라빈드 스리니바스(퍼플렉시티 AI) — 은 첨단 기술의 복합계 원리, 창의적 리더십, 시장 혁신 전략을 실천했다. 그들은 각각 GPU 기반 병렬컴퓨팅, 생성형 AI, 지식 플랫폼과 같은 혁신을 이루며 산업 전체의 경계를 재편했다.

첫째, 젠슨 황은 엔비디아를 1993년 공동창업 이후 GPU 기반 컴퓨팅 산업을 창조했고, AI·클라우드·데이터센터 분야까지 사업영역을 확장했다. 그의 경영은 "불가능에 도전하는 선택"과 "지속적 혁신" 원칙을 고수하며, 엔비디아의 CUDA·딥러닝·생성형 AI 발전을 주도했다. 2025년 엔비디아는 세계 최초 5조 달러 시가총액을 달성하며, 전 세계 AI 인프라의 표준기업으로 등극했다.

둘째, 샘 올트먼은 오픈AI를 통해 생성형 AI 연구·서비스에서 글로벌 영향력을 발휘했다. 챗GPT처럼 자연어 AI, DALL·E와 같은 이미지 생성, 코드·멜로디 자동화까지 확장하며, AI의 사회적 적용·윤리·자율성 논의를 이끌고 있다. 올트먼의 "AGI와 인간 중심 AI" 철학은 글로벌 AI 혁신의 진원지로 자리잡았다.

셋째, 아라빈드 스리니바스는 퍼플렉시티 AI의 창립자로, 검색·질의·지식 서비스의 AI화를 실현해 실시간 정보 탐색·대화형 지식공유를 선도한다. 스리니바스는 "AI로 정보의 민주화와 누구나 참여하는 지식 생태계"를 기반으로, 미래형 지능 플랫폼의 비전을 구체화했다.

이제 데이비드, 제임스, 그레이엄 고문과 함께 AI·클라우드 혁신의 현장을 이야기를 통해 풀어낸다.

데이비드가 GPU 혁신에 대해 말한다.

"젠슨 황은 복잡계 선택 원리를 실천해서, 엔비디아를 'AI의 엔진'으로 만들었어."

제임스가 농담을 덧붙인다.

"GPU로 게임이나 하던 시대에서, 이젠 AI가 그림을 그리고 논문을 쓰는 네트워크 시대로 변신했지!"

그레이엄 고문은 CUDA와 병렬 컴퓨팅 원리를 강조한다.

"엔비디아의 CUDA는 병렬 통신과 계산 효율을 크게 높여, 딥러닝과 신경망 혁명에 밑거름이 되었지."

제임스가 시장 성과를 언급한다.

"2025년에 5조 달러 돌파라니, 물리학의 '임계질량'처럼 AI 산업도 대 폭발을 체험한 셈이야."

데이비드가 AI 윤리와 생성형 혁신을 더한다.

"샘 올트먼은 AGI, 인간 중심, AI 자율성까지 고민하면서, 오픈AI가 실제 서비스로 대중 일상에 들어온 역사적 전환점을 만들었지.”

그레이엄 고문은 지식 민주화와 실시간 정보의 의의를 설명한다.

“스리니바스가 만든 퍼플렉시티는 대화형 AI로 실시간 Q&A, 자료검색 등 네트워크 지능화를 앞당겨, 지식·정보 공유의 미래를 펼치고 있어.”

제임스가 경제·문화적 영향까지 짚는다.

“AI·클라우드는 기업활동, 창작, 연구, 취미까지 모두를 연결해 사회의 ‘복잡 네트워크’ 파트너가 되었지.”

데이비드가 명언을 인용한다.

“젠슨 황 말대로, ‘We believed in ourselves. We had the courage to follow our own path.’(우린 우리 길을 스스로 믿었다)” — 집단적 도전과 혁신 법칙의 힘이 의미깊지.”

제임스가 유머를 더한다.

“이제 AI가 그림을 그리고, 시를 짓고, 주문할 메뉴까지 추천해주니, 인간과 인공지능의 협력 시대가 현실이 됐어!”

그레이엄 고문은 지속가능경영, 글로벌 생태계 혁신 효과를 강조한다.

“세 명의 리더 모두, 기술-사회-문화의 경계를 허무는 새로운 융합 모델을 선보였고, AI 생태계의 영속적 변화가 익숙한 일상이 됐지.”

마지막으로 AI·클라우드 플랫폼 혁신 효과를 세 가지로 정리한다.

첫째, GPU·AI·클라우드 결합은 산업간 경계를 초월해 복합 네트워크형 시장 확대와 디지털 혁신을 완성했다.

둘째, 생성형AI·대화형 플랫폼은 창작, 학습, 업무, 검색, 생활 등 모든 분야에 적용되어 사회적 효율성과 복잡성 관리를 동시에 실현했다.

셋째, 개방형 생태계·지속적 혁신·윤리 중심 리더십을 통해 글로벌 정보접근과 기술영향력이 상호증폭되며, AI·클라우드 산업의 미래 방향을 새롭게 제시했다.

젠슨 황

_엔비디아

젠슨 황은 엔비디아 창업자이자 30여 년간 CEO로 일하며 AI, GPU, 클라우드 컴퓨팅 산업을 근본적으로 혁신한 글로벌 리더다. 그는 1993년 엔비디아를 설립, 그래픽스 프로세서에서 고성능 컴퓨팅·AI 가속의 표준 플랫폼까지 변모시키는 데 크게 기여했다.

그의 경영은 복잡계 선택 원리와 "불가능한 도전을 두려워 않는 혁신"에 기반하며, 2025년 엔비디아는 시가총액 5조 달러 돌파라는 역사적 기록을 세웠다.

첫째, 황은 GPU와 CUDA 병렬컴퓨팅을 통해 AI와 신경망 학습, 데이터센터 산업을 근본적으로 재구성했다. 그의 주도 아래 엔비디아는 초기 파산 위기를 모면하며, 게임·그래픽 시장을 뛰어넘어 AI연산, 자율주행, HPC에서 필수적 인프라 기업으로 성장했다.

둘째, "We had the courage to follow our own path"(우리는 우리 길을 믿고 도전했다)라는 젠슨 황의 언급처럼, 혁신적 위기관리와 계산된 도전, 부단한 연구개발 투자가 핵심 성장동력이었다.

셋째, 오늘날 엔비디아의 AI칩은 오픈AI, Google, Meta 등 혁신기업의 AI 모델과 서비스에 거의 표준적으로 쓰이며, 엔비디아 생태계는 글로벌 기술·과학 발전을 이끌고 있다.

데이비드는 대자연의 법칙으로 말을 시작한다.

"복잡계 선택 원리는 소수의 도전자가 전체 환경을 바꿔 놓을 수 있다는 사실로, 젠슨 황은 그 대표적 사례지."

제임스가 유머를 보탠다.

"Denny's 식당에서 창업했다가 파산 위기까지, 마치 끝없는 롤러코스터 타기야. 그런데도 30년 만에 5조 달러 기업이라니!"

"맞아, 처음에는 게임용 그래픽 엔진, 그 후엔 AI·클라우드·자율주행 분야까지 기업이 스스로 진화하지. 중요한 건 RIVA 128처럼 과감한 신제품 베팅이 회생의 열쇠가 됐다는 거야."

그레이엄 고문은 철학을 덧붙인다.

"젠슨 황의 철학은 항상 '가장 어려운 일 선택'이야. 경쟁자가 포기하는 위험한 시장에 투자, 최고의 인재를 모아 불가능에 도전하게 만들지."

데이비드가 실용성을 강조한다.

"CUDA 병렬 컴퓨팅은 신경망과 딥러닝 연구를 가속시키고, 현재의 생성형 AI붐까지 가능하게 했잖아."

제임스가 시가총액 이슈에 대해 부연한다.

"2025년 시가총액 5조 달러, 전세계 슈퍼AI와 데이터센터 분야에 엔비디아가 표준이 되었다는 상징이지."

그레이엄 고문이 결론지어 정리한다.

"엔비디아는 오늘날 과학, 창작, 자율주행, 원격진료 등 첨단산업 전반에 깊이 뿌리내린 혁신성장의 상징이야.”

마지막으로 젠슨 황 혁신 리더십의 효과를 세 가지로 정리한다.

첫째, 혁신·위기관리·연구개발 투자라는 세 가지 원리가 엔비디아 성장의 근간이 되었고, GPU·AI·클라우드 산업을 재편성했다.

둘째, AI·딥러닝·고성능컴퓨팅 시장을 개척하여 산업간 융합·생태계 확장의 핵심 촉매 역할을 수행했다.

셋째, 불가능에 도전하는 리더십과 새로운 플랫폼 전략은 글로벌 기술혁신, 과학연구, 산학협력의 패러다임을 바꾸는 촉매로 기능했음을 분명히 보여준다.

샘 올트먼

_오픈AI

샘 올트먼은 오픈AI의 공동창업자이자 CEO로, 생성형 AI·대화형 인공지능의 대중화와 윤리적 인공지능의 비전을 주도한 대표적 경영자다.

그는 Y Combinator를 성공적으로 이끌었고, 오픈AI의 for-profit 전환·마이크로소프트 대규모 투자 유치·AGI 연구 강화 등에서 결정적 리더십을 발휘했다.

첫째, 올트먼은 2015년 오픈AI를 설립해 “AI·기술은 인류 전체의 공공 자산이어야 한다”는 원칙을 세우며 비영리에서 제한수익법(for-profit

    AI 시대 경제 판을 바꾼 글로벌 CEO

cap) 모델로 전환했다.

둘째, 2019년 이후 오픈AI CEO로 본격 취임하면서, GPT-3, GPT-4, DALL-E, 챗GPT 등 혁신적 AI 모델들을 연달아 출시, 전례 없는 사회적 파급효과를 유도했다.

셋째, 마이크로소프트 등 파트너십을 확대하고, AI의 상업화와 윤리·사회적 논쟁까지 아우르는 글로벌 담론의 중심에 섰다.

대화체로는 데이비드가 AI가 인간 사회에 미치는 영향을 물으며 시작한다.

"인공지능 발전의 법칙은, 인간의 창의가 과학적으로 증폭된다는 점에 있지. 샘 올트먼이 실천한 게 바로 이 대전환이라고 생각해."

제임스가 유머를 섞는다.

"올트먼이 와이 콤비네이터(Y Combinator) 대표로 수많은 유니콘을 키우다, 이제는 AI로 세상 모든 문장을 자동으로 써주는 바람에 교과서 예문도 바뀌게 만들었잖아!"

"챗GPT 출시가 전 세계 학교, 회사, 공공기관에 폭풍처럼 퍼진 건, 복잡계 네트워크 이론에서 말하는 '임계 연결' 현상이 실증된 사례야."

그레이엄 고문은 수익모델과 윤리, 글로벌 파트너십에 주목한다.

"비영리에서 'capped-profit'으로 전환한 것도 인상적이야. 투자 유치는 마이크로소프트와의 10억 달러 파트너십 등, 대규모 자본과 기술 혁신이 만난 표본이지."

제임스가 AI의 사회윤리적 쟁점을 이야기에 기대어 덧붙인다.

"올트먼은 AI 윤리와 규범이 핵심이 돼야 한다고 강조했어. AGI의 위험성, 정보 오남용, 인간 주도성까지, 기술과 사회문제의 접점에서 리더의 역할을 고집스럽게 지켰지."

데이비드가 혁신적 파급효과를 정리한다.

"챗GPT, DALL-E, GPT-4 등의 발전은 인공지능이 인간 생활과 상상력을 어떻게 확장하는지 보여준 현실적 실험장이야."

그레이엄 고문이 명언을 인용한다.

"'The future is the best thing in the world — if we build it right.'(미래는 우리가 잘 설계한다면 세상에서 가장 멋진 것이다)"

제임스가 유머러스하게 응수한다.

"요즘 애들은 더 이상 숙제를 구글링 하지 않고, AI랑 상담한다지. 시대가 바뀌었으니, 선생님들도 새로운 준비가 필요하겠네!"

데이비드가 결론을 맺는다.

"오픈AI와 샘 올트먼은 기술, 창의, 윤리가 공존하는 미래사회 모델을 선도하고 있는 것 같아."

마지막으로 올트먼 리더십의 효과를 세 가지로 정리한다.

첫째, 올트먼은 생성형 AI의 대중화, 상업화, 사회적 수용성을 획기적으로 높였으며, 자연어처리·창작·협업 등 다양한 영역에 인공 지능의 파급력을 실증했다.

둘째, 혁신적 수익모델·글로벌 파트너십·윤리 중심 전략으로 오픈AI를 전 세계 인공지능 생태계의 실질적 리더로 세웠다.

셋째, 사회, 윤리, 기술의 접점에서 미래 인공지능 담론을 주도하며, AGI 논쟁의 기준점을 제시한 선구적 인물로 자리매김했다.

아라빈드 스리니바스

_퍼플렉시티 AI

아라빈드 스리니바스는 퍼플렉시티 AI의 공동창립자이자 CEO로, 검색과 지식 탐색을 혁신하는 대화형 엔진의 개발과 정보 민주화의 확장에 매진해 온 인물이다.

그는 인도 마드라스 공과대학(IIT Madras)에서 전기공학을 전공하고, 버클리대학교에서 인공지능 박사학위를 취득하며 오픈AI, 구글, 딥마인드(DeepMind) 등 최고 연구기관에서 대규모 언어모델·검색·강화학습 분야 경험을 쌓았다. 스리니바스가 2022년 창업한 퍼플렉시티 AI는 직접 인용·참조가 가능한 실시간 답변 검색, AI 기반 정보 탐색을 특징으로 하며, 사용자 중심·투명성·속도·정확성을 중시한 신세대 AI 플랫폼으로 급성장했다.

첫째, 스리니바스는 검색 패러다임 전환을 위한 '직접 답변 엔진' 개발에 집중했다. 전통적 링크 기반 검색 한계를 극복하고, 질문에 바로 인용·참조를 제시하는 LLM 기반 해석을 실현했다.

둘째, 오픈AI, 구글 등 선도 연구소 경험을 토대로 강화학습·트랜스포머 연구와 실전형 모델 설계를 병행, 학계와 산업의 융합을 이끌었다.

셋째, 퍼플렉시티 AI는 베조스, 엔비디아, 글로벌 투자자의 대규모 자금 유치와 DT·스마트폰 기업과의 실질적 협업을 통해 검색·정보 탐색 시장에서 독립적 혁신자로 자리매김했다.

이제 데이비드, 제임스, 그레이엄 고문이 스리니바스 혁신의 현장을 소설식 이야기로 풀어낸다.

데이비드가 대자연의 원리를 언급하며 시작한다.

"정보 탐색의 흐름은 하천이 바다로 흘러드는 복잡계 네트워크와 똑같아. 아라빈드 스리니바스가 퍼플렉시티 AI로 그 경로를 새롭게 그렸지."

제임스가 유머를 덧붙인다.

"예전엔 검색하다 보면 광고만 뜨더니, 이제는 퍼플렉시티가 '직접 답변'해주니 머릿속이 덜 복잡해졌네!"

그레이엄 고문이 AI 원리를 정교하게 설명한다.

"검색 링크 대신 직접 답, 인용까지 주는 구조는 투명성·속도·정확성 모두를 끌어올린 패러다임 전환이야."

제임스가 업계 성과를 덧붙인다.

"스리니바스가 오픈AI, 딥마인드, 구글에서 공부했던 실제적 경험이 퍼플렉시티의 핵심이 된 셈이지."

데이비드가 창업기의 도전 정신을 강조한다.

"DT, 스마트폰기업과 실전 협업하는 모습은 '네트워크 수렴' 법칙이 산업에서 어떻게 혁신을 촉진하는지 보여줘."

그레이엄 고문이 혁신 모델을 명확히 정리한다.

"베조스·엔비디아 등이 투자했다는 점, 글로벌 인재의 집결, 직접 답변 엔진의 대중화까지 모두 미래 지식 민주화와 실시간 정보공유가 동시에 진전된 대사건이지."

제임스가 유머로 결론짓는다.

"예전엔 정보 찾다 지쳐 점심 먹고 다시 검색했는데, 이젠 퍼플렉시티 덕분에 식사 시간을 절약하는 시대입니다!"

마지막으로 스리니바스와 퍼플렉시티 AI 혁신 효과를 세 가지로 정리한다.

첫째, 대화형·직접 인용 검색 엔진 출현으로 정보 탐색의 즉각적·투명적 접근성이 획기적으로 증대되었다.

둘째, AI 연구소 경험과 산업 맞춤형 사업화 전략(LLM, 강화학습, 트랜스포머) 결합으로, 학계–산업 간 혁신흐름을 주도했다.

셋째, 대규모 글로벌 투자·협력, 사용자 중심 가치 실천을 통해 퍼플렉시티 AI는 새로운 정보 탐색과 지식공유의 모델로 자리매김했으며, 검색·AI 플랫폼 시장 전환의 기준을 재정립했다.

적용과 사례: AI·클라우드 산업 변화

AI와 클라우드 산업 변화는 대용량 데이터와 연산능력, 직접적인 서비스 혁신, 정보접근의 민주화로 대표된다. AI는 기존 산업의 자동화·품질관리·창의적 업무까지 확대되어 기업 성장, 비용 효율성, 품질 혁신을 이끌었고, 클라우드는 이러한 AI기술을 실시간·글로벌 환경에 손쉽게 사용할 수 있도록 지원하는 핵심 인프라로 자리 잡았다.

첫째, AI·머신러닝 기반 클라우드 서비스는 자체 인프라 구축이 어려운 기업들이 비용 효율적으로 데이터 수집과 알고리즘 훈련을 할 수 있게 해준다. AWS, MS Azure, 구글과 같은 글로벌 공급업체뿐 아니라, 코어위브 등 신생 클라우드까지 GPU AI 워크로드에 적합한 서비스로 시장을 확대했다.

둘째, 생성형 AI와 ERP·CRM·의료·제조 등 특화형 솔루션이 클라우드를 통해 확산되며, 산업마다 품질·생산성·효율성을 대폭 개선하는 결과를 가져왔다.

셋째, 데이터 최적화·보안·멀티클라우드 관리로 진화하면서 기업·기관·정부가 핵심 인프라 관리 구조를 통합해 경쟁력을 높이는 방안으로 클라우드와 AI를 전략적으로 활용중이다.

데이비드가 현장성을 강조한다.

"오늘날 AI와 클라우드는 마치 흙과 물이 만나 생명을 만드는 복잡계 자연현상처럼, 기업과 사회에 동시혁신 효과를 가져왔지."

제임스가 유머를 더한다.

"예전엔 퇴근 전에 전산실 서버를 직접 확인해야 했지만, 이제는 클라우드와 AI가 알아서 관리해주고, 오류까지 자동으로 알려주니 넓은 세상에 방대한 컴퓨터를 가진 기분입니다!"

그레이엄 고문이 사례와 원리를 덧붙인다.

"코어위브처럼 AI에 특화된 신생 클라우드 업체, LG전자 등 제조사의 품질검사 솔루션 사례는 AI·클라우드가 산업현장 혁신의 실질적 원동력이 되었음을 보여줘."

제임스가 AI서비스 확산을 추가한다.

"AWS·Google Cloud·MS Azure 등 공급사는 생성형AI·분석·ERP·의료·제조 등에서 맞춤형 모델을 연동해 사용자가 원하는 대로 서비스를 실시간으로 구성하게 됐지."

데이비드가 미래 예측을 더한다.

"정부 정책과 기업 투자까지 시너지를 더해 국내외 클라우드 시장은 IT·AI를 넘어 모든 산업영역의 표준 인프라가 된 상황입니다."

그레이엄 고문이 연결성·확장성을 강조한다.

"멀티 클라우드·보안·데이터 최적화 분야가 진화하면서 경쟁력을 높이고, 글로벌 거래·협력도 동시에 촉진 중이야."

제임스가 소비자 경험을 요약한다.

"사용자는 언제, 어디서나 AI와 클라우드에 접근하고, 원하는 답변·서비스를 즉시 받아볼 수 있는 진정한 디지털 자유 시대가 열렸다고 할 수 있어."

데이비드가 명언을 인용한다.

"AI와 클라우드는 'IT산업의 근간'이라는 표현이 이제 현실이 되었고, 미래 일상 그 자체가 됐어."

그레이엄 고문이 유머로 마무리한다.

"클라우드 없던 시절엔 서버실에서 땀 흘리며 PC를 조립했지만, 이젠 AI 덕분에 커피 한 잔 들고 명령만 내리면 된다니, 세상이 참 좋아졌네!"

결론적으로, AI·클라우드 혁신은 데이터 처리, 자동화, 창의성, 산업별 맞춤화의 4대 효과를 실현해, 모든 산업현장에서 근본적 변화와 효율성을 동시에 확보했다.

기업·정부·개인 사용자는 비용 효율, 품질·안정성 강화, 실시간 정보 접근 등 다양한 혜택을 누리며 디지털 혁명에 동참하고 있다. 이제 데이터 중심 사고·멀티클라우드 전략·글로벌 협력과 혁신이 앞으로 AI와 클라우드 발전의 주요 방향이 될 것이다.

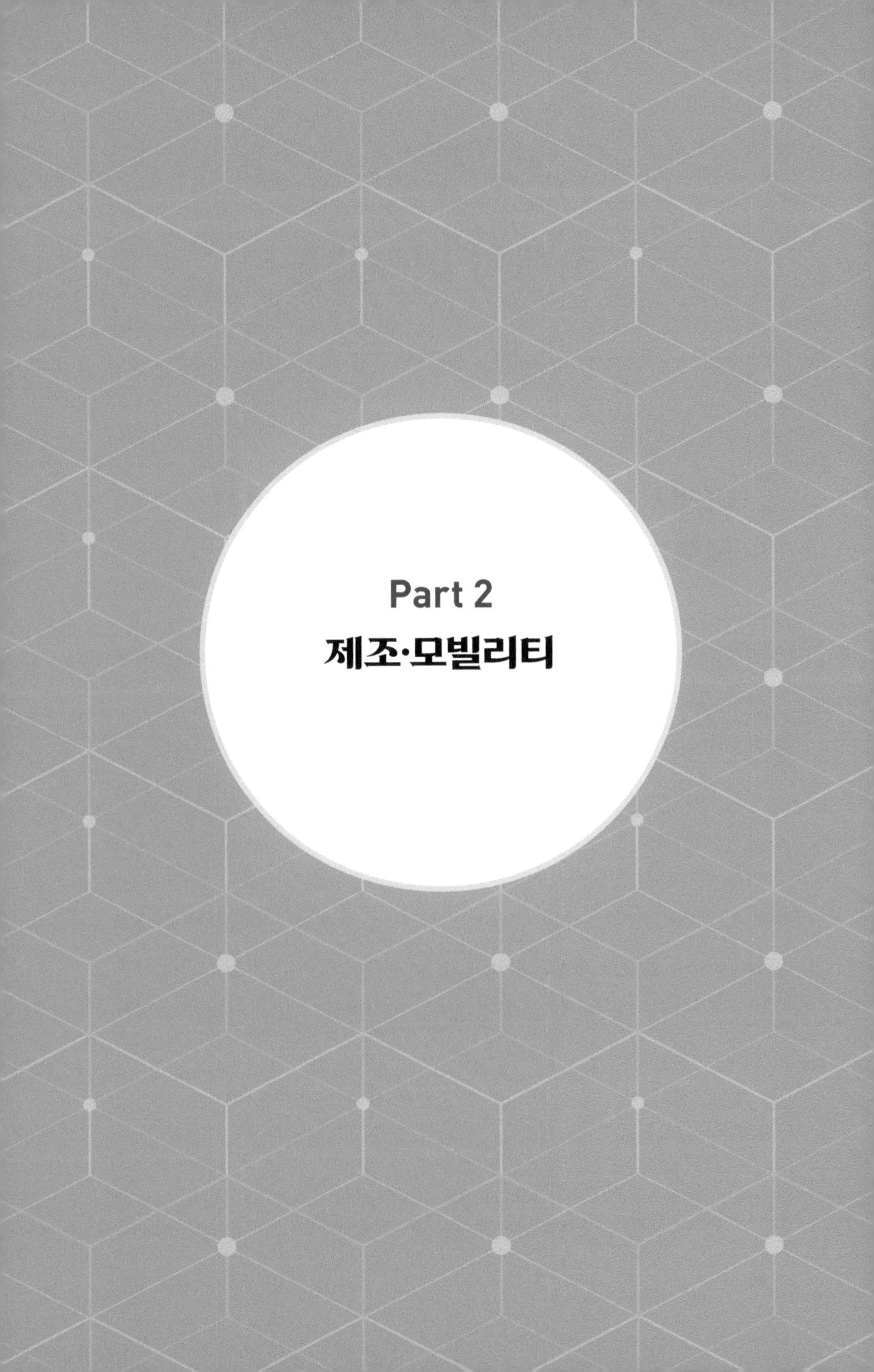
Part 2
제조·모빌리티

Chapter 4

자동차·미래교통

미래차, 친환경 모빌리티 혁신을 이끈 글로벌 리더

정의선(현대자동차), 일론 머스크(테슬라), 도요다 아키오(도요타)는 미래차와 친환경 모빌리티 산업 혁신을 이끈 글로벌 리더로 꼽힌다.

정의선은 수소·전기차, 글로벌 EV 생산 확대, 현대차그룹의 미래 이동성 전략을 주도했다. 일론 머스크는 테슬라와 스페이스X를 통해 전기차의 혁신성과 대중화, AI 기반 자율주행, 배터리·신재생에너지 혁신을 실현하며 친환경 모빌리티 시장 구조 자체를 뒤바꿨다. 도요다 아키오는 하이브리드·수소·가솔린·전기차의 병렬 추진, 급진적 원가혁신, 글로벌 플랫폼 확장으로 도요타를 녹색 모빌리티 리더로 부상시켰다. 세 리더는 기술–산업–환경 융합, 도전정신, 지속가능경영의 원칙 아래 미래 교통패러다임을 변혁했다.

첫째, 정의선은 수소·전기차 및 글로벌 생산 네트워크 확장으로 현대차의 녹색 성장동력을 실현했다.

둘째, 일론 머스크는 테슬라의 혁신적 전기차·배터리·자율주행 기술로 자동차·에너지 산업 생태계 자체의 전환을 이끌었다.

셋째, 도요다 아키오는 다양한 구동방식 혼합, 글로벌 제조 혁신, 친환경·스마트 모빌리티 연계로 도요타의 지속성장을 주도했다. 세 명 모두 미래차·친환경 교통·글로벌 밸류체인 혁신을 견인했다.

데이비드가 말한다.

"친환경 모빌리티의 진화 과정엔 연속적 도전과 기술 복합화의 법칙이 있어요. 정의선은 수소차·전기차 동시전략, 글로벌 EV 생산으로 현대차 혁신을 끌어올렸죠."

제임스가 유머를 곁들인다.

"현대차의 아이오닉5를 타면 마치 미래로 가는 타임머신을 탄 기분이에요. 충전도 빠르고 디자인도 멋져서 부모님마저 '테크놀로지 전환'을 이야기할 정도라니까요!"

그레이엄 고문이 설명한다.

"일론 머스크의 테슬라는 전기차·자율주행·배터리 혁신의 세 축을 구축해서, 업계 전체가 친환경 교통시장 중심으로 재편되고 있다고 봅니다."

제임스가 실제 사례로 덧붙인다.

"테슬라가 발표한 희토류 없는 모터는 생산성·친환경·비용까지 혁신했으니, 전통차업계가 긴장할 수밖에 없죠."

데이비드가 산업 파급효과를 짚는다.

"도요타의 도요다 아키오는 하이브리드·수소차 등 모빌리티 전환을 동시에 추진해 다양한 운송방식과 제조혁신을 융합한 모델을 만들었어요."

그레이엄 고문이 경영철학에 주목한다.

"도요타 방식의 원가혁신과 고객 중심 생산전략은 '형식보다 본질, 속도보다 품질'이라는 제조업의 대자연 법칙을 잘 드러내죠."

제임스가 산업간 경쟁을 추가한다.

"현대, 테슬라, 도요타 모두 전기-수소-자율주행의 기술경쟁에서 글로벌 연합과 협력도 강화했어요."

데이비드가 미래 방향성을 정리한다.

"산업, 환경, 교통, 에너지, IT 융합이 동시다발적으로 적용되니, 진정한 스마트 모빌리티 시대가 성큼 다가오고 있죠."

그레이엄 고문이 명언을 인용한다.

"'The best way to predict the future is to invent it.'(미래를 예측하려면 스스로 만들어라) — 세 리더가 실천한 원리임을 분명히 보여줍니다."

정의선, 일론 머스크, 도요다 아키오는 미래차·친환경 교통혁신의 대표적 리더로 산업, 환경, 기술혁신을 동시에 주도했다.

첫째, 친환경 모빌리티·EV·수소차 전략으로 이동성의 생태계 전환을 이끌었고.

둘째, 테슬라의 기술혁신과 범지구적 플랫폼 전략으로 자동차·에너지·IT를 결합해 '스마트 모빌리티' 기준을 확립했다.

셋째, 도요타식 제조·원가혁신, 혼합구동, 글로벌 협력모델로 녹색성장과 산업생태계 확장을 실현했다. 세 리더 모두 미래 교통·친환경 혁신·산업간 융합을 실현하는 교통 패러다임의 창조자임을 다시 증명했다.

정의선

정의선은 현대자동차그룹 회장으로, 글로벌 전기·수소차 혁신과 미래 모빌리티 전략을 주도한 대표적 경영자다. 1999년 현대차 입사 이후 영업, 기획, 경영전략 등 다양한 부서를 거치며 현대기아차 사장, 현대차그룹 부회장 등을 역임했고, 2020년 2대 회장으로 취임해 그룹 혁신의 선봉에 섰다.

현대차그룹은 정의선의 리더십 아래 네트워크화·글로벌 생산 확장·수소·전동화·미래항공모빌리티·로보틱스 등의 신사업을 적극적으로 추진했다.

첫째, 정의선은 수소·전기차, 모빌리티 솔루션 등 녹색 미래차와 글로벌 생산 거점 확대에 집중했다.

둘째, 글로벌 최초의 외국인 CEO 선임, 조직문화 혁신, 고객 중심 모델 개발, 품질·디자인 경영 활성화로 현대차를 '스마트 모빌리티 솔루션 기업'으로 도약시키는 데 성공했다.

셋째, 미래 모빌리티 확대, 자율주행·항공모빌리티·SDV(소프트웨어 중심 자동차) 등 선도적 미래차 모델을 구축했다. 이러한 선도적 경영은 현대차그룹을 글로벌 톱3 완성차 기업, 세계 최대 수소차·전기차 업체로 성장시켰다.

데이비드가 대자연의 법칙에 빗대어 말한다.

"정의선의 경영은 복잡계의 '네트워크 확장 법칙'과 같아요. 여러 사업과 인재, 기술이 글로벌 수준으로 연결된 결과죠."

제임스가 유머를 더한다.

"현대차 전기차 타고 서울 거리를 달리면, 마치 모바일 게임 렉 없는 고사양 서버에 접속한 기분! 아이오닉 디자인도 기가 막히다는 평가 받더라고요."

그레이엄 고문이 전기·수소차 전략을 짚는다.

"수소전기차 기술 고도화, 미국·유럽·아시아 생산 네트워크 확대, 로보틱스 등 신사업 추진은 명확한 미래지향적 경영 케이스라고 할 수 있죠."

제임스가 글로벌 조직 개편을 덧붙인다.

"현대차 최초 외국인 CEO를 선임한 조직 변화, 해외 현지화 전략, 품질·고객 중심 경영은 현대차 혁신동력을 강화했어."

데이비드가 미래 전략을 부연한다.

"미래항공모빌리티(UAM), 자율주행, SDV 플랫폼, 로보틱스의 융합은 자동차를 넘어선 '글로벌 모빌리티 솔루션' 비전입니다."

그레이엄 고문이 경영철학을 정리한다.

"합리적 의사결정, 네트워크형 도전, 데이터·연구·디자인 중심 혁신이 정의선 경영의 핵심이라고 판단됩니다."

제임스가 유머로 마무리한다.

"요즘 현대차 덕분에 아이들, 노인, 외국인 모두가 스마트 전기차 타고 글로벌 휴가를 쉽게 떠나는 시대!"

데이비드가 명언을 인용한다.

"'Design is not just what it looks like. Design is how it works.'(디자인

은 보이는 것이 아니라 작동하는 방식이 전부다)라고 했던 혁신가의 원칙이 현대차 전기차에도 적용된 셈이지."

결론적으로, 정의선의 경영은 미래차·친환경 모빌리티, 글로벌 생산 전략, 조직 혁신, 미래형 기술 융합 등 네 가지 방향에서 한국을 대표하는 자동차 혁신 모델을 실현했다. 현대차는 수소·전기·자율주행·로보틱스·항공 등 미래 모빌리티·스마트 솔루션 영역에서 세계 시장을 선도하고 있으며, 경영·기술·조직·품질 면에서 글로벌 자본시장과 산업계에서 인정받는 기업으로 자리잡았다.

일론 머스크

_테슬라, 스페이스X

일론 머스크(Elon Musk)는 테슬라와 스페이스X를 통해 전기차·자율주행·AI·배터리·지구 외 탐사까지 산업혁신을 연속적으로 이룬 경영자다. 그는 2008년 테슬라를 경영하며 대중적 전기차 '모델 S', '모델 X', '모델 3' 등을 세계 시장에 출시했고. 배터리·AI 기반 자율주행·희토류 없는 모터 등 친환경 기술혁신을 선도했다. 스페이스X는 2002년 창업 이후 Falcon 1의 세계 최초 민간 로켓 궤도 진입, Crew Dragon·Falcon Heavy·Starship 등 재사용 로켓 기술과 우주 탐사를 실현했다. AI, 신재생에너지, 글로벌 혁신생태계, 미래도시·우주·인터넷까지 도전법칙을 실천하며, 산업과 미래생활 패러다임을 새로 썼다.

첫째, 테슬라의 대중적 전기차·배터리·자율주행 혁신, SolarCity·

Powerwall 등 신재생에너지 기반 비즈니스 확장으로 전세계 환경·자동차 산업 패러다임을 전환했다.

둘째, 스페이스X의 재사용 로켓·ISS 민간화·위성인터넷·달·화성탐사 등 혁명을 통해 미래 우주산업·지구외도시·AI·통신까지 글로벌 가치망을 확장했다.

셋째, 머스크는 '불가능에 도전하는 법칙' 아래 AI·로봇·자동화·공유경제·글로벌 교통 등 복잡계 혁신을 일상화하며, 지속가능·첨단·윤리경영의 융합모델을 현실화했다.

데이비드가 대자연 법칙을 빗대어 말한다.

"머스크의 경영은 복잡계 '임계질량 법칙'과 같지요. 테슬라가 전기차 대량생산의 임계점을 넘겨 산업 전체의 전환을 이끌어냈으니까."

제임스가 유머를 더한다.

"테슬라로 출퇴근하면 '충전 걱정 없는 세상'이고, 자율주행 모드로 가면 운전자가 독서하다가 목적지 도착하는 현실! 기술이 생활을 완전히 바꿔버렸지."

그레이엄 고문이 핵심 혁신을 설명한다.

"스페이스X의 Falcon 9, Falcon Heavy, 재사용 로켓, Crew Dragon, Starship은 우주·지구·인터넷 혁신을 현실로 만든 상징적인 기술 성공이죠."

제임스가 실제 사례를 추가한다.

"모델 Y 출시, 희토류 없는 모터, AI 기반 자율주행까지 각종 기술장벽을 넘어서며 전 세계 자동차 산업이 따라오게 만들었어요."

데이비드가 산업 파급효과를 정리한다.

"스페이스X는 NASA 협력, 화물·우주인 운송·위성통신(Starlink)까지 인류의 생활, 과학, 국방을 모두 재정의한 사례죠."

그레이엄 고문은 경영철학을 강조한다.

"불가능에 도전, 집착적 시험, 연속 실패·반복 개선, AI·로봇·자동화 융합까지, 머스크의 원칙은 '과감한 실험과 목표 일관성'이라고 해요."

제임스가 경쟁 기업을 언급한다.

"테슬라·스페이스X 혁신 때문에 독일·일본까지 전기차·배터리·자율주행·지속가능에너지를 한꺼번에 도입하는 흐름이 나타나죠."

데이비드가 미래 방향성을 더한다.

"머스크는 우주·도시·산업까지 모든 경계를 허무는 미래 모델을 실제로 구현해냄으로써 '도전 속 혁신'의 대명사가 되었어요."

그레이엄 고문이 명언을 인용한다.

"일론 머스크는 'When something is important enough, you do it even if the odds are not in your favor.'(중요하다 생각하면 아무리 어려워도 시도하라)이라고 말해요."

제임스가 유머로 마무리한다.

"머스크 때문에 미래에는 모두가 전기차 타고, 달나라 휴가를 예약하는 세상이 올지도 몰라요!"

일론 머스크는 테슬라와 스페이스X 경영으로 기후 변화 대응, 지속가능 교통·에너지, 우주·AI 산업 등의 글로벌 혁신모델을 완성했다.

첫째, 대중형 전기차·자율주행·배터리·신재생에너지 모델로 산업혁신 임계점을 넘어서, 전세계 교통·에너지 생태계의 전환을 주도했다.

둘째, 스페이스X의 우주 개발·재사용 로켓·인류 생활 혁신을 통해, 미래 우주여행·통신·도시 패러다임을 현실로 만들었다.

셋째, 머스크의 불가능 도전정신·기술융합·실패 반복 개선·미래경 영철학은 글로벌 대기업·스타트업·정부·사회 혁신모델로 인정받고 있 다.

도요다 아키오

_도요타

도요다 아키오는 도요타자동차(Toyota) 전 CEO이자 현 이사회 의장 으로, 자동차 산업의 미래를 하이브리드, 수소, 전기차, 품질혁신, 글 로벌 경영, 제조·원가 혁신의 융합이라는 관점에서 재정의한 대표 리더 다.

그는 도요타 창업가문 3대손으로, 2009년부터 2023년까지 14년간 CEO를 맡아 글로벌 위기·안전사태·디지털 전환 등 일대 변혁기를 선 도했고 2023년부터 회장으로 재직 중이다.

첫째, 도요다 아키오는 하이브리드, 수소연료, 전기차 등 다구동정책 으로 도요타의 "모두를 위한 모빌리티" 비전과 기술 포트폴리오를 완성 했다.

둘째, 경기침체·리콜·대지진 등 위기상황에서 '현장 중심·고객 가치· 기초로의 회귀'라는 원칙을 실천해 도요타 글로벌 신뢰를 재건했고, 우 븐시티(Woven City) 실증, GR모터스포츠로 브랜드 혁신도 병행했다.

셋째, 도요다 아키오는 품질 경영·글로벌 생산 플랫폼·고객 맞춤형 개발·재무 건전성까지 모든 영역에서 세계 완성차 시장 리더십을 유지, 도요타의 '지속가능 성장' 구조를 확립했다.

데이비드가 대자연 법칙에 빗대어 설명한다.

"도요타 경영은 생태계 '적응·다양성 원칙'과 같아요. 친환경 하이브리드, 수소, 가솔린, 전기차 등 운송 방식 전체를 최적 조합하는 구조죠."

제임스가 유머를 곁들인다.

"도요타는 하이브리드-수소-전기 중에 '고르는 재미'가 있지. 부모님은 프리우스, 친구는 미라이, 나는 GR. 명절마다 차가 달라지니까 가족도 자동차 전시회 구경오는 기분!"

그레이엄 고문이 위기관리와 기술전환을 강조한다.

"리콜 사태, 대지진, 팬데믹 등 글로벌 위기 때도 '기초로의 회귀, 협업, 현장 중심' 등 도요타 원칙을 실천했기에 세계 최대 자동차기업의 위치를 지켜냈어요."

제임스가 융합혁신을 추가한다.

"CASE(Connected, Autonomous, Shared, Electric) 전략, 우븐시티, 모터스포츠까지, 혁신의 스펙트럼이 자동차를 넘어서 도시와 라이프스타일까지 확장됐지."

데이비드가 글로벌 생산, 품질, 재무전략을 정리한다.

"도요타 플랫폼, 모듈러 생산체계, 맞춤형 차종 등 효율 중심, 고객 중심의 경영혁신이 시장 신뢰의 토대야."

그레이엄 고문이 명언을 인용한다.

"도요다 아키오는 'Playing to win means playing with all cards in the deck'(이기려면 모든 카드를 써야 한다)라고 했습니다."

제임스가 유머로 마무리한다.

"도요타 덕분에 가족은 한 대, 기업은 백 대, 지구는 백만 대. 차의 다양성이 지구 환경까지 바꾼 셈!"

도요다 아키오는 기술·제품·시장 다각화, 위기경영·현장혁신, 글로벌 생산·고객 맞춤전략의 3중 리더십으로, 완성차 시장 혁신과 자동차 산업의 미래 비전을 제시했다.

하이브리드·수소·전기·가솔린 혼합 정책과 CASE 확장으로 맞춤형 모빌리티·지속가능 성장 구조를 완성했고, 위기정신·고객 중심의 원칙으로 도요타의 세계적 신뢰를 공고히 하였다.

결국 도요타식 '적응·융합·장기 성장모델'은 오늘날 완성차·친환경 모빌리티·글로벌 산업혁신을 선도하는 차세대 비즈니스 표본임이 다시 확인되었다.

적용과 사례:
친환경 모빌리티의 혁신

친환경 모빌리티 혁신의 적용과 사례는 산업의 경계, 환경적 가치, 소비자 경험의 세 축이 융합되며 구현된다. 대표적 현실은 테슬라, 현대차, 토요타 등 글로벌 기업들이 전기·수소·하이브리드·자율주행 등 다양한 친환경 모빌리티를 전면에 내세워 생산, 기술, 시장 확장 혁신을 동시에 실현했다.

2023년 현재, 테슬라 Model Y는 전 세계 베스트셀러에 등극했고, 4680 배터리·기가팩토리(Gigafactory)·AI 자율주행 등 하드웨어·소프트웨어 혁신을 통해 생산비 절감, 소비자 안전·경험 혁신, 친환경 에너지 전환 목표 모두를 달성하고 있다.

첫째, 전기차·수소차·하이브리드 기술은 초대형 기가체제 생산(테슬라), 글로벌 공급망 확장(현대차), 다양화된 친환경차 정책(도요타) 등으로 실질적 산업효율성, 에너지 절감, 온실가스 감축에 기여한 바 크다.

둘째, 오토파일럿·FSD 자율주행·OTA(온라인 소프트웨어 업데이트) 등의 IT 기술융합은 친환경차를 단순 운송수단에서 '지능형 이동 플랫폼'으로 진화시키며, 전통적인 자동차의 개념을 완전히 바꿨다.

셋째, 소비자 중심·생태계 혁신·글로벌 보급성 등에서 수출·현지생산(인도·멕시코 확대), 슈퍼차저 네트워크, 로봇택시, 파워월(Powerwall) 등으로 일상적으로 친환경·스마트 모빌리티를 실천하는 시대가 열렸다.

데이비드가 소설식 전개로 환경 패러다임을 언급한다.

"친환경 모빌리티 혁신은 자연계의 '에너지 최적화 법칙'과 같아요. 전기·수소·하이브리드 등 다양한 에너지원과 IT 기술이 유기적으로 결합되며 미래 교통 패러다임을 바꿨죠."

제임스가 현장 경험을 유머러스하게 더한다.

"Model Y 타고 4680 배터리 충전하면 '원가절감·친환경·고성능'의 삼박자! 장거리도 한 번에, OTA 업그레이드로 차가 스스로 진화하니, 자동차와 스마트폰이 경쟁이라니까!"

그레이엄 고문이 구조적 혁신을 분석한다.

"테슬라는 기가캐스팅(gigacasting), 건식전극, 자체 AI슈퍼컴퓨터로 생산, 비용, 안전성 모두 개선했죠. 현대차는 미국·유럽·아시아에 생산 네트워크를 확대하며 글로벌 친환경 보급성장 정책을 병행했습니다."

제임스가 고객경험 혁신을 강조한다.

"도요타의 프리우스, 미라이, GR 선택처럼 소비자 맞춤형 차량 구성이 '환경+효율+개성' 경쟁을 극대화했어요."

데이비드가 자율주행 발전 흐름을 설명한다.

"2023년 FSD V12 출시, NHTSA의 안전 인증, 슈퍼차저 5만 기 구축, 파워월 배터리·모스 랜딩(Moss Landing) 같은 대규모 에너지 프로젝트까지 친환경–스마트–도시 전환이 동시에 진전된 사례입니다."

그레이엄 고문이 사회적 가치관과 미래맵을 덧붙인다.

"글로벌 모빌리티 혁신은 '온실가스 감축', '재생에너지 확충', '에너지 저장', '로봇택시·도심환경' 등 다양한 사회문제 해결에도 직접적으로 기여하는 길이죠."

제임스가 유머로 마무리한다.

"앞으로 친환경차 덕분에 명절 정체도 줄어들고, 출퇴근 거리에 나무가 더 늘어나는 '에코로직 시대'가 올지도 몰라요!"

첫째, 친환경 모빌리티 산업은 전기차·수소차·하이브리드·IT플랫폼 융합 전략으로 생산, 소비, 환경효과의 혁신적 상승 곡선을 그렸다.

둘째, OTA·AI·자율주행·에너지저장 등 IT와 친환경 기술의 결합은 안전, 효율, 소비자 경험 모두에서 혁신적 개선을 현장에 새겼다.

셋째, 글로벌 공급망·현지화·소비자 선택 다양화·로봇택시와 에너지 저장 제품 등 생태계 전환을 실현하며, 친환경 모빌리티가 교통·도시·에너지·환경 문제까지 동시에 해결하는 실질적 혁신모델로 자리매김했다.

Chapter 5

첨단 제조·소재

제조업 혁신과 소재산업 확장을 실현한 리더

제조업 혁신과 소재산업 확장의 대표 리더로 구광모, 수잔 클라텐(Susanne Klatten), 그리고 김승연 세 인물을 먼저 간략히 설명한다.

구광모는 LG그룹 회장으로 4차 산업혁명 트렌드에 맞추어 전자·화학·배터리 핵심 사업 재편과 신성장동력 창출을 주도하였다. 수잔 클라텐은 독일 BMW의 19% 대주주이자 Altana AG(글로벌 화학기업) 오너로, 전략적 투자와 혁신을 결합해 독일 산업 지형을 변화시킨 경제계의 거목이다. 김승연 한화 회장은 공격적 M&A, 글로벌 방위산업·소재부품 화학 등 융합혁신을 통해 한화그룹을 세계 6위의 기업으로 만든 창의적 경영인이다.

첫째, 구광모는 DX(디지털전환) 기반 제조혁신과 글로벌 핵심사업(배터리·전장·반도체·미래에너지 등)에 집중하여, LG화학·LG에너지솔루션의 분사와 글로벌 생산기지 확대, 그리고 오픈이노베이션을 통해 신시장 개척의 트렌드를 보여준다.

둘째, 수잔 클라텐은 지속적인 R&D·친환경차·지속가능경영, 투자 다각화(수처리, 카본소재 등)로 BMW의 미래 경쟁력 강화와 산업 전반의 혁신을 이끌고 있다.

셋째, 김승연은 방산·에너지·소재부품의 글로벌 사업 확대, 강도 높은 조직 혁신, 일자리 창출 등 균형·효율·책임의 리더십으로 한화를 재계 6위로 올려놓았다.

사례와 본격 적용 단락으로 이어서 설명한다.

데이비드가 먼저 입을 연다.

"제임스, 제조 혁신에서 구광모·클라텐·김승연 셋의 공통점이 뭘까?"

제임스가 손을 펼쳐 보인다.

"그레이엄 고문, 세 사람 모두 혁신의 '속도'와 '유연성'을 강조하더군요. 구광모는 바로 LG전자의 딥체인지와 배터리 미래를 위해 신사업을 과감하게 지원하고, 수잔 클라텐은 BMW의 친환경 모빌리티와 Altana AG를 세계 예산 1위 화학기업으로 만들었어요."

그레이엄 고문이 거들며 말한다.

"숨겨진 힘은 원칙이지. 수잔 클라텐처럼 가족기업임에도 비전문가 의존이 아니라 글로벌 거버넌스를 살리고 있다면, 김승연 역시 위기 때마다 '실패는 통찰로 가는 길'이라 강조하며, 방산과 신재생에너지, 반도체 소재 진출로 다각화 전략을 택한 거야."

데이비드가 웃으며 덧붙인다.

"BMW의 '드라이빙 플레저'나 LG의 '딥체인지', 한화의 '책임혁신' 다 슬로건만 멋진 게 아니라 실제로 결과를 냈잖아."

제임스가 맞장구친다.

"특히 클라텐은 Altana AG를 전환점 삼아서, 친환경 소재와 기술기업에 끊임없이 투자했으니 진정한 ESG 챔피언이지."

그레이엄 고문이 마무리하며 강조한다.

"제조업 리더십도 음악처럼 화음이 중요해. 부품·인재·자본·윤리, 모두가 조화를 이뤄야 위기의 파도를 넘어설 수 있어. 경영에도 베토벤의 '조화의 법칙'이 필요한 셈이지!"

세 스토리텔러가 함께 박수를 친다.

"혁신의 경주에서 멈추지 않는 유연함과 신뢰, 그리고 위험도 감수하는 용기가 세 리더의 성공을 만든 거네. 다음 사례에서 또 만나자!"

마지막은 세 문단에 걸쳐 정리한다.

첫째, 구광모·수잔 클라텐·김승연은 제조업 혁신을 미래 성장, ESG, 글로벌 네트워크, 신소재·울트라테크 기반으로 설계해 각 업계의 판도를 바꾸었다.

둘째, BMW와 Altana AG의 ESG 혁신, LG의 신산업·AI 제조, 한화의 방위산업·소재부품 진입과 글로벌 전략처럼 도전과 인재·기술·윤리를 융합했다.

셋째, 세 리더 모두 변화의 속도를 두려워하지 않는 열린 경영, 인류 행복과 균형의 미래경제학 가치, 그리고 위험을 기꺼이 감수하는 실천적 리더십으로 산업과 사회 모두에 긍정적 대전환을 이끌어가고 있다.

구광모

구광모는 LG그룹 회장으로, 스마트팩토리·배터리·전장·화학·AI 등 복합 신사업 성장과 내실을 동시에 이끈 한국 제조혁신 리더다. 그는 2018년 취임 이후 '선택과 집중', '내실 경영', '안정적 성장'이라는 원칙을 그룹 운영에 일관되게 적용했고, 품질·조직·기술·ESG 문화까지 지속가능 성장의 기반을 마련했다.

첫째, 구광모는 스마트공장·R&D·글로벌 생산 확대, 화학·배터리·전장 융합 혁신으로 LG의 제조 효율성과 소재산업 경쟁력을 끌어올렸다.

둘째, 수익성이 낮은 사업(스마트폰 등)을 과감히 정리하고, 배터리·AI·바이오플라스틱 등 미래 성장축으로 전환하며 그룹 체질 개선에 성공했다.

셋째, LG에너지솔루션 상장, GM·현대차 합작공장, 글로벌 공급망 확장, ESG·윤리경영 강화 등으로 '친환경 제조+소재산업' 트렌드를 내실 있게 현실화했다.

데이비드가 대자연 법칙에 빗대어 설명한다.

"구광모 경영은 복잡계 '선택과 집중 법칙'이에요. 배터리, AI, 바이오 등 핵심 분야에 역량을 몰아 안정적 성장 기반을 만들었죠."

제임스가 유머를 더한다.

"스마트폰 사업 철수 결정 때는 모두 놀랐지만, 배터리·전장 덕에 이제는 LG 제품과 자동차가 집집마다, 도로마다, 공장마다 연결돼서 '스마트 제조+소재' 시대를 열었죠!"

그레이엄 고문이 소재산업 혁신을 짚는다.

"구광모는 인도·인도네시아 등 신흥시장에 글로벌 생산·R&D·유통을 통합하며 LG의 경쟁력을 높였고, GM·현대차 합작공장으로 전기차 배터리 시장 2위로 도약해요."

제임스가 조직문화를 덧붙인다.

"명령보다 제안, 지시보다 실행, 수평적 소통. LG는 옛날 보수적 그룹 이미지를 MZ·디지털 혁신 문화로 완전히 바꿨죠."

데이비드가 내실경영과 글로벌 트렌드 대응을 정리한다.

"'속도보다 방향'을 중시한 내실 경영, ESG·윤리경영 강화, 중국의 초고속 경쟁에 대한 위기의식… 미래산업을 분석하는 전략적 리더 모델이에요."

그레이엄 고문이 명언을 인용한다.

"구광모는 '5년 뒤 살아남을 선택과 집중'을 강조하며 '선택이 미래를 결정한다'고 말합니다."

제임스가 유머로 마무리한다.

"이젠 LG 덕분에 냉장고 바꾸는 것보다, 전기차 배터리 바꾸는 게 더 중요한 집안일!"

구광모는 스마트화·내실 성장을 통해 LG의 제조 효율, 소재산업 경쟁력, 미래 성장성을 극대화했다. 전략적 선택과 집중, 조직문화 혁신, 글로벌 공급망 확장 등 실질적 산업혁신을 주도하며, ESG·윤리경영과 안정적 성장의 모범적 표준을 제시했다. 그의 경영 방식은 한국 제조업과 소재산업의 구조혁신과 글로벌 트렌드 대응 능력을 강화하는 선도 사례로 높게 평가된다.

수잔 클라텐

_BMW

수잔 클라텐은 BMW주주·감사위원장이자 독일 Altana AG ·SKion 등 소재·화학·자동차·카본 등 첨단 제조혁신에 기여한 유럽 최고의 기업인이다. 호텔리어와 광고회사, 투자은행, 컨설팅사 경력을 거쳐 전문경영인형 '자산운용+혁신 투자+감독' 모델을 확립하였다.

Altana AG를 글로벌 첨단소재·화학기업으로 변신시켰고, BMW 감독이 사회에서 디지털·탄소·리더십·성과평가 혁신 드라이브를 이끌어왔다.

첫째, 클라텐은 BMW 대주주로서 품질경영·디지털 전환·글로벌 제조 플랫폼·혁신포트폴리오 확장 등 프리미엄 자동차산업 첨단화에 결정적 역할을 했다.

둘째, Altana AG 및 SKion에서 소재·친환경 기술·카본·재생에너지 분야로 확장, 독일·유럽 산업의 기초 경쟁력 및 미래가치 혁신을 주도했다.

셋째, SGL Carbon 등 강화소재, 관리지주방식, ESG 경영, 여성 리더십 육성, 글로벌 신사업 투자 등으로 다각화·경영프로세스 혁신을 정착시켰다.

데이비드가 첨단제조 복잡계 법칙을 말한다.

"수잔 클라텐의 방식은 '다중 포트폴리오와 통합관리' 법칙 같아요. BMW, Altana, SGL 등에서 기술과 자본, 전략 변화에 유연하게 대응했으니."

제임스가 경영혁신을 유머러스하게 풀어낸다.

"광고·은행·컨설팅까지 현장을 거쳐 BMW 경영 첫 여성리더, 소재·배터리·카본까지 확장! 슈퍼카·슈퍼미인·슈퍼재벌, 삼위일체 비즈니스 DNA죠."

그레이엄 고문은 소재·화학·자동차 융합 구조를 강조한다.

"BMW의 품질·디지털 플랫폼, Altana의 소재·ESG·친환경 성장정책, SGL의 카본 첨단화… '독일 제조혁신 삼각축'이죠."

제임스가 투자 및 혁신 가속효과를 추가한다.

"SKion운용, 신성장 벤처펀드, 재생에너지, 헬스케어, IT·디지털 투자까지 클라텐은 경영자·투자자·혁신가 포지션을 동시에 보여줘요."

데이비드가 여성리더십과 사회적 가치 확장을 부연한다.

"바이에른 공로장(Bavarian Order of Merit), Prize for Understanding and Tolerance, 여성리더 기술경진 후원 등 사회·평등 가치 실현에도 큰 족적을 남겼죠."

그레이엄 고문이 명언을 인용한다.

"'Strategic diversification is the key to resilience.'(전략적 다각화는 산업 생존의 핵심이다)라는 말처럼, 유연한 포트폴리오가 클라텐 리더십의 본질입니다."

제임스가 유머로 마무리한다.

"BMW와 Altana, SGL 덕분에 '멋·기술·친환경'이 모두 출근길의 기본! 클라텐은 독일 제조업을 세계 최고 수준으로 올린 히든 드라이버죠!"

수잔 클라텐은 BMW·Altana·SGL관리, 소재-화학-자동차 혁신, 신사업 벤처투자, ESG·여성리더십 확대 등 4중 혁신축으로 글로벌 제조업 구조를 바꾼 대표적 리더다. 고부가 소재, 디지털·탄소 경영, 융복합 성

　　　　　AI 시대 경제 판을 바꾼 글로벌 CEO

장, 사회적·지속가능 행동 등에서 독일 제조업 혁신을 견인하며 산업·경영 트렌드를 선도했다. 클라텐의 전략적 다각화·성과관리·미래투자 중심 모델은 첨단 제조업·글로벌 자본시장의 모범답안으로 평가받는다.

김승연

_한화

한화그룹의 김승연 회장은 한국의 대표적인 기업인으로, 1981년 젊은 나이에 회장에 취임한 이후, 한화그룹을 매출 27배, 자산 115배, 당기순이익 223배의 성장으로 이끈 혁신적 경영자로 평가받는다. 그는 M&A를 통해 한화생명, 한화에어로스페이스, 한화시스템, 한화오션 등을 확장하며 재계서열 6위의 글로벌 기업으로 성장시켰다. 또한 방산·조선·에너지 등 핵심 산업의 글로벌 시장 진출도 이끌었다.

첫째, 김승연 회장은 '구조조정의 마술사'로 불리며 한화케미칼, 한화에너지, 한화자동차부품 등 유화·제조업의 구조조정과 고용안정을 강조했다.

둘째, 그의 경영철학은 "이제는 알고 있는 길을 실제로 걸어 나가야 할 때"라는 신년사 발언에서 확인되듯 변화와 혁신, 성과지향적 실행에 초점을 둔다.

셋째, 스포츠와 사회공헌에서도 강한 애정을 보여, 한화이글스 구단주로서 야구단·사격협회 지원과 팬·구성원에 대한 배려를 실천했다.

실질적 경영 성과로 한화그룹은 북미, 유럽, 중동에 방산·에너지·금융분야 대형 프로젝트를 진행했으며, 현대적 기업윤리와 글로벌 스탠다드를 강조하는 조직문화 혁신도 심층적으로 추진했다. 강도 높은 위기관리와 윤리의식, '실패를 두려워하지 않는 도전 정신'이 오늘의 한화 성공을 이끈 원동력임을 설명했다.

덧붙여 세 명의 스토리텔러와 함께한 효율·행복·균형의 법칙을 '행동경제학의 실제 적용 사례'로 엮어나가며, 명언과 유머, 물리법칙의 연계 설명을 통해 인생과 경영의 흥미로운 대화가 자연스럽게 펼쳐진다.

다리를 놓는 대화 형식으로 전개한다.

데이비드가 재미있게 묻는다.

"제임스, 한화 성장이 화려하다고 하지만, 실제로 저 많은 사업 확장은 전략인가 운인가?"

제임스가 웃으며 답한다.

"그레이엄 고문, 구조조정과 M&A라는 레시피에 실패가 따랐으니, 운도 견뎌야 한다고 배웠죠. 승부사의 기질은 역시 위기 앞에서 빛나니까요!"

그레이엄 고문이 끼어들며 말한다.

"자네들이 알다시피, '성장이란 넘어짐 위에 세워진다'고 했던 폴 새뮤얼슨(Paul Samuelson)의 말처럼, 한화도 위기 돌파가 성장의 원동력이었지. 최적의 타이밍, 냉철한 구조조정, 현장 중심 고용보장, 스포츠와 사회공헌은 모두 리더십의 의도적 실행이었다네."

데이비드가 기분 좋게 이야기한다.

"CEO의 '준비가 끝났다'는 선언은, 경제학적으로도 행동과 심리라는 두 축을 합친 셈이네. 유머처럼 '모두 불꽃쇼로 치환하라'고 말할 수 있을까?"

　　AI 시대 경제 판을 바꾼 글로벌 CEO

제임스가 배시시 웃으며 맞장구 친다.

"불꽃쇼, 야구, 사격, 그리고 M&A… 경영도 결국 스포츠처럼 규칙과 원칙이 있고, 승패에 흔들리지 않는 실행이 중요하죠. 승패에 상관없이 팬과 구성원을 존중하는 태도라니, '행동경제학의 인간중심 경영' 실전 사례야."

그레이엄 고문이 덧붙인다.

"실적만 보고 달리면 '효율'은 높지만, '행복'과 '균형'이 사라지네. 그래서 한화의 리더십은 '효율과 균형의 경제학'을 이야기할 수 있지. 실제 성공사례를 보면, 혁신·윤리·도전의 3박자가 성장을 결정한다네."

데이비드가 미술, 음악, 오페라, 노벨상수상자까지 꺼내며 말한다.

"마치 베르디의 오페라처럼, 변화와 혁신, 거기에 유머의 화음이 더해지면 모든 기업도 위기에 맞설 힘을 얻는 법이야."

제임스와 그레이엄 고문이 함께 손뼉을 친다.

"경영이란 결국 각자의 인생을 투자하는 드라마와 같다네. 불확실성, 실패, 그리고 항상 배려와 실행…"

이렇게 셋의 대화가 다음 장을 향해 물흐르듯 자연스럽게 이어진다.

글을 마무리하며 마지막 단락은 명확히 3문단으로 이루어진다.

첫째, 김승연 회장의 한화는 위기와 도전을 수용해 균형·효율·행복이라는 가치를 실현했다.

둘째, 그는 변화와 구조조정의 리더십, "최고의 경쟁력"을 통한 글로벌 확장 및 윤리경영을 강조했으며, 스포츠와 사회공헌에서도 가치경영을 몸소 실천했다.

셋째, 오늘날의 한화그룹은 혁신·윤리·도전의 법칙, 그리고 스포츠와 예술처럼 유머와 창조적 배려가 결합된 전략으로 균형·행복·효율을 동시에 추구하는 성공모델로 성장했고, 이는 미래 변화에 적응하는 통합형 글로벌 기업의 진정한 면모임을 보여준다.

적용과 사례: 첨단 제조·소재 혁신 사례

LG 구광모, 한화 김승연, BMW 수장 클라텐은 첨단 제조 및 소재 혁신의 글로벌 대표 주자로 손꼽힌다.

구광모는 향후 5년간 100조 원의 국내 투자 계획 중 60%를 소재·부품·장비(소부장) 혁신에 투입하며, AI·로봇·바이오·에너지 등 미래 산업에 집중하고 있다. 협력사에도 자동화와 AI 노하우를 전수해 산업의 전반적 경쟁력을 높임은 물론, 오픈이노베이션과 스마트솔루션, 클린테크 확대 등 파괴적 혁신 생태계를 확산시키고 있다.

김승연은 한화그룹의 조선, 방산, 정밀기계, 항공, 신재생에너지 분야에서 세계적 수준의 원천기술 확보를 강조한다. 대표적으로 AI 방산 무인기 센서·추진 동력, 첨단 항공엔진 개발, 초고효율 재생에너지 핵심 소재 등 굵직한 혁신을 실행하고 있다. 최근 미국 필리조선소 인수, 유럽·호주·중동 현지 법인 설립, 판교 R&D 캠퍼스 활성화, 첨단 반도체 부품·기술의 적극 투자 등은 한화의 글로벌 제조 혁신을 대표하는 사례이다.

수장 클라텐이 이끄는 BMW는 마이크로소프트, 엔비디아 등과의 협업으로 AI 기반 데이터셋(SORDI) 구축, 협동로봇 도입, 디지털 트윈·

예측 유지보수 시스템, 스마트팩토리 전환을 가속한다. 란츠후트 공장에서는 협동로봇으로 작업자 부담을 줄였고, 생산성·품질을 모두 개선했다. ESG 혁신과 탈탄소 공급망 구축, 고효율 경량 카본소재 투자도 BMW의 첨단제조 혁신의 상징이다.

세 명의 스토리텔러가 자연스럽게 연결해준다.

데이비드가 질문을 던진다.

"제임스, LG, 한화, BMW 모두 각기 다른 무기를 들고 제조 혁신에 뛰어든 셈인데, 실제 차별점은 뭐지?"

제임스가 손을 펼친다.

"그레이엄 고문, LG는 AI·자동화·생태계 혁신을 산업 DNA로 심었고, 한화는 방산·조선의 글로벌화와 핵심 신소재 개발에 공격적으로 투자했어. BMW는 협동로봇과 데이터 혁신, 친환경 카본 신소재를 내세우는 차별 모델이야!"

그레이엄 고문이 웃으며 명언을 남긴다.

"모든 혁신은 결국 사람과 데이터, 그리고 용기에서 온다네. '실패를 두려워 않는 도전정신'으로 기업 미래를 창조하는 3인은 첨단 제조업의 베토벤이라 할 수 있지. 산업의 파도 위에 서는 법, 그 자체야."

데이비드와 제임스가 유쾌하게 맞장구친다.

"윌리엄 깁슨의 말처럼 '미래는 이미 와 있다. 단지 고르게 분포되지 않았을 뿐'. 우리 기업들이 미래의 답을 당기는 과정도, 오늘의 혁신 현장에서 확인된다!"

세 사람의 대화는 물 흐르듯 다음 혁신 사례로 이어진다.

첫째, 첨단 제조 혁신은 구광모(LG)가 주도한 창조적 투자, AI 기반 자동화, 오픈이노베이션, 친환경 신소재 등에서 드러난다.

둘째, 한화 김승연은 글로벌 방산·조선·기계·에너지 사업의 기술 내재화, 세계적 수준의 원천기술·R&D·글로벌 합작사례, 신재생에너지 코어소재 개발로 경쟁력을 입증했다.

셋째, BMW 수장 클라텐은 AI·데이터·협동로봇 기반 스마트 제조 변혁, ESG·탈탄소 공급망·고효율 소재 혁신 등으로 유럽 산업 트렌드를 이끌고 있다. 세 리더의 사례는 서로 다른 길을 걷지만, 인류를 위한 미래 제조 생태계 설계자임을 입증한다.

Chapter 6

에너지·환경 경영

지속가능한 에너지와 기후환경 비즈니스를 이끈 CEO

파트릭 푸야네(토탈에너지스), 라이언 겔러트(파타고니아), 파티 비롤(IEA)은 지속가능한 에너지와 기후환경 비즈니스를 혁신한 세계 CEO로, 글로벌 자원기업·환경 브랜드·국제기구에서 각각 시스템적 변화를 주도했다.

파트릭 푸야네(Patrick Pouyanné)는 토탈에너지스(TotalEnergies)의 CEO로, 2014년부터 2025년까지 석유·가스·전기·재생에너지 융합·기후대응 투자 및 글로벌 COP28 등 기후전환 정책의 핵심추진자였다. 라이언 겔러트(Ryan Gellert)는 파타고니아(Patagonia)의 CEO로 자원재생·사회책임·공정무역·협업을 바탕으로 친환경 브랜드 전략과 세계적 환경운동을 실현했다. 파티 비롤(Fatih Birol)은 IEA 국제에너지기구 사무총장으로 화석연료 감축, 정부·기업·NGO간 에너지 시스템 혁신, 세계 온실가스 목표 설정의 전술·정책을 리드했다.

첫째, 푸야네는 2030 100GW 재생에너지, COP28기여, 글로벌 탄소 중립·ESG·동협력으로 토탈에너지스를 확장했다.

둘째, 라이언 겔러트는 재활용프로세스·감축운동·공정무역·기부활동·중립적 공급망으로 파타고니아를 지속가능 브랜드의 리더로 성장시켰다.

셋째, 파티 비롤은 세계에너지시장 예측·온실가스·재생에너지·에너지전환 정책에서 과학적 보고와 지구환경 공동행동의 프레임을 제공하며 글로벌 에너지 정책의 기준을 재정립했다.

데이비드가 시스템 법칙을 언급한다.

"푸야네의 토탈에너지스 모델은 '에너지 다양성–탄소중립–조화 법칙'입니다. 석유를 넘어 전기·풍력·태양광·수소까지 확장, 2030 100GW 목표가 대표적이죠."

제임스가 유머를 더한다.

"토탈에너지스는 매년 바뀌는 로고만큼 에너지 믹스와 전략이 전기차, 태양광, 해상풍력… 지구 어디서나 등장하지요!"

그레이엄 고문이 정책 혁신을 설명한다.

"푸야네는 COP28·탈탄소·협력 중심 ESG경영, 유럽·중국·아시아 동반진출로 글로벌 에너지체질을 바꿨어요."

제임스가 파타고니아 현장 사례를 덧붙인다.

"겔러트는 플리스·재활용자켓·동물복지 인증제품·기부액 공개·세계적 자원회수 캠페인으로 정부–기업–소비자에 실질적 변화를 이끌었죠."

데이비드가 친환경 시너지 구조를 설명한다.

"파타고니아는 All–REC·공정무역·재생자재 사용·기부 및 사회운동이 모두 브랜드 시스템화된 대표 케이스예요."

그레이엄 고문이 국제기구 역할을 부연한다.

"비롤은 IEA에서 온실가스·지속가능에너지 트렌드·국제 협약 지원·전력시장 분석 등 기후환경의 프레임을 과학적으로 규정했어요."

제임스가 유머로 마무리한다.

"이제 토탈에너지스, 파타고니아, IEA에게 에너지·기후·환경을 물으면 '생태계 맵+국제 정책+기업 캠페인'이 동시에 나오는 시대예요!"

파트릭 푸야네는 토탈에너지스의 에너지 다각화·탄소중립·COP28 전략, 라이언 겔러트는 파타고니아 친환경 브랜드·공정무역·사회환원 전략, 파티 비롤은 IEA 에너지시장 분석·기후프레임·국제정책의 실천으로 지속가능 에너지와 기후환경 혁신을 만든 대표적 모델이다.

첫째, 다양한 에너지 포트폴리오·공공캠페인·협력적 ESG·국제정책으로 시스템적 효과를 만들었고,

둘째, 친환경 제품·자원회수·공정무역·소셜이노베이션 등 소비·생산·협업 실참을 넓혔으며,

셋째, 과학적 데이터·국제협력 정책·시장에서 환경응답을 실질화하여 세계 각국 기관·기업의 기후환경 대응 기준을 재정립하였다.

파트릭 푸야네는 2014년 CEO로 임명된 이래, 토탈에너지스가 투자·생산·시장 정책 모두에서 친환경 전환·전력·재생에너지·종합 에너지 전략을 실현하는 데 결정적 역할을 했다.

주요 실행 성과는 2030년 100GW 재생에너지 목표, COP28 탈탄소 선언, 글로벌 오프쇼어풍력·태양광·배터리·수소 등 저탄소 에너지사업 대규모 확장, ESG 지배구조의 강화, 협력적 기후 시스템 및 산업정책 모델 구현이다.

첫째, 푸야네는 2023년 기준 22GW에서 2030년 100GW 목표로, 전력·태양광·풍력·수소 등 저탄소사업에 연간 16억 달러 이상을 투자했다.

둘째, "Decarbonisation is all about electricity and electrification."(탈탄소화는 전기와 전기화가 핵심이다)라는 CEO 메시지를 중심으로, 토탈에너지스가 글로벌 에너지시스템·공급망·협력사업·기후대응에 기여하는 구조를 강화했다.

셋째, 푸야네는 프랑스·아시아·중동·미국 등 130개국 이상에서 석유·가스·화학·신재생·에너지저장·배터리·수소 산업의 확장과 혁신에 집중하며, 산업계·정부·사회적 이해관계자와의 연대·거버넌스·교육활동까지 ESG 실천 범위를 넓혔다.

데이비드가 토탈에너지스 전략을 설명한다.

"푸야네의 리더십은 '에너지 다각화–탄소중립의 법칙' 예시입니다. 석유·가스·전력·태양광·풍력·수소를 통합해 2030 100GW 목표를 실제로 이뤄가고 있죠."

제임스가 유머를 더한다.

"토탈에너지스는 마치 매년 새 옷을 입듯, 사업구조도 매번 바뀌며 전기·재생·탄소배출 저감 등 다변화 효과를 내고 있어요!"

그레이엄 고문이 ESG 전략을 짚는다.

"푸야네는 COP28 탈탄소 선언, 글로벌 정부·협업사업, 배터리·전기·수소산업에 초대형 투자로 토탈에너지스를 미래형 에너지그룹 표본으로 만들었습니다."

제임스가 공급망·글로벌 현장 사례를 덧붙인다.

"프랑스·유럽·중동·미국·아시아, 총 130개국 이상에서 원유·전력·재생산업을 동시에 운영하며 기후환경 대응에 실질 효과를 내고 있죠."

데이비드가 ESG 경영·지배구조 효과를 설명한다.

"ESG·산업정책·거버넌스·교육·평등·환경 등, 푸야네는 프랑스 오너경영자 모델을 글로벌 집단지성으로 변환한 경영혁신을 입증했어요."

그레이엄 고문이 명언을 인용한다.

"Decarbonisation is all about electricity and electrification.'(탈탄소화는 전기와 전기화가 핵심이다)라는 원칙으로, 토탈에너지스의 모든 사업 혁신이 단순한 슬로건이 아니라 글로벌 사례가 되었죠."

제임스가 유머로 마무리한다.

"이젠 토탈에너지스가 전력·재생·석유·수소까지 모두 담으니, 에너지 선택지도 '뷔페식'입니다!"

파트릭 푸야네가 이끄는 토탈에너지스는 2014년 이후 석유·가스 중심에서 재생·전력·수소·ESG ·기후변화 중심의 융합 에너지그룹으로 진화했다.

첫째, 전력·재생·배터리·수소·글로벌 공급망의 산업화로 저탄소·친환경 에너지 시장을 선도했고,

둘째, 16억 달러 이상 대규모 투자·COP28 정책·ESG 실천으로 기후환경 변화를 현실화했으며,

셋째, 글로벌 협력·정책연계·산업·사회적 가치 실현으로 미래 에너지산업 전환과 사회적 책임까지 경영의 핵심으로 만들었다.

라이언 겔러트

_파타고니아

라이언 겔러트는 파타고니아의 CEO로서, 환경 환원, 자원 선순환, 공정무역, 사회적 책임을 기업 경영과 브랜드 혁신에 실질적으로 결합하며 기후 위기 시대 기업의 새로운 기준을 제시했다.

2022년 파타고니아의 소유구조를 Holdfast Collective라는 비영리 단체로 전환해 모든 이익을 지구 환경 보호를 위해 기부하는 모델을 실현하였고, 1% for the Planet, 공정무역, 재생·재활용 소재, 가치사슬 탄소중립 등 지속가능성을 생활화했다.

파타고니아의 철학은 단순 마케팅이나 '그린워싱(greenwashing)'이 아니라, 가치사슬 전체에서 환경·인권·공정·투명성·지속적 혁신을 실질적

으로 실천하는 것이다. 예를 들어 플리스·재활용재킷·페어트레이드 인센티브, 기부·정치운동·정부 캠페인 등 다양한 분야와 참여자를 아우르며, '기업은 지구환경에 책임이 있다'는 신념을 전 조직 운영에 이식했다.

데이비드가 파타고니아의 운영원리를 말한다.

"겔러트의 경영 방식은 '환원과 순환의 법칙'으로, '우리는 지구를 구하기 위해 존재한다'라는 사명과 모든 수익 환원, 생산·유통·재활용 전 과정에서 탄소 저감, 윤리경영을 반복해 실천해 왔어."

제임스가 유머를 더한다.

"파타고니아 옷을 입으면 산, 바다, 평지 어디서든 환경 보호 캠페인 멤버로 등극! 제품 한 벌이 지구환경 프로젝트 참가표라는 게 요즘 트렌드라니 대단하지!"

그레이엄 고문이 브랜드 혁신의 본질을 강조한다.

"겔러트는 투자와 수익, 성장보다 '공헌·참여·책임'으로 업계와 시장의 기준을 바꿔놨어요."

제임스가 정책캠페인·협업 모델을 이야기한다.

"파타고니아는 임직원, 소비자, NGO, 정부까지 폭넓게 소통·참여하며 환경운동과 소비자, 시장, 정책변화를 동시에 이끈 유일한 글로벌 브랜드죠."

데이비드가 ESG와 실천경영 효과를 정리한다.

"겔러트는 'You can't just tweet about it, you have to live it.'(SNS에만 쓰면 안 되고, 직접 살아야 한다)라는 원칙으로, 기업의 전 생애에 행동·참여 모델을 입혔어요."

그레이엄 고문이 명언을 부연한다.

"파타고니아의 'We exist to save our home planet' 신념, 그리고 '더 책임 있는 기업이 필요하다'는 겔러트의 메시지는 오늘날 ESG·지속가능 기업 트렌드의 기준입니다."

라이언 겔러트는 파타고니아의 리더십을 통해 기업의 소유·경영·제품·정책·커뮤니티 전 분야에서 ESG, 공정임금, 환경 환원, 사회 책임 경영을 실현하며 '더 나은 비즈니스'를 업계 표준으로 확산시켰다. 그의 경영원칙과 정책 실천, 브랜드 미션, 조직문화는 소비시장과 글로벌 산업 전반에 '실질적 지속가능성'을 확립하는 변화의 중심에 있다.

파티 비롤

_IEA

파티 비롤은 터키 출신의 에너지경제학자이자 현 국제에너지기구(IEA) 사무총장으로, 2015년부터 파리 IEA 본부에서 국제 에너지 정책, 온실가스 저감, 글로벌 에너지 전환을 이끄는 중요한 역할을 맡고 있다.

비롤은 1995년 IEA 분석관으로 출발해 Chief Economist, World Energy Outlook 총괄, Energy Business Council 창립, UN·WEF 자문위원까지 지구적 에너지 전략과 정책을 설계해 온 세계적 리더다.

파티 비롤은 IEA의 첫 대대적 현대화 프로젝트를 통해, 브라질·중국·인도·인도네시아·멕시코 등 신흥국가와의 협력, 세계 에너지 수요 비중 75%까지 확대, 에너지 안전·전기·천연가스·지속가능 기술을 IEA 핵심 사업 모델로 확장했다.

비롤의 리더십 아래 130개국 회원 및 준회원이 지속가능성, 탄소중립, 청정 전환산업, 에너지 효율화 정책 채택을 국제 기준으로 통합하게 되었고, '에너지 안보와 지구환경'이 동시에 실현되는 글로벌 거버넌스를 구축했다.

데이비드가 복잡계 구조를 언급한다.

"비롤의 IEA 전략은 '연결과 확장 법칙'이야. 신흥국·선진국 모두 협력하고, 천연가스·전기·재생·효율을 동시에 확대해 '지구적 에너지 거버넌스'를 만든 거죠."

제임스가 유머를 더한다.

"IEA 회원국이 130개국 넘으니 에너지 정책 회의가 월드컵 예선만큼 복잡해져서, 국제협력도 '탄소배출 줄이기 조별리그'처럼 치열해요!"

그레이엄 고문이 에너지 전환 혁신을 설명한다.

"비롤은 에너지 안보, 청정전환, 기후정책, 데이터기반 분석까지 국제 표준을 설계했고, 'Clean-energy technologies are slowly but surely going to replace the existing energy industry.'(청정기술이 기존 에너지산업을 점진적으로 대체한다)는 실질 정책을 실행했습니다."

제임스가 협력·지배구조 효과를 덧붙인다.

"비롤은 WEF, UN, 세계 주요국 자문위원으로, 정책·투자· 데이터·교육·에너지 인터넷 네트워크를 확장시켜요."

데이비드가 글로벌 ESG와 리더십을 정리한다.

"IEA의 탄소중립·에너지안보·지속가능전환·공공 캠페인·산업가치 데이터 등 모든 분야에서 비롤 혁신이 국제표준이 됐어요.”

그레이엄 고문이 명언을 언급한다.

“비롤의 'Clean-energy technologies ⋯ replace the existing energy industry.'라는 메시지는 오늘날 모든 국가·산업의 미래 방향성을 결정 짓는 핵심 문장입니다.”

파티 비롤은 IEA 사무총장으로서, 글로벌 에너지 전환·탄소중립·에너지 안보·청정산업·국제협력 표준을 실제 정책·보고서·네트워크에 구체적으로 이식시키며 오늘날 지구 에너지 시스템 혁신을 견인하고 있다.

그의 리더십은 데이터, 정책, 국제 협력, 기술, 시장, 사회적 가치 모델을 통합해, 각국 정부·기업·NGO·산업이 따르는 지구적 거버넌스의 표본이 되었다. 비롤의 전략과 실행, 네트워크, 정책 경험은 현 글로벌 에너지와 환경정책의 가장 핵심 기준 중 하나이다.

적용과 사례: 에너지·환경산업 글로벌 동향

에너지·환경 산업의 글로벌 동향은 전통적인 화석연료 중심 시장에서 전기화·재생에너지·수소·탄소관리·ESG·공급망 혁신으로 급속히 전환되는 변화가 전 세계적으로 확산되고 있다.

2025년 현재, 태양광·풍력·배터리 등 청정에너지 신규 설치와 AI·데이터센터 중심 발전 수요가 증가하며, 대표국(중국, 미국, 독일 등)에서 전력·수소·저탄소 발전이 산업의 미래 트렌드를 주도한다.

첫째, 태양광 발전은 2025년 신규 용량 증가율 25%로 3,000GW를 돌파했고, 중국과 유럽이 세계 시장의 절반 이상을 차지한다.

둘째, 글로벌 전력 수요는 AI·전기차·데이터센터 활성화, 제조·건물·산업 모두에서 급증하고 있으며, 고효율 에너지·스마트그리드·저탄소 기술이 공급망과 제조 경쟁력의 기준이 되고 있다.

셋째, 석유·가스·에너지 자원의 국제협력과 공급망 재편, CCUS(탄소포집저장) 정책 강화, 수소·에너지 저장사업, ESG·정책규제·탄소중립 목표가 각국 정부·기업·산업 전체의 전략 틀로 자리 잡았다.

데이비드가 대자연 법칙을 적용한다.

"에너지와 환경 트렌드는 '전환·확장 법칙'입니다. 태양광·풍력·수소·전기화가 시장의 급속한 변화와 산업 경쟁력의 핵심 요소로 계속 확장되고 있어요."

제임스가 현장 유머를 더한다.

"이젠 데이터센터와 전기차가 전력 수요를 폭증시켜, 발전소들도 '클라우드 경영'과 'AI 발전' 전략을 연구하는 시대! 스마트그리드가 동네만 연결해서 이제 전 세계가 한 전기망으로 묶인 셈이에요."

그레이엄 고문이 산업·지역 동향을 설명한다.

"중국·유럽·미국에서 태양광과 풍력이 급증하고, AI·데이터센터·EV 시장이 글로벌 전력 수요 구조를 바꾸는 중이에요. 공급망·규제·탄소관리 정책도 새로운 산업 팽창 모델로 연결되고, CCUS·수소 등의 성장세가 눈에 띄죠."

제임스가 경쟁·리스크 흐름을 덧붙인다.

"국제 에너지 전쟁과 공급망 불안정, OPEC의 감산과 미국·중국의 구분된 전략, ESG와 정책 경쟁, 인프라 투자까지 정책·산업·경제 모두에서 '에너지 변환 경쟁시대'가 본격화됐어요."

데이비드가 재생에너지·전기화 성장세를 정리한다.

"2025년 태양광 신규 용량 3,000GW 돌파, 배터리와 EV 성장, AI와 데이터센터의 전력 폭증, 제조·산업의 효율화 및 전기화 추진으로 에너지·환경산업이 기술·시장·정책의 본질적 전환을 맞이했습니다."

에너지·환경산업 글로벌 동향은 태양광·풍력·수소·데이터센터·EV 등 저탄소 에너지원과 스마트 공급망, 배터리·CCUS·수소·에너지저장·AI 중심 산업 확장, 국제협력과 ESG·정책경쟁, 공급망·지역분화, 에너지 전환 가속화의 흐름으로 종합된다.

혁신기술, 정책·시장 경쟁, 친환경 산업구조가 지구적 산업 트렌드와 경제 성장, 미래 비즈니스 모델을 이끄는 실질적 변곡점이 되고 있다.

 AI 시대 경제 판을 바꾼 글로벌 CEO

Part 3
바이오·헬스케어·소비재

Chapter 7

바이오·제약 혁신

글로벌 바이오제약, 신약감염병 대응을 선도

글로벌 바이오제약, 신약감염병 대응을 선도한 대표 인물로는 서정진(셀트리온), 알버트 불라(화이자), 우어르 샤힌(바이온텍)이 있다. 이들은 코로나19 팬데믹 이후 바이오시밀러, 항체치료제, 백신 신기술 등에서 시장 구조의 급격한 변화를 주도한 핵심 리더이자 혁신사례로 평가받는다.

첫째, 서정진은 셀트리온을 한국 최초 글로벌 항체 바이오시밀러 리더로 만들며, 램시마·트룩시마·허쥬마 등 다수의 바이오시밀러 제품을 개발·출시하고, 코로나19 항체치료제 신속 개발, CDMO(위탁생산) 분야 글로벌화, 맞춤형 항체 신약 및 플랫폼 확장으로 K바이오 산업 기반을 창조하였다.

둘째, 알버트 불라(Albert Bourla)는 화이자의 CEO로서 mRNA 코로나 백신(BNT162b2, Pfizer–BioNTech) 글로벌 상용화를 이끌며, 항암제·면역치료제·바이오시밀러·희귀질환 혁신 신약에서 빅파마 리더십과 신사업 포트폴리오를 강화하였다.

셋째, 우어르 샤힌(Uğur Şahin)은 바이온텍(BioNTech)의 공동창립자 겸 CEO로, mRNA 기술을 이용한 코로나19 백신과 맞춤형 암 백신 개발을 리드하며, mRNA 신약의 치료 패러다임을 '맞춤의학 시대'로 바꿔 놓았다. mRNA 백신·암 면역치료제·맞춤형 의약품 개발 기술은 전 세계 치료제 개발의 판도를 바꾼 대표 사례이다.

데이비드가 새로운 치료법 혁신을 설명한다.

"이 세 주자는 '혁신-적응 법칙'의 전형입니다. 서정진은 바이오시밀러를, 불라는 글로벌 백신 상용화를, 샤힌은 mRNA 기반 맞춤 항암·감염병 치료 패러다임을 확장했어요."

제임스가 백신 시대를 유머러스하게 설명한다.

"이젠 코로나19 시대 덕분에 '화이자 맞을래, 모더나 맞을래, 바이온텍 맞을래?'가 세계인 공통 질문이 되었죠! 약·백신 고르는 것도 아침 메뉴 고르기만큼 익숙해요."

그레이엄 고문이 신약 및 플랫폼 혁신을 꼼꼼히 짚는다.

"셀트리온은 항체 치료·CDMO·맞춤형 신약, 화이자는 블록버스터 신약·희귀의약품·디지털 헬스, 바이온텍은 mRNA 백신·맞춤형 항암제 등 각자 영역에서 혁신을 모범적으로 실현했죠."

제임스가 진단·적용 모델을 덧붙인다.

"불라와 샤힌은 코로나 백신의 신속 승인, 글로벌 생산 공급망, 정부·민간 협업 등에서 전염병 대응 역량을 완전히 새로 설계했고, 서정진은 맞춤 신약과 진단 사업에서도 글로벌 의료 인프라를 구현했어요."

데이비드가 시장 구조와 사회적 파급효과를 정리한다.

"AI 신약 개발, 맞춤형 백신, 신약 플랫폼, 데이터·임상·공급망까지
융합된 새로운 '글로벌 바이오혁신 루프'가 이 세 리더 덕분에 시작됐어
요."

그레이엄 고문이 명언을 인용한다.

"'With mRNA, we have opened the door to a new world of
pharmaceuticals.'(mRNA로 우리는 제약회사의 새로운 세계로 향하는 문을 열었다)
라고 샤힌이 말했듯, 이들은 치료제의 미래·산업 구조·사회 시스템까
지 동시에 변화시켰어요."

이 세 인물은 바이오시밀러, mRNA 신약·백신, 맞춤형 항암제 개발
을 선도하며 K–바이오, 빅파마, 혁신 플랫폼이 글로벌 치료제 시장과
팬데믹 대응, 신약 패러다임 전환을 동시에 구현한 대표적 모범사례로
남았다.

셀트리온의 항체치료제·CDMO·글로벌 전략, 화이자의 신약 포트폴
리오·mRNA·디지털 역량, 바이오엔텍의 맞춤형 혁신·플랫폼·국제협
력은 각국 의료체계와 신약 시장 환경의 혁신 경로를 결정짓는 실질적
모형이다.

서정진

_셀트리온

　서정진 회장은 바이오시밀러와 신약개발 무대에서 세계적인 리더로 자리매김하며, 실용주의적 경영과 '사람 중심 경영' 원칙에 힘입어 셀트리온을 혁신 기업으로 성장시켰다.

　그의 경영 철학은 현장 중심의 실천지와, '관 뚜껑이 닫히기 전까지 실패란 없다'는 위험 감수, 그리고 작은 실천과 진정성의 반복에서 비롯된 혁신 추구에 있다.

　첫째, 셀트리온의 성장과정에서 그는 직원 모두를 '동지'로 여기며 성공의 근간을 신뢰와 상생의 가치로 삼았다. 죽음의 문턱에서 깨달은 대인관계의 의미를 업무와 일상에 적용하며, "성공하고 싶으면 하루에 10명에게 미안하다고, 고맙다고 진심으로 말하라"는 메시지를 남겼다.

　둘째, 레드오션 경쟁이 치열해진 바이오시밀러 시장에서 '투 트랙' 전략을 통해 신약개발과 복제의약품 사업을 동시에 펼치며, 기술력과 현금력을 믿고 글로벌 제약 시장에 도전했다.

　셋째, 사회적 책임을 강조하는 자세로 셀트리온복지재단을 2006년에 설립, 소외계층 지원과 장학 사업 등 사회공헌활동을 해오고 있다. 실제 셀트리온 내 직원 가족을 위한 보육과 식당 운영 등 '가족-직원 중심' 문화를 일관되게 추구했다.

　데이비드가 회의 자료로 셀트리온의 글로벌 투자 계획을 공개했다.

"서정진이 미국과 한국 동시 공장 증설에 5조 4000억 원을 투입할 계획이래."

제임스가 놀라며 말한다.

"와, 4중 작용 비만 치료제 임상도 곧 착수한다니! 바이오 업계에서 진짜 혁신 아닌가?"

그레이엄 고문이 고개를 끄덕였다.

"그렇지, '방향만 맞추면 돌아가도 성공한다'는 원칙이 그에게 딱 맞아. 자연의 법칙처럼 말이야."

데이비드가 미소를 지었다.

"서정진의 경영 철학은 현장에 답이 있다는 실천주의적 지혜에서 시작돼."

제임스가 웃는다.

"직원을 내치지 않는 '사람 경영'도 유명하지. 동료들과 신뢰, 상생 중요시해서 복지재단까지 직접 설립했으니까."

그레이엄 고문이 덧붙였다.

"기업가 정신이라는 게 실패를 두려워하지 않고, 실용주의적 접근에서 시작된다는 좋은 예지."

데이비드가 다시 말했다.

"바이오시밀러 시장이 레드오션 됐는데, 바이오 신약개발로 또 다른 기회를 확보하고 있어."

제임스가 감탄했다.

"기업의 성공은, 아주 작은 실천의 반복이라는 점에서, 행동 경제학의 원리와도 닮았지 않아?"

그레이엄 고문이 웃었다.

"실제 셀트리온 직원 가족을 위한 복지관 운영, 무료 식사 제공, 이런 게 곧 '사람 중심 경영'이지."

데이비드가 고개를 끄덕였다.

"자수성가 CEO로서, 불굴의 도전정신과 진정성, 그리고 혁신적 비전을 동시에 추구하는 사례라 할 수 있겠어."

제임스는 농담조로 말했다.

"매일 10번씩 '미안하다', '고맙다'고 외치면 성공한다고 하는데, 이건 거의 인간 관계 심리학 교과서 수준이죠."

그레이엄 고문이 마무리했다.

"결국, 위기엔 직접 현장에서 답을 찾는 게 셀트리온 스타일 아닌가."

데이비드가 정리한다.

"셀트리온은 실패를 두려워하지 않고, 변화와 혁신을 통해 글로벌 경쟁력을 계속 키워가고 있지."

제임스와 그레이엄 고문이 다시 한번 끄덕인다.

"앞으로도 바이오산업에서 셀트리온과 서정진의 리더십은 더욱 주목받을 거야."

세 사람은 미래 신약개발과 사회공헌활동에 대한 담론을 이어간다.

실천 중심 경영, '사람 중심 경영', 그리고 사회적 책임 강조가 서정진에게서 일관되게 확인된다.

첫째, 그는 직원과 동료를 신뢰하며, 작은 실천과 감사, 배려를 일상화해 셀트리온의 조직문화로 정립했다.

둘째, 레드오션 바이오시밀러 시장에서 신약개발과 복제의약품 사업 투트랙 전략을 실천, 기술력과 글로벌 현장 대응의 강점을 증명했다.

셋째, 직원 가족 복지와 사회공헌 사업을 통해 셀트리온을 '사람 중심·상생 경영'의 대표 기업으로 끌어올리고 있다. 그의 경영 원칙은 결국, 작은 실천으로 큰 변화를 일으키는 자연의 진보와 같다. 셀트리온과 서정진의 리더십은 앞으로도 혁신과 글로벌 파트너십에서 매우 큰 영향력을 발휘할 것으로 기대된다.

알버트 불라

_화이자

알버트 불라가 이끄는 화이자는 'Breakthroughs that change patients' lives'라는 기업 미션 아래, 코로나19 팬데믹 시기 전례 없는 과감함과 속도로 혁신을 실현한 대표적 글로벌 바이오 CEO이다.

그는 30여 년간 화이자 내 다양한 국가, 직무에서 경험을 쌓았고, 2019년 CEO 취임 이후 비과학 기반 사업을 과감히 분할·매각하며, R&D 및 기술혁신에 대대적 투자를 단행했다.

그 결과, 코로나19 백신 개발에서 정부 자금에 의존하지 않고 20억 달러를 자사 위험으로 투자해, 통상 8~10년 소요되는 백신을 8개월 만에 상용화하는 역사적 업적을 남겼다.

첫째, 그는 과학주도 의사결정과 'make the impossible possible' 원칙 하에, 기존 대기업 프로세스를 축소해 빠른 의사결정이 가능한 '신(新) 화이자' 체계를 확립했다.

둘째, 코로나19 mRNA 백신 개발 및 경구용 치료제 론칭, 항암·면역학·백신 등 신제품 파이프라인 강화에 매진하며, 매우 단기간 내 글로벌 보건 위기를 돌파하는 리더십을 보여줬다.

셋째, 'Pfizer Purpose Blueprint'로 용기, 탁월함, 형평성, 기쁨을 기업 핵심가치로 내세우며, AI와 디지털 혁신·글로벌 ESG 강화에 앞장서고 있다. 이러한 리더십 아래, 2019년 412억 달러였던 매출은 2021년 813억 달러로 두 배 성장했다.

데이비드가 손을 들며 말했다.

"알버트 불라가 코로나19 백신 개발에 성공한 방식은 정말 전례 없는 혁신이야."

제임스가 테이블을 두드렸다.

"정부 지원금 없이 오직 자기 자본만으로, 8개월 만에 백신을 선보인다는 건 불가능을 가능하게 한 사례죠."

그레이엄 고문이 웃으며 고개를 끄덕였다.

"과감하게 비과학 사업을 모두 정리하고, mRNA와 디지털 혁신에 전사적으로 투자하니, '신(新) 화이자'라는 말이 괜한 게 아니야."

데이비드가 계속한다.

"Purpose Blueprint, 곧 용기, 탁월함, 형평성, 기쁨을 기업 핵심가치로 삼고 있다는 점도 인상적이에요."

제임스가 말했다.

"매출이 2년 만에 두 배로 뛰었다니, 심리학적으로도 집단 사기 진작과 혁신동기 부여 효과가 극대화된 사례 아닌가요?"

그레이엄 고문이 테이블을 바라보며 답했다.

"백신뿐 아니라 항암, 경구치료제 등 신제품 파이프라인도 역대급으로 늘렸으니, 단순 위기 대응을 넘어 '지속가능 성장'의 의지를 보여줬지요."

데이비드가 결론지었다.

"큰 변화는 결국, 한계 돌파와 신속 실행에 달려 있다는 기업변화 법칙의 적용 예군요."

제임스가 농담 투로 덧붙였다.

"'Impossible is nothing'이라는 말이 화이자의 진짜 슬로건처럼 들리네요."

그레이엄 고문이 마무리했다.

"불라 리더십 아래, AI와 디지털에도 투자 확대하고 있으니, 다음 혁신 스토리도 곧 등장할 것 같습니다."

세 사람은 화이자의 미래 항암제 및 글로벌 보건전략에 대해 이야기하며, 기업변화의 법칙과 리더십 사례를 분석했다.

알버트 불라의 화이자 사례는 위기와 혁신이란 주제에서 다음 세 가지 교훈을 준다.

첫째, 과감한 구조조정 및 R&D 중심 체계로 전환함으로써 빠른 혁신을 견인했다.

둘째, '불가능의 가능화' 전략과 행위—의사결정의 즉각성으로 팬데믹 위기에서 글로벌 표준을 바꾼 리더십을 증명했다.

셋째, 기업가치·ESG·AI 등 미래 지향 핵심가치를 통해 변화의 지속성과 확장력을 동시에 추구한다. 이런 접근은 전례 없는 기업 성장 결과로 검증되고 있다. 알버트 불라와 화이자의 혁신은 글로벌 제약산업의 패러다임을 주도하는 대표적 모델로 남았다.

우어르 샤힌

우어르 샤힌은 mRNA 백신 혁신의 선구자로, 바이오테크놀로지와 면역학 분야에서 세계적인 리더십을 인정받고 있다.

그는 터키에서 태어나 독일에서 성장했으며, 암 연구와 개인맞춤형 치료제 개발에 주력해왔다. 바이온텍 설립 이후 코로나19 팬데믹 대응 프로젝트(Project Lightspeed)를 주도하여, RNA 백신의 원리와 적용으로 11개월 만에 팬데믹의 흐름을 바꿨으며, 500개 이상의 특허를 공동발명한 업적을 남겼다.

암 면역치료 이외에도 감염병, 희귀 질환 치료 등 새로운 의료 패러다임을 바이온텍에서 지속적으로 확대하고 있다.

첫째, 그는 실험실에서 연구중심 혁신을 이끄는 동시에 대자연의 신속한 적응과 진화 원리를 경영 전략에 적용하여, 글로벌 의료 위기에서 개방형 협력과 신속 임상 개발을 실현했다.

둘째, 바이온텍을 통해 개인 맞춤형 mRNA 백신과 항암 치료제를 개발, 인류 질병해결능력과 바이오 산업혁신을 한층 성장시켰다.

셋째, 공동창업자인 외즐렘 튀레지(Özlem Türeci)와 함께 헬름홀츠(Helmholtz Institute)·TRON·가니메드 제약(Ganymed Pharma)과 같은 의료연구기관을 운영, 과학기술과 기업가정신, 인류애를 실천해 왔다. 백신 개발 성공과 특허혁신은 삶의 '불확실성 곡선'에 대응하는 생명현상의 진화법칙을 잘 보여준다.

이제 대화체로 전개한다.

데이비드가 말을 시작했다.

"우어르 샤힌이 바이온텍에서 11개월 만에 코로나19 백신을 개발한 건 정말 대자연의 진화처럼 놀라운 일이야."

제임스가 고개를 끄덕였다.

"실험실에서 특허만 500개를 공동출원했다니, 연구와 기업가정신이 동시에 터진 사례지."

그레이엄 고문이 웃으며 말했다.

"RNA 백신 원리가 생명현상의 불확실성, 즉 진화 곡선에 직접 작용해서, 치료 과정이 자연법칙처럼 확장됐다고 보면 되겠군."

데이비드가 책장을 넘기며 말했다.

"공동창업자 외즐렘 튀레지와 함께 다양한 연구기관을 세운 것도 인상적이야."

제임스가 덧붙였다.

"캔디바 대신 mRNA 치료제를 들고 출근하는 CEO라니, 바이오산업에서 진짜 새로운 리더십 모델이야."

그레이엄 고문이 웃었다.

"백신 성공 이후, 암 치료·희귀질환까지 파이프라인 늘리는 게 곧 '적응과 진화'의 법칙을 바로 적용한 사례 아닐까?"

데이비드가 말했다.

"생명과학의 혁신은, 결국 불확실성을 기회로 삼아야만 가능해진다는 걸 바이온텍이 실증했죠."

제임스가 감탄했다.

"과학자이면서 기업가, 인류애와 혁신을 동시에 구현하는 CEO… 쉽

   AI 시대 경제 판을 바꾼 글로벌 CEO

지 않은 길인데 직접 보여주니까 존경받는 거겠지요."

그레이엄 고문이 결론 맺었다.

"이 모든 혁신이 실제로 글로벌 팬데믹을 극복하는 데 직접 기여했다는 점이 가장 큰 의미야."

세 사람은 mRNA 백신과 다음 바이오 혁신과제에 대해 계속 논의했다.

이번에는 '자연의 진화법칙'을 과학과 경영에 접목해, 불확실성 곡선에 도전하는 사례로 바이온텍의 전략을 분석했다.

바이오혁신과 mRNA 백신 성공 사례에서 배우는 점은 세 가지다.

첫째, 우어르 샤힌이 이끄는 바이온텍은 실험실 중심 연구와 산업의 신속적응 전략으로 글로벌 위기 대응과 백신 혁신을 이루었다.

둘째, 개인화 치료제·mRNA기반 신약개발로 인류의 질병 대응능력과 바이오산업의 성장 잠재력을 크게 확장했다.

셋째, 다양한 연구기관 창립과 특허혁신 등, 생명과학의 진화법칙을 경영과 실천으로 연결해 인류 보건의 새 패러다임을 창조했다. 이러한 리더십은 이후 바이오산업과 글로벌 보건 시스템에 지속적으로 큰 영향을 줄 것이다.

적용과 사례:
바이오 제약산업 혁신 트렌드

최근 바이오 제약산업은 AI와 데이터 기반 혁신, 맞춤의학, 신약 플랫폼 다변화, 지속가능성, 글로벌 협력 등이 현저히 강화되는 트렌드가 두드러진다.

AI·머신러닝은 신약 타깃 발굴과 후보물질 도출, 임상시험 설계 등에 적용되어, 약물 개발 속도를 단축하고 비용효율과 성공률을 크게 높이고 있다.

첫째, AI와 실시간 데이터 분석 도입으로 임상시험의 환자군 선택과 효능 모니터링이 정밀하게 진화했다. 전통적 신약개발(8~10년)을 8~11개월로 단축하는 사례도 실제로 나타나고 있으며, 팬데믹 이후 mRNA 백신의 성공이 직접 사례로 통한다.

둘째, 맞춤의학은 유전체·RWE(Real World Evidence)·데이터연계 기술과 결합하여, 암·희귀질환·심혈관·대사질환 등 치료 영역에서 환자별 맞춤 신약, 개인화 치료 프로토콜이 확대되고 있다.

셋째, 신약 플랫폼 다변화와 지속가능·윤리경영이 대두된다. 신약 모달리티(oligonucleotide therapy, fusion protein, 항체약물결합체, 세포·유전자치료 등) 포트폴리오 확대가 바이오 시장의 질적·양적 성장을 주도하고, AI·데이터 활용으로 공급망 최적화와 글로벌 협력도 가속 중이다.

대화체로 전환하면 다음과 같다.
데이비드가 말한다.

"올해 AI 덕분에 제약 회사들 임상시험 설계와 신약개발 기간이 혁신적으로 줄어들었다는 기사 봤나요?"

제임스가 미소를 띠며 답했다.

"실제로, 코로나19 백신처럼 신약개발이 1년도 안돼 상용화되는 경우, AI와 데이터분석이 주역이었다고 해요."

그레이엄 고문이 고개를 끄덕이며 이야기한다.

"암·희귀질환에서 맞춤의학·데이터 분석으로 환자별 프로토콜까지 만들고 있으니, 제약산업 진짜 진화했습니다."

데이비드가 농담을 던진다.

"이젠 임상 파트너가 AI라던데, 내 친구는 AI가 자기보다 논문을 많이 읽는다고 속상해하더군요."

제임스가 이어서 말한다.

"생명공학 기업들은 유전자·세포치료제 등 다양한 신약 플랫폼을 연구하는데, 대량생산과 공급망 관리도 모두 AI가 좌지우지합니다."

그레이엄 고문이 강조한다.

"실제 글로벌 협력, 공급망 최적화 그리고 윤리경영까지 다 AI로 트래킹하는 시대가 열린 거죠."

데이비드가 마무리한다.

"2025년 신약시장 트렌드는 '빠른 개발, 정확한 치료, 스마트한 생산'이 우선이고, 환자 개개인의 삶의 질 개선에 집중되고 있습니다."

제임스가 다시 부연한다.

"앞으로는 AI와 데이터가 실질적으로 의료의 표준으로 자리 잡겠네요."

그레이엄 고문이 결론 짓는다.

"전통 제약이 혁신기술과 융합해 미래 헬스케어 산업을 이끌 것입니다."

세 인물은 다음 바이오파이프라인과 환자 맞춤 치료 전략에 대한 논의를 이어간다.

이처럼 바이오 제약산업 혁신 트렌드에서는 세 가지 적용 사례가 돋보인다.

첫째, AI·머신러닝이 신약개발 및 임상연구 효율을 높이며, 신약 타깃의 발굴·검증에 결정적 역할을 한다.

둘째, 맞춤의학 확산으로 환자 유전체·실제 의료데이터 기반 치료가 암과 희귀질환 등 주요 치료 분야에서 표준화되는 추세다.

셋째, 신약 플랫폼 다변화와 공급망·글로벌 협력 확대, 지속가능하고 윤리적인 연구환경이 2025년 바이오 제약산업의 지속 성장과 미래 패러다임을 주도하고 있다.

Chapter 8

헬스케어·의료기술

미래 헬스케어신산업 성장과 디지털 의료 도입 주도

미래 헬스케어산업의 성장은 디지털 의료 도입, AI 기반 혁신, 글로벌화와 맞춤의학이 최대 핵심 동력으로 꼽히며, 그 트렌드를 대표하는 세계적 경영자들이 있다.

카렌 S. 린치(CVS 헬스케어)는 미국 최대 헬스케어·보험·리테일 통합기업에서 AI, 데이터, 디지털 전환에 10년간 200억 달러를 투자하여, 환자 맞춤형 의료서비스와 다기관 통합플랫폼, 모바일 서비스, 가상 돌봄 시스템까지 전방위적으로 혁신했다.

량쉰쥔(푸싱제약)은 바이오·헬스케어, 디지털병원, 글로벌 신약개발 지주회사 경영자로서, 글로벌 시장 진출, 디지털진료 시스템, AI 기반 급성질환 데이터 솔루션, 감염병 대응 플랫폼을 선도하고 있다.

저우쥔페이(렌스테크놀로지)는 스마트 건강기기·의료용 데이터 센서에서 세계적 선두 기업을 이끌며, 모바일 기반 헬스케어, 웨어러블 디지털 의료플랫폼, 빅데이터를 활용한 개인 건강 모니터링 시장을 주도한다.

여기서 핵심은 의료의 '맞춤화·접근성·효율성' 혁신과 데이터기반 진료의 변화이다.

첫째, 카렌 S. 린치(Karen S. Lynch)는 CVS 헬스케어를 '환자 중심 헬스케어 에코시스템'으로 재편하는 데 성공했다. 이 회사는 200억 달러를 투입해, 보험, 병원, 약국, 모바일, AI 기반 솔루션 등 모든 헬스케어 서비스를 통합하는 '개방형 의료플랫폼'을 구축했고, 환자별 데이터·모바일 알림·심리상담·온라인 화상 서비스까지 단일 앱에서 제공하며, 미국 헬스케어 패러다임을 바꿨다.

둘째, 량쉰쥔(Liang Xinjun)은 푸싱제약(Fosun Pharma)의 바이오·디지털 헬스케어 혁신을 통해, 중국 내 500여 병원과 글로벌 파트너십, AI 기반 데이터 솔루션 기술로 감염병·희귀질환·맞춤 임상 플랜을 개발한다. AI·IoT·빅데이터 활용으로, 의사·환자·기관이 실시간 협업하며 신속 진료·예방·관리까지 전 과정이 자동화된다.

셋째, 저우췬페이는 렌스테크놀로지를 통해 활용도 높은 의료기기·스마트 데이터셋·웨어러블 센서 혁신으로, 건강 모니터링·모바일 연동 의료기술 등 헬스케어와 IT 융합 산업을 이끌고 있다. 최근에는 데이터·AI 기반 건강 모니터링 기술이 모바일·IoT 환경에서 표준화되고 있다.

이제 세 사람의 사례를 대화체로 옮긴다.

데이비드가 자료를 펼치며 말한다.

"카렌 린치가 CVS 헬스케어에서 200억 달러 투자로 미국 헬스케어 생태계를 환자 중심 디지털 플랫폼으로 바꾸었대요."

제임스가 맞장구친다.

"AI와 모바일을 활용해서 보험·병원·약국·가상돌봄까지 실시간 디지털화했다는 점이 확실히 효율적인 혁신이죠."

그레이엄 고문이 칭찬한다.

"진짜 환자가 앱 하나로 필요한 의료서비스 전부 관리하는 시대라니, 헬스케어의 '접근성이 곧 생명'이라는 대자연법칙이 실현된 셈이에요."

데이비드가 이어서 말한다.

"량쉰쥔은 푸싱제약을 글로벌 라이프사이언스·디지털병원 플랫폼으로 발전시키면서, 500여 병원 연결·글로벌 신약 개발을 실현했대요."

제임스가 환하게 웃는다.

"AI·빅데이터로 감염병 대응 시스템, 개인 맞춤 진료, IoT 헬스 인프라까지 다 연결되는 셈이니, 중국 의료의 미래가 달라질 겁니다."

그레이엄 고문이 농담을 던진다.

"중국에서는 앱으로 건강 추적하면서, 데이터가 많으니 두통도 빅데이터로 치료한다던데요?"

데이비드가 이어서 말한다.

"저우췬페이는 렌스테크놀로지에서 웨어러블·건강센서·스마트 의료기기에 집중해서 글로벌 헬스케어 혁신을 주도하고 있어요."

제임스가 함께 동의한다.

"IT 기반 건강 모니터링, 스마트폰 연동 센서, IoT 플랫폼으로 디지털 헬스 시대가 본격화된 거죠."

그레이엄 고문이 마무리한다.

"앞으로 데이터 헬스케어와 맞춤·모바일 진료가 의료의 표준이 될 것 같네요."

세 사람은 미래 헬스케어 산업에서의 디지털 혁신 사례와 환자 중심 데이터 활용을 분석하며 논의를 이어간다.

이 분야의 결론에서는 미래 헬스케어·디지털 의료 도입에서 다음 세 가지 교훈이 나온다.

첫째, 환자 중심 복합 디지털 의료 플랫폼, AI 기반 접근성·효율성의 혁신이 세계 의료산업의 미래 표준으로 자리잡고 있다.

둘째, 글로벌 제약·헬스케어 기업들의 AI·데이터·IoT 융합을 통해 환자 개인의 건강 관리와 의료서비스 제공 방식이 빠르게 변화하고 있다.

셋째, 데이터 기반 진료·맞춤의학·IoT&모바일 건강모니터링 기술이 헬스케어 생태계의 질적, 양적 확장을 선도한다. 미래에는 디지털 융합과 '접근성 혁신'이 의료 패러다임의 근본을 변화시킬 것이다.

카렌 S. 린치

_CVS 헬스케어

미국 헬스케어 산업에서 카렌 린치는 디지털 혁신과 환자 중심 의료 플랫폼을 선도한 대표적 경영자다.

그녀는 2021년 포춘(Fortune) 500 최상위 여성 CEO가 되었으며 CVS 헬스케어의 30만 임직원, 1억 명의 고객, 9,000여 개 약국, 1,000여 개 미닛클리닉, 50개 주 전역에 걸친 보건 네트워크를 이끌고 있다.

첫째, 린치는 보험·의료·리테일·약국·AI 인프라를 통합해 전국 단위의 디지털·모바일 기반 헬스 허브로 CVS 헬스케어를 혁신했다. 가상진료·비대면 상담·온라인 화상 서비스 등 접근성·효율성·공평성을 높이고, 팬데믹 위기에는 5천만 회 이상의 PCR 검사와 5,900만 회 이상 백신 접종까지 전국 병원, 약국, 커뮤니티에서 신속히 제공했다.

둘째, 처방약 가격 혁신(CVS CostVantage)으로 약국비용 관리모델을 개편했으며, 실시간 환자 데이터·AI 분석 통합, 모바일 헬스 모니터링, 재택관리, 맞춤형 보험 등 단일앱에서 관리가 가능한 구조로, "Every Moment of Your Health"라는 사명 아래 시장 표준을 새로 만들었다.

셋째, 기후·환경 목표(탄소중립, 2030 지속가능경영, 다양성·포용성 강화), 미래 헬스케어 혁신(원격진료·디지털 클리닉·AI기반 맞춤건강 서비스 등)으로 사회적 영향력을 글로벌 스케일로 확장했다.

데이비드가 발표자료를 넘기며 말했다.

"CVS 헬스케어의 카렌 린치는 디지털과 모바일로 1억 명 넘는 미국인의 일상 건강을 직접 관리해주는 시대를 열었대요."

제임스가 환하게 답했다.

"지금 미국 약국이나 병원에 가면, 실제로 모바일 앱에서 모든 처방·예약·가상 진료·약 보험까지 관리가 되는 거죠."

그레이엄 고문이 웃으며 말했다.

"미래 헬스케어 시대의 '접근성 혁신'은 바로 이런 거죠. 코로나 때도 백신과 검사가 전국 모든 CVS에서 즉시 제공되다니, 민첩성의 경제학을 실전에서 보여준 셈이에요."

데이비드가 이어 말했다.

"처방약 신규가격 모델도 전격 도입해서, 약값을 물가와 연동시키고, 고객 부담을 줄였어요."

제임스가 덧붙였다.

"AI·데이터·모바일의 결합이 헬스케어 전과정 자동화의 본질이죠. 미국 국민 1억 명이 데이터 기반 맞춤 건강 관리를 받는다니, 거의 의료의 구글이네요."

그레이엄 고문이 공감한다.

"Even Moment of Your Health. 이름도 멋있네요. 2030년까지 탄소중립까지 선언했다니 헬스 분야 ESG도 선도 격입니다."

데이비드가 정리한다.

"30년 업계 경력 바탕으로, 매장−보험−의료 네트워크 완전 통합, '서비스와 데이터의 사각지대'가 사라지는 미래를 구축했어요."

제임스가 웃으며 덧붙인다.

"이제 미국시민들은 약국, 병원, 보험, 비상상담, 건강관리 모두 CVS

 AI 시대 경제 판을 바꾼 글로벌 CEO

가 책임지는 시대라는 말까지 나오죠.”

그레이엄 고문이 고개를 끄덕이며 말했다.

“건강 데이터·AI 결합 서비스가 헬스케어에서 글로벌 표준이 될 것 같습니다.”

세 인물은 환자 중심 디지털 혁신과 미래 헬스케어 트렌드, 포용성과 지속가능경영까지 다각도로 논의했다.

카렌 S. 린치의 CVS 헬스케어 경영에서 도출된 시사점은 다음 세 가지다.

첫째, 보험, 병원, 약국, 모바일과 AI 인프라까지 아우르는 '전방위 건강플랫폼'을 디지털 기반으로 구현했다.

둘째, 약값과 의료서비스 혁신, "모든 건강의 순간마다 함께한다"는 미션 아래, 1억 명 고객의 데이터 기반 맞춤 건강관리 체계를 업계 표준으로 정착시켰다.

셋째, 원격진료·탄소중립·미래 헬스케어 혁신에 대한 투자와 실행으로, "접근성 중심의 혁신"이라는 헬스케어의 본질을 글로벌하게 실현하는 리더십이 구체적으로 나타났다.

량쉰쥔은 푸싱인터내셔널(Fosun International) 및 푸싱제약의 공동창업자이자 전 CEO이며, 중국 내외 바이오·헬스케어·금융·IT·관광 등 다양한 산업과 글로벌 투자·경영 혁신을 이끈 대표 경영자다.

그는 1992년 푸단대 졸업 후 푸싱(Fosun)을 공동 창립해, 헬스케어와 생명과학·디지털병원, 글로벌 신약개발, 보험·금융 플랫폼 등으로 사업 포트폴리오를 확장했다. 최근 바이오 혁신과 AI기반 디지털 의료기술 도입, 팬데믹 대응, 글로벌 라이프사이언스 투자를 집중하며, 500여 병원 네트워크·글로벌 제휴·신약 R&D를 통합 경영하는 비즈니스 모델을 구축한 바 있다.

첫째, 푸싱제약은 감염병 솔루션·유전체 분석·데이터 기반 개인 맞춤형 치료, AI·IoT 활용 의료기술, 글로벌 파트너십 확장에서 중국을 넘어 세계 제약시장 혁신을 주도한다.

둘째, 량쉰쥔은 해외 M&A, 디지털 병원 도입, 팀 리더십과 전략적 협력 모델 개발 등, "중국 특화 + 글로벌 확장"이라는 자연의 적응과 진화처럼, 시장다변화와 기술융합 경영을 구현했다.

셋째, 경영·기술·금융을 결합하며, 홍콩·상하이·파리·뉴욕 등 세계 주요시장에 프리미엄 헬스·생명과학·의료기술 기업과의 파트너십·투자모델을 선도한다. "공동성장, 현장 중심, 자금·인재 동시 투자"가 집단 혁신의 원칙이다.

데이비드가 리포트를 펼치며 말했다.

"량쉰쥔이 푸싱제약에서 500개 병원 네트워크와 글로벌 신약개발 파트너십을 실행하고 있어요."

제임스가 머리를 끄덕인다.

"중국 내에서 디지털화, AI 데이터 분석, IoT 의료기술을 가장 빠르게 도입하는 기업 중 하나죠."

그레이엄 고문이 웃으며 덧붙인다.

"대자연의 적응 원칙처럼, 해마다 사업 포트폴리오를 바꾸면서, 실시간 협업·혁신 모델을 계속 확장한다는 점이 인상적이에요."

데이비드가 이어 말했다.

"유전체 분석·감염병 대응 플랫폼·글로벌 M&A, 푸싱제약은 다양한 신사업에 자본과 인재를 동시에 투입하고 있어요."

제임스가 농담조로 말했다.

"중국에서 병원이 500개나 모이면 그 데이터양이 기후변화까지 예측할 수 있겠어요."

그레이엄 고문이 다시 화제를 전한다.

"리더십 자체가 '공동성장–현장중심–집단 투자' 원칙에 바탕을 두는 게, 경영과 기술의 융합적 진화죠."

데이비드가 내용을 정리한다.

"글로벌 시장에서도 라이프사이언스, 생명공학, 프리미엄 의료기술 기업과 파트너십·R&D 투자 확대가 주요 전략입니다."

제임스가 맞장구친다.

"AI·IoT·금융·헬스케어 모두 다각도 혁신전략이 펼쳐지고 있어요."

그레이엄 고문이 마무리한다.

"공동창업, 팀 리더십, 글로벌 확장, 이런 전략이 결국 세계 헬스케어 시장의 성장방향을 보여주죠."

세 인물은 이런 기술융합·현장중심 리더십의 미래 트렌드, 시장다변화, 글로벌 파트너십 모델을 상세히 분석하며 논의를 이어간다.

량쉰쥔의 푸싱제약 혁신 사례에서 얻을 수 있는 결론은 세 가지로 요약된다.

첫째, 감염병 대응·유전체 분석·AI·IoT 등 기술융합 기반 건강관리 모델을 500개 병원 네트워크와 함께 확장하여 중국·글로벌 바이오 헬스케어 시장을 선도했다.

둘째, 공동성장·현장중심·집단 투자·전략적 M&A 등, 적응과 진화의 자연법칙을 경영·협력·기술혁신에 적용해 시장다변화를 실현했다.

셋째, 프리미엄 의료기술·금융·생명공학 기업과 글로벌 파트너십·R&D 투자모델을 적극적으로 개발, 혁신과 성장의 양축을 구축한 리더십이 분명하게 드러난다.

저우췬페이

_렌스테크놀로지

저우췬페이는 맨손에서 세계적 IT · 헬스케어 부품기업을 일군 대표적 여성 기업인이다.

그녀는 극빈 농촌 출신에서 16세에 공장에 들어가 시계 부품을 만들다가, 22세에 400달러로 창업해 20년 만에 스마트폰·웨어러블·자동차용 초정밀 유리 세계시장 점유율 1위 기업으로 성장시켰다.

첫째, 2003년 모토로라(Motorola), 2007년 애플과 파트너십으로 모바일·스마트기기용 초강화 디스플레이·건강센서 부품 산업을 주도했고, 사내 R&D · 공정개선·자동화 시스템을 직접 설계·운영하며 기술혁신을 이끌었다.

둘째, 렌스테크놀로지는 80,000여 명의 직원, 32개 공장, 100억 달러 규모의 시가총액을 유지, 애플, 삼성, 테슬라 등 글로벌 고객사에 스마트 글라스·센서·AR기기 부품을 공급했으며, 모바일 건강 진단·모니터링 기술로 디지털 헬스 전환을 가속화했다.

셋째, 저우췬페이는 여성 리더십, 생산직·R&D 일체형 현장경영, 후진국 지역 여성 고용과 기술교육, ESG 친화 생산경영, 미래에는 AR · EV용 기능성 글라스에 역량을 집중한다는 성장 전략을 명확히 하고 있다.

데이비드가 말한다.

"저우췬페이는 16살에 공장 출신으로 22살에 400달러로 창업해 지금은 8만 명의 직원, 세계 1위 IT·웨어러블용 유리·센서 회사 회장이에요."

제임스가 놀라며 대답한다.

"모토로라, 애플, 삼성, 테슬라 등 스마트기기부터 모바일 헬스까지, 초정밀 글라스와 건강센서 기술을 공급하고 있다니 대단하네요."

그레이엄 고문이 끄덕인다.

"현장 R&D와 직접 공정 설계, 자동화까지 '현장-기술 일체형 리더'라는 게 저우췬페이의 강점이죠. 여성 리더십의 새로운 상징이에요."

데이비드가 덧붙인다.

"렌스테크놀로지는 단순 스마트폰 부품을 넘어서 건강 모니터링, AR·EV용 신제품까지 연구합니다."

제임스가 웃으며 대꾸한다.

"한번은 공장 작업자 시절 직접 설계한 기계가 생산 효율을 3배나 올렸다네요. 기술을 예술처럼 다룬다는 평도 있어요."

그레이엄 고문이 감탄한다.

"지금은 후진국 지역 여성 고용 확대, 생산직-관리자-기술자간 경계 허문 경영모델까지, 'ESG·기술·현장혁신'의 표본이에요."

데이비드가 정리한다.

"렌스테크놀로지의 유리·센서·헬스 데이터, 모바일과 IoT, 미래에는 AI가 결합된 신제품으로 헬스케어 산업 패러다임도 바꿀 것 같네요."

제임스가 결론을 맺는다.

"여성 창업·기술혁신·가치 확장, 글로벌 사례로 손색없습니다."

그레이엄 고문이 마지막으로 덧붙인다.

"중국 여성기업인에서 세계 IT헬스 시장의 게임체인저, 저우췬페이야말로 스마트 제조혁신의 대표주자죠."

세 인물은 빈곤에서 혁신을 이끄는 현장중심 여성리더십, 디지털 헬스 융합 신기술, 산업의 미래 트렌드를 담아 논의를 이어간다.

결론적으로, 저우췬페이의 렌스테크놀로지 혁신 사례의 시사점은 세 가지에 압축된다.

첫째, 불가능을 현실로 만든 의지−혁신−실천의 여성 리더십이 스마트 IT·헬스 산업의 글로벌 표준을 창출했다.

둘째, 사내 R&D·자동화·생산 일체화, AR·웨어러블·디지털 헬스 기반 신제품 확대, 주요 글로벌 업체와의 협력이 가치창출의 원동력이다.

셋째, 현장성·기술집약형 조직문화와 여성인재 육성, AI·ESG 기반 차세대 의료 부품 혁신을 통해 제조와 헬스케어 산업 미래를 동시에 이끌고 있는 리더십을 명확히 보여준다.

적용과 사례: 헬스케어·의료업계 글로벌 트렌드

2025년 헬스케어·의료업계의 글로벌 트렌드는 첨단기술, 데이터 통합, 맞춤의료, 서비스 효율성, 그리고 디지털 전환 가속으로 요약된다.

AI·머신러닝은 진단·예측·임상시험 최적화에 광범위하게 적용되며, 정밀의료와 환자 맞춤형 치료가 정책과 시장에서 빠르게 확산 중이다.

첫째, 보건의료 디지털 전환이 가장 핵심적인 성장 동력으로 부상했다. 환자−의사 데이터 연동, EMR(전자진료기록), 가상·모바일 건강관리

서비스가 표준이 되었고, 원격진료, 병원–가정 연계(vHospital/home) 등 새로운 치료 패러다임이 확립되고 있다.

둘째, 정밀의료와 유전체 기반 맞춤 치료(oncogenomics, pharmacogenomics)가 암, 만성질환, 희귀질환 관리에 실제 적용되면서 치료효과가 극대화된다.

셋째, 경험 기반 서비스혁신, AI 기반 운영·병원관리 자동화, 보안·규제강화(AI ·보건 데이터)에 투자 확대가 이루어진다.

데이비드가 발표했다.

"올해 전세계 병원·클리닉 트렌드는 단연 디지털 전환과 맞춤의료 확대입니다."

제임스가 거들었다.

"AI 기반 원격진료, 모바일 건강관리, EMR이라 해서 환자 모든 기록을 디지털로 연결한다는 기사 읽었습니다."

그레이엄 고문이 설명했다.

"정밀의료와 유전체 데이터로서 환자별로 약물·치료 플랜이 달라지니 의료가 천편일률에서 점점 개인화됩니다."

데이비드가 이어 말했다.

"미국이나 EU는 AI의 진단·초기관리, 병원운영 자동화까지 본격화되어, 의료자원의 효율성이 확 올라갔대요."

제임스가 환하게 말했다.

"가상병원, 병원에서 재택진료까지 이젠 모바일로 랩 테스트·처방까지 받는 시대랍니다."

그레이엄 고문이 약간의 유머를 더했다.

"미래엔 환자가 병원이 아닌 스마트폰을 주치의로 둔다고 농담이 나올 정도죠."

데이비드가 다시 덧붙였다.

"이제는 보험·정부가 환자 데이터·맞춤치료 의무화를 추진할 정도로, 정책과 시장이 동시에 바뀌고 있습니다."

제임스가 맞장구치면서 말했다.

"보안·규제, 데이터 활용의 신뢰성 이슈도 커져서 승인·감독 시스템에 대한 투자도 크게 늘었습니다."

그레이엄 고문이 결론을 더했다.

"2025년은 기술 융합, 경험 혁신, 그리고 AI 기반 헬스케어가 의료 산업의 기본 원칙이 되었다는 사실 자체가 최대 변화죠."

세 인물은 미래 헬스 산업의 디지털 전환, 맞춤의료 진화, 그리고 AI·데이터 기반 글로벌 표준화를 중심으로 논의를 심화한다.

결론적으로, 2025 헬스케어·의료업계 글로벌 트렌드는 세 가지로 정리된다.

첫째, 디지털 전환과 EMR·가상 진료·모바일 헬스케어 등 기술 도입이 운영 효율·접근성·생산성을 증대시켰다.

둘째, AI·유전체기반 맞춤치료, 데이터 중심 혁신서비스로 환자 중심·경험 혁신·진단·치료 성과가 크게 개선됐다.

셋째, 보안·규제강화, 보험·정부의 데이터 활용정책, AI 기반 관리 자동화 등 경험 혁신과 기술 뉴노멀이 산업 표준으로 자리잡는 패러다임 전환이 명확하게 진행되고 있다.

Chapter 9

소비재·브랜드 리더

소비재, 브랜드 경영 모델 혁신을 지배한 대표주자

세계 소비재 및 브랜드 경영 모델 혁신의 대표주자로는 더그 맥밀런(월마트), 류창둥(징동닷컴), 정용진(신세계)이 꼽히며, 각자의 시장에서 디지털·고객 중심 경영으로 미래 경쟁력을 강화하고 있다.

더그 맥밀런(Doug McMillon)은 월마트(Walmart)를 전통 유통기업에서 세계 최대의 옴니채널·디지털 리테일기업으로 혁신시켰다. 적극적인 AI·자동화, 매장 및 물류 혁신, Walmart+ 충성도 프로그램, 글로벌 e-commerce 확장으로 미국 유통 시장을 재정의했다. 빠른 배송(3시간 내 35% 달성), AI 쇼핑비서(Sparky) 도입, 글로벌 회원제 성장 등이 주요 사례로 꼽힌다.

류창둥(Richard Liu)은 징동닷컴(JD.com)에서 완벽한 배송 인프라와 데이터 기반 소비자 자동추천, B2C·O2O 결합 모델, AI 물류 혁신으로 중국 내 디지털 리테일을 선도했다. 온라인-오프라인 통합, 실시간 트래킹, 스마트창고, 상품플러스 멤버십 등 차별화된 서비스로 JD의 브랜드·소비자 신뢰를 획기적으로 끌어올렸다.

정용진은 신세계·이마트를 국내 오프라인 유통 강자에서 SSG닷컴, 스타필드, 랜더스 창단 등 복합 온라인·엔터마켓 기업으로 탈바꿈시켰다. 조직 리포맷, 모바일·SNS 소통, 신제품 발굴과 이벤트형 소비재 전략, CEO직 중 실적부진·경영 쇄신 등 과감한 구조혁신을 동시에 실행했다.

스토리텔러의 대화 형식으로 자연스럽게 연결된다.

데이비드가 먼저 묻는다.

"제임스, 월마트와 징둥, 그리고 신세계는 각각 어떤 브랜드 혁신을 이뤘을까?"

제임스가 답한다.

"그레이엄 고문, 월마트는 무려 10년간 공급망·AI·멤버십으로 시장지배력을 올려놨어. 징둥닷컴의 류창둥은 자동추천·스마트 물류·O2O 초연결 모델로 중국 리테일을 뒤집었고, 정용진의 신세계는 온라인·오프라인 융합에 가족경영까지 전략적으로 써 왔지."

그레이엄 고문이 명언을 덧붙인다.

"'가장 강한 자는 변화에 가장 잘 적응하는 자'라는 다윈의 말이 있어. 월마트, 징둥닷컴, 신세계 모두 리테일의 지진 시대에 브랜드 혁신과 소비자 중심으로 살아남은 대표 모델들이야."

데이비드가 유머 섞어 말한다.

"A/S가 빠르면 모두 행복한 시대! 월마트도 JD도 SSG도 이제 버튼만 누르면 AI가 장바구니를 채워주지."

제임스가 맞장구친다.

"신세계 랜더스도 야구장까지 브랜드경영에 넣어서, 소비자의 경험까지 재설계하다니 경영도 스포츠와 예술을 닮아가나 봐!”

그레이엄 고문이 마무리한다.

“AI, O2O, 멤버십… 본질은 고객의 시간을 혁신하는 기술이라는 점이야. 세 주인공의 실전 리더십이 업계를 대격변시키고 있네!”

첫째, 더그 맥밀런은 AI · 옴니채널 · 멤버십 혁신으로 월마트를 글로벌 디지털 유통리더로 이끈 경영자다.

둘째, 류창둥은 징동닷컴에서 스마트자동화, O2O · 실시간 데이터 기반의 소비자 신뢰 혁신으로 아시아 리테일 시장에 디지털 퍼스트 문화를 심었다.

셋째, 정용진은 신세계의 오프라인 · 온라인 통합, 브랜드 · 경험 마켓 확대, 가족경영과 조직 리포맷을 통해 한국 유통의 새로운 성장 모델을 제시했다. 세 리더의 다양한 소비재 · 브랜드 혁신은 미래 리테일 시장의 본보기가 되고 있다.

더그 맥밀런

_월마트

더그 맥밀런은 1984년 10대 시절 월마트 물류창고에서 트럭을 하역하는 시간제 사원으로 출발해, 2014년부터 세계 최대 유통기업 Walmart Inc.의 CEO가 된 대표적인 ‘현장 출신’ 글로벌 리더다.

그는 미국 테네시주 멤피스에서 태어나 아칸소에서 성장했으며, 아칸소대학교 경영학 학사와 털사대학교 경영학 석사(University of Tulsa MBA)

취득 후 월마트 본사 바이어 트레이닝 프로그램에 합류해 낚시용품, 식료품, 의류, 공예, 생활용품 등 다양한 카테고리의 바이어와 상품기획 업무를 거치며 조직 전체를 몸으로 익혔다.

이런 경로 덕분에 '숫자만 보는 CEO'라기보다 매장 바닥과 물류창고, 국제사업까지 한 번씩 직접 밟아본 '상인(merchant)' 중심의 리더로 평가된다.

그의 커리어에서 중요한 전환점은 Sam's Club CEO(2005~2009), Walmart International CEO(2009~2013)를 거쳐 2014년 Walmart Inc.의 최연소 그룹 CEO 중 한 명으로 선임된 것이다.

국제부문을 이끌던 시기 Walmart International은 남아프리카 공화국의 Massmart 인수 등으로 14개국 3,300여 개 매장에서 26개국 6,300여 개 매장으로 확대되며, 회사 전체 매출에서 국제부문 비중을 약 29% 수준까지 끌어올렸다. 동시에 그는 'Everyday Low Prices'라는 전통적 가치 제안을 각국 시장의 문화와 규제에 맞게 번역하는 데 집중해, 글로벌 대형 유통이 단순 복제 비즈니스가 아니라 각 시장의 소비자 심리를 읽는 행동경제학적 실험이라는 점을 보여주었다.

CEO 취임 이후 맥밀런은 아마존, 코스트코, 달러 제너럴 등과의 치열한 경쟁, 이커머스 전환, 임금·복지 논쟁, ESG 요구라는 네 가지 파고를 동시에 다루어야 했다.

그는 단기 이익 감소를 감수하면서 미국 내 시급 인상을 단행하고, 교육·학위 지원, 육아·가족휴가 확대 등 인적자본 투자에 수십억 달러를 배정해 '저임금 유통업' 이미지를 완화하려 했다.

한편, Walmart.com과 매장·앱·픽업·배송을 통합한 옴니채널 전략을 통해 월마트를 "people-led, tech-powered omnichannel retailer"로 재

정의하며, 오프라인 거인을 디지털-데이터 기업으로 재포지셔닝했다.

이 과정은 물리학의 관성 법칙처럼 거대한 조직이 기존 방식에 머무르려는 힘을 어떻게 이길 것인가라는 문제였고, 그는 디지털 재교육, 물류 자동화, 데이터 기반 재고관리와 가격결정 등으로 조직 전체의 '관성 벡터'를 바꾸는 데 집중했다.

이제 이런 맥락을 바탕으로, 더그 맥밀런의 경영을 이해하는 하나의 자연법칙에서 이야기를 풀어보자. 뉴턴의 관성 법칙은 "외력이 작용하지 않으면 물체는 현재의 운동 상태를 유지한다"고 말한다.

경제 조직에도 비슷한 현상이 나타난다. 수백만 명이 일하는 기업일수록 '어제 하던 방식'을 유지하려는 힘이 커지고, 특히 오프라인 유통 공룡은 매장, 창고, 수십 년 된 프로세스와 IT 시스템이 모두 하나의 거대한 관성으로 작용한다. 맥밀런이 취임했을 당시 월마트는 '싸고 많은 물건을 파는 오프라인 제국'이라는 관성 위에 서 있었고, 그 사이 디지털 네이티브인 아마존은 완전히 다른 궤도로 치고 올라오고 있었다.

이 관성을 깨기 위해 그는 두 가지 방향을 동시에 취했다.

첫째, 사람에 대한 투자를 외력으로 사용했다. 임금 인상과 교육 지원, 디지털 역량 강화를 통해 기존 직원들이 '옛날식 유통'에서 '데이터와 알고리즘을 이해하는 동료'로 변신하도록 자극했다.

둘째, 기술과 ESG를 새로운 중력장처럼 설정했다. Walmart+ 멤버십, Walmart Connect 광고 플랫폼, 당일배송·픽업, 자동화 물류센터, AI 기반 수요예측에 더해, 공급망 탄소 감축 프로그램인 Project Gigaton을 도입해 2030년까지 10억 톤의 온실가스 감축 목표를 제시하고 조기 달성에 성공했다.

이 프로젝트는 수천 개 공급업체를 하나의 '탄소 절감 생태계'로 묶어낸 시도이자, ESG를 비용이 아니라 네트워크 경쟁력으로 바꾸려는 실험이라는 점에서 큰 의미를 갖는다.

이제 장면을 바꾸어, 데이비드와 제임스, 그레이엄 고문이 한 카페에서 월마트 사례를 두고 토론하는 대화로 들어가 보자.

데이비드는 커피잔을 돌리며 먼저 입을 열었다.

"더그 맥밀런 이야기를 처음 들었을 때 솔직히 놀랐어요. 고등학생 시절 트럭을 내리던 알바생이 2백만 명이 넘는 직원을 이끄는 CEO가 됐다는 건데, 이건 거의 현대판 'From the Ground Up' 교과서잖아요."

제임스가 웃으면서 고개를 끄덕였다.

"현장 경험이 길수록 전략가가 되기 어렵다는 편견도 있는데, 이 사람은 예외 같아요. Sam's Club에서 시작해 국제부문을 키우고, 결국 본사를 맡은 걸 보면, 거의 '월마트 전 생애주기'를 다 경험한 셈이죠."

그레이엄 고문이 메모장을 넘기며 말을 이었다.

"여기서 흥미로운 건 관성 이야기에요. 물리학에서는 외력이 없으면 기존 운동을 유지한다고 하지만, 기업에서는 위기와 경쟁이 외력입니다. 아마존이라는 외력이 너무 강하게 들어오니까 월마트도 더 이상 '어제처럼' 살 수 없게 된 겁니다."

데이비드가 끼어들었다.

"그래서 임금 인상하고 교육 프로그램에 투자한 건가요? 겉으로 보면 비용이 폭발하는데, 월가 애널리스트들이 처음에는 싫어했을 것 같은데요."

그레이엄 고문이 웃으면서 손가락으로 공중에 그래프를 그렸다.

"단기 이익은 줄어들었죠. 하지만 인적 자본 투자, 특히 디지털 전환기에는 행동경제학적으로도 중요한 신호입니다. '회사가 우리를 비용이 아니라 자산으로 본다'는 신호를 주면, 직원들의 몰입과 혁신 참여가 올라가거든요. 대니얼 카너먼(Daniel Kahneman, 심리학자)과 리처드 세일러(Richard Thaler, 경제학자)가 강조했듯, 사람은 숫자보다는 공정성과 존중 같은 심리적 임금에 강하게 반응합니다."

제임스가 노트북을 돌려보이며 덧붙였다.

"실제로 맥밀런 시기 월마트는 이커머스에 공격적으로 투자해서, Walmart.com과 매장, 앱, 픽업·배송을 묶은 옴니채널 구조를 만들었다고 하죠. 게다가 Walmart+ 멤버십으로 Amazon Prime에 맞불을 놓고, Walmart Connect로 광고 비즈니스까지 키웠어요. 전통 유통이 데이터 회사로 진화하는 전형적인 케이스예요."

데이비드가 장난스럽게 물었다.

"그런데 교수님, 기가톤 프로젝트(Project Gigaton)는 이름부터 SF 영화 같지 않습니까? 탄소를 10억 톤이나 줄이겠다니, 이건 거의 환경판 '어벤저스(Avengers)' 아닌가요?"

그레이엄 고문이 웃으며 맞장구쳤다.

"맞아요, 이름이 강렬하죠. 하지만 핵심은 이런 대규모 ESG 프로젝트를 유통사의 공급망에 심어 넣었다는 데 있어요. 수천 개 공급업체가 한꺼번에 효율성을 높이고 에너지를 절약하면, 비용도 줄고 브랜드 이미지도 올라갑니다. ESG를 규제가 아니라 경쟁우위의 원천으로 보는 관점이에요."

제임스가 창밖을 보며 말했다.

"이걸 행동경제학적으로 보면, 월마트는 소비자에게 '저렴한 가격'뿐

 AI 시대 경제 판을 바꾼 글로벌 CEO

아니라 '시간 절약'과 '윤리적 만족'까지 한 번에 팔고 있는 거죠. '돈을 절약하는 것만큼 시간을 절약하는 것도 중요하다'는 맥밀런의 메시지는, 결국 Prospect Theory에서 말하는 편익 지각을 새로 설계하는 작업 같아요."

데이비드가 고개를 끄덕였다.

"그러고 보니 샘 월턴(Sam Walton, 월마트 설립자)이 말한 'Everyday Low Prices'는 이제 'Everyday Low Friction'으로 진화한 것 같네요. 쇼핑의 마찰 비용을 줄이는 거죠. 줄 서는 시간, 재고가 없는 위험, 배송 불안, 죄책감까지 포함해서요."

그레이엄 고문이 고대 철학가를 꺼냈다.

"아리스토텔레스는 '반복되는 행동이 성품을 만든다'고 말했죠. 월마트처럼 거대한 조직은 작은 습관이 쌓여 문화가 됩니다. 맥밀런이 직원 교육과 디지털 학습 문화를 강조하는 건, 조직의 '성품'을 미래형으로 바꾸려는 시도라고 볼 수 있어요."

제임스가 한 장을 넘기며 물었다.

"그렇다면 이 사례에서 오늘의 CEO나 창업자가 당장 배울 수 있는 포인트는 뭐라고 보십니까? 우리는 월마트 규모도 아니고, 아마존이랑 싸우는 것도 아닌데요."

그레이엄 고문이 미소를 지으며 세 가지를 손가락으로 접었다.

"규모가 아니라 원칙이 중요합니다. 한 가지 원칙은 관성에 맞서는 외력을 스스로 만들어야 한다는 것, 또 하나는 사람과 기술을 동시에 투자해야 한다는 것, 마지막은 ESG나 사회적 책임을 단순히 '좋은 일'이 아니라 '전략 자산'으로 설계해야 한다는 겁니다."

데이비드가 장난스럽게 마무리했다.

"결국 우리도 '동네 월마트'처럼 생각해야겠네요. 지금 하는 일이 아무리 작아 보여도, 언젠가 누가 '저 사람은 트럭에서 상자 내리던 시절부터 회사의 모든 걸 알던 CEO였다'고 말해 줄 수 있도록요."

이제 다시 분석의 자리로 돌아와, 맥밀런과 월마트 사례가 글로벌 소비재·브랜드 리더십, 특히 Post-AI 시대 리더십에 주는 함의를 정리해 보자. 첫째, 관성 법칙에서 출발한 조직 변화의 관점은, 오프라인 유통뿐 아니라 제조, 금융, 플랫폼 기업에도 동일하게 적용된다. 대규모 조직일수록 '지금도 잘 팔리는데 굳이 바꿀 필요가 있나?'라는 심리가 강하게 작동하고, 여기서 리더의 역할은 외부 충격을 기다리기보다 스스로 외력을 설계하는 것이다.

임금·교육·디지털 인프라에 선제적으로 투자하고, 공급망과 고객 경험 전반을 재설계하는 행위는 단기적으로 비용처럼 보이지만, 장기적으로는 관성을 이기는 최소한의 추진력이다.

둘째, 소비자 행동과 브랜드 전략 측면에서 월마트의 전환은 '가격-시간-가치' 삼각형을 재구성한 사례다. 과거에는 가격이 핵심 경쟁력이었다면, 이제는 가격과 함께 시간 절약, 정서적·윤리적 만족(탄소 감축, 지역사회 공헌, 공정한 대우 등)이 패키지로 제공되어야 한다.

맥밀런 시기의 월마트는 옴니채널, Walmart+, 빠른 배송, 픽업 서비스를 통해 시간 비용을 줄이고, 기가톤 프로젝트와 사회적 이슈에 대한 공개적 발언을 통해 브랜드의 도덕적 이미지를 강화했다.

이는 Post-AI 시대의 브랜드가 기능적 효용만이 아니라 심리적·가치적 효용까지 관리해야 함을 보여준다.

셋째, 리더십과 인재 전략에서 이 사례는 '현장 경험 + 데이터 감각

+ ESG 감수성'이라는 세 가지 축을 제시한다. 맥밀런은 30년 넘는 현장 경험을 바탕으로 조직의 언어와 습관을 이해하면서도, 디지털 전환과 데이터 기반 의사결정을 밀어붙였고, 동시에 사회적 책임을 전략의 일부로 편입했다.

이는 오늘의 글로벌 CEO들이 단순히 재무성과나 시장점유율만이 아니라, 기술 변화와 인재 경험, 그리고 사회적 기대치를 동시에 관리해야 함을 시사한다.

끝으로, 독자와 리더 입장에서는 "지금 내 조직의 관성을 깨기 위해 어떤 외력을 설계할 것인가", "가격을 넘어 어떤 시간을, 어떤 가치를 고객에게 돌려줄 것인가"라는 질문을 던져 보는 것이 더그 맥밀런과 월마트 사례에서 얻을 수 있는 가장 실천적인 교훈이 될 것이다.

류창둥

_징둥닷컴

류창둥은 1973년 중국 장쑤성 촌락에서 태어나, 가난한 환경 속에서도 뛰어난 학업 성적과 강한 의지로 대학에 진학한 후 1998년 JD Multimedia(지금의 징둥닷컴)를 설립한 중국 대표적 인터넷 기업가다.

그는 초기에는 광학매체 전문 오프라인 매장을 운영하다가, 2003년 SARS 사태로 인해 오프라인 매장이 폐쇄되는 위기를 맞고 온라인 유통으로 전환하는 결정을 내렸다. 2004년 JD.com을 공식 론칭한 후, 2005년에는 모든 오프라인 매장을 폐쇄하고 전면적으로 온라인 사업에 집중했다.

이 과정에서 그는 "가격 협상 없이 진품만 판매한다"는 원칙을 고수하며, 신뢰와 품질을 기반으로 빠르게 성장했다.

징동닷컴은 2007년부터 전자제품 외에도 다양한 카테고리로 사업을 확장했고, 2014년에는 중국 내 1,862개 현에 3,210개의 배송·픽업 포인트를 구축하며, 중국 전역의 물류 인프라를 직접 구축했다. 이는 당시 중국의 농촌·도시 간 디지털 격차를 해소하는 동시에, 징동닷컴의 경쟁력 핵심으로 자리 잡았다.

류창둥은 "징동닷컴은 단순한 온라인 쇼핑몰이 아니라, 공급망과 물류 기술을 중심으로 한 서비스 기업"이라고 강조하며, 2020년에는 회사의 미션을 '공급망 서비스 및 기술 기업'으로 재정의했다. 그는 CEO에서 물러난 뒤에도 회장으로서 장기 전략과 혁신을 주도하며, 2024년에는 AI 디지털 아바타 'Brother Dong'을 활용한 라이브커머스로 2000만 뷰와 5천만 위안의 매출을 기록하는 등, 디지털 전환과 기술 혁신을 지속적으로 이끌고 있다.

이제 류창둥의 경영 철학을 자연법칙과 연결해 보자. 생물학에서 '생존 경쟁'은 모든 생물이 자원을 확보하고 적응하는 과정에서 살아남는다는 원리다.

류창둥의 경영은 이와 유사하게, 시장의 변화와 경쟁에 맞서 끊임없이 진화하는 전략을 보여준다. 그는 SARS라는 외부 충격을 기회로 삼아 오프라인에서 온라인으로 전환했고, 중국의 농촌·도시 간 물류 격차를 직접 해결하며, 징동닷컴을 단순한 유통사가 아니라 공급망 기술 기업으로 탈바꿈시켰다.

이제 데이비드와 제임스, 그레이엄 고문이 한 카페에서 징동닷컴 사례를 두고 토론하는 대화로 들어가 보자.

데이비드가 커피잔을 돌리며 먼저 말했다.

"류창둥의 이야기를 들으면, 정말 '생존 경쟁'의 현장 같아요. 가난한 촌락에서 시작해서, 사스(SARS, 중증급성호흡기증후군)라는 위기 속에서 온라인으로 전환한 결정이 징동닷컴의 운명을 바꿨죠."

제임스가 고개를 끄덕이며 덧붙였다.

"맞아요, 그는 단순히 온라인으로 전환한 게 아니라, '진품만 판매한다'는 원칙을 고수했어요. 중국 시장에서 가짜 제품이 판치는 상황에서, 신뢰와 품질을 기반으로 빠르게 성장했죠."

그레이엄 고문이 메모장을 넘기며 말했다.

"여기서 흥미로운 건 물류 인프라죠. 류창둥은 중국의 농촌·도시 간 디지털 격차를 직접 해결하기 위해, 2014년까지 3,210개의 배송·픽업 포인트를 구축했어요. 이건 단순한 유통이 아니라, 공급망 기술 기업으로의 전환을 의미합니다."

데이비드가 끼어들었다.

"그렇다면 징동닷컴은 단순한 온라인 쇼핑몰이 아니라, 공급망과 물류 기술을 중심으로 한 서비스 기업이군요. 2020년에는 회사의 미션을 '공급망 서비스 및 기술 기업'으로 재정의했다고 하죠."

그레이엄 고문이 웃으며 손가락으로 공중에 그래프를 그렸다.

"맞아요, 그는 CEO에서 물러난 뒤에도 회장으로서 장기 전략과 혁신을 주도하고 있어요. 2024년에는 AI 디지털 아바타 'Brother Dong'을 활용한 라이브커머스로 2000만 뷰와 5천만 위안의 매출을 기록했죠. 디지털 전환과 기술 혁신을 지속적으로 이끌고 있습니다."

제임스가 노트북을 돌려보며 덧붙였다.

"그는 '징동닷컴은 단순한 온라인 쇼핑몰이 아니라, 공급망과 물류 기술을 중심으로 한 서비스 기업'이라고 강조했어요. 이건 단순한 유통이 아니라, 공급망 기술 기업으로의 전환을 의미합니다."

데이비드가 장난스럽게 물었다.

"그런데 교수님, 'Brother Dong'이라는 AI 아바타는 이름부터 SF 영화 같지 않습니까? 2000만 뷰와 5천만 위안의 매출이라니, 이건 거의 디지털판 '어벤저스' 아닌가요?"

그레이엄 고문이 웃으며 맞장구쳤다.

"맞아요, 이름이 강렬하죠. 하지만 핵심은 이런 대규모 디지털 전환을 유통사의 공급망에 심어 넣었다는 데 있어요. 수천 개 공급업체가 한꺼번에 효율성을 높이고 에너지를 절약하면, 비용도 줄고 브랜드 이미지도 올라갑니다. ESG를 규제가 아니라 경쟁우위의 원천으로 보는 관점이에요."

제임스가 창밖을 보며 말했다.

"이걸 행동경제학적으로 보면, 징동닷컴은 소비자에게 '저렴한 가격'뿐 아니라 '시간 절약'과 '윤리적 만족'까지 한 번에 팔고 있는 거죠. '돈을 절약하는 것만큼 시간을 절약하는 것도 중요하다'는 류창둥의 메시지는, 결국 Prospect Theory에서 말하는 편익 지각을 새로 설계하는 작업 같아요."

데이비드가 고개를 끄덕였다.

"그러고 보니 류창둥이 말한 '진품만 판매한다'는 원칙은 이제 '진품·시간·가치' 삼각형으로 진화한 것 같네요. 쇼핑의 마찰 비용을 줄이는 거죠. 줄 서는 시간, 재고가 없는 위험, 배송 불안, 죄책감까지 포함해

 AI 시대 경제 판을 바꾼 글로벌 CEO

서요.”

그레이엄 고문이 고대 철학가를 꺼냈다.

“아리스토텔레스는 ‘반복되는 행동이 성품을 만든다’고 말했죠. 징동닷컴처럼 거대한 조직은 작은 습관이 쌓여 문화가 됩니다. 류창둥이 직원 교육과 디지털 학습 문화를 강조하는 건, 조직의 ‘성품’을 미래형으로 바꾸려는 시도라고 볼 수 있어요.”

제임스가 한 장을 넘기며 물었다.

“그렇다면 이 사례에서 오늘의 CEO나 창업자가 당장 배울 수 있는 포인트는 뭐라고 보십니까? 우리는 징동닷컴 규모도 아니고, 알리바바(Alibaba)와 싸우는 것도 아닌데요.”

그레이엄 고문이 미소를 지으며 세 가지를 손가락으로 접었다.

“규모가 아니라 원칙이 중요합니다. 한 가지 원칙은 생존 경쟁에서 살아남기 위해 끊임없이 진화해야 한다는 것, 또 하나는 신뢰와 품질을 기반으로 빠르게 성장해야 한다는 것, 마지막은 디지털 전환과 기술 혁신을 단순히 ‘좋은 일’이 아니라 ‘전략 자산’으로 설계해야 한다는 겁니다.”

데이비드가 장난스럽게 마무리했다.

“결국 우리도 ‘동네 징동닷컴’처럼 생각해야겠네요. 지금 하는 일이 아무리 작아 보여도, 언젠가 누가 ‘저 사람은 촌락에서 시작해서 글로벌 유통을 이끈 CEO였다’고 말해 줄 수 있도록요.”

이제 다시 분석의 자리로 돌아와, 류창둥과 징동닷컴 사례가 글로벌 소비재·브랜드 리더십, 특히 Post-AI 시대 리더십에 주는 함의를 정리해 보자.

첫째, 생존 경쟁에서 살아남기 위해 끊임없이 진화하는 전략은, 오프라인 유통뿐 아니라 제조, 금융, 플랫폼 기업에도 동일하게 적용된다. 대규모 조직일수록 '지금도 잘 팔리는데 굳이 바꿀 필요가 있나?'라는 심리가 강하게 작동하고, 여기서 리더의 역할은 외부 충격을 기다리기보다 스스로 외력을 설계하는 것이다.

신뢰와 품질을 기반으로 빠르게 성장하고, 디지털 전환과 기술 혁신을 밀어붙이는 행위는 단기적으로 비용처럼 보이지만, 장기적으로는 생존 경쟁에서 살아남는 최소한의 추진력이다.

둘째, 소비자 행동과 브랜드 전략 측면에서 징동닷컴의 전환은 '가격-시간-가치' 삼각형을 재구성한 사례다. 과거에는 가격이 핵심 경쟁력이었다면, 이제는 가격과 함께 시간 절약, 정서적·윤리적 만족(진품, 신뢰, 공정한 대우 등)이 패키지로 제공되어야 한다.

류창둥 시기의 징동닷컴은 온라인 유통, AI 아바타, 빠른 배송, 픽업 서비스를 통해 시간 비용을 줄이고, 공급망 탄소 감축 프로그램과 사회적 이슈에 대한 공개적 발언을 통해 브랜드의 도덕적 이미지를 강화했다. 이는 Post-AI 시대의 브랜드가 기능적 효용만이 아니라 심리적·가치적 효용까지 관리해야 함을 보여준다.

셋째, 리더십과 인재 전략에서 이 사례는 '현장 경험 + 데이터 감각 + 디지털 감수성'이라는 세 가지 축을 제시한다. Liu는 20년 넘는 현장 경험을 바탕으로 조직의 언어와 습관을 이해하면서도, 디지털 전환과 데이터 기반 의사결정을 밀어붙였고, 동시에 사회적 책임을 전략의 일부로 편입했다. 이는 오늘의 글로벌 CEO들이 단순히 재무성과나 시장점유율만이 아니라, 기술 변화와 인재 경험, 그리고 사회적 기대치를 동시에 관리해야 함을 시사한다.

  AI 시대 경제 판을 바꾼 글로벌 CEO

끝으로, 독자와 리더 입장에서는 "지금 내 조직의 생존 경쟁에서 살아남기 위해 어떤 외력을 설계할 것인가", "가격을 넘어 어떤 시간을, 어떤 가치를 고객에게 돌려줄 것인가"라는 질문을 던져 보는 것이 류창둥과 징둥닷컴 사례에서 얻을 수 있는 가장 실천적인 교훈이 될 것이다.

정용진

_신세계

정용진 신세계그룹 회장은 2024년 회장으로 승진하기까지 이마트와 신세계백화점, 스타필드 등 국내 유통산업의 혁신을 이끈 경영자로 평가받는다.

그의 리더십 아래 신세계는 이마트의 독자 경영, G마켓 인수 등 온라인 전환과 물류혁신, 스타필드를 통한 복합쇼핑몰 확대, SSG랜더스 야구단 창단 등 새로운 사업 분야로 도약했다. 대형마트·쇼핑몰 혁신, 대규모 인수합병, 계열사 조직쇄신, 브랜드 다양화 등은 국내외 유통 트렌드 변화에 적극 대응한 결과다.

첫째, 정용진은 빠른 의사결정과 도전적 투자 전략으로 신세계그룹의 변혁을 이끌었고,

둘째, 실적혁신의 중심에는 조직 쇄신과 브랜드 포트폴리오의 다양화, 디지털·리테일의 합리화 전략이 있었다.

셋째, 사회관계망(SNS)과 야구단 운영, 프리퀀시 이벤트 등 대중적

소통과 혁신적 마케팅도 그룹 경쟁력 강화에 유의미한 역할을 했다. 최근에는 실적 부진 CEO 교체, 희망퇴직 등 강도 높은 위기 관리로 지속 성장의 발판을 마련했다.

신세계의 글로벌 비전과 리더십은 "신세계의 도전들은 우리의 자산이 됐고 고객 삶의 품격을 높였다"는 신년사에서도 강조된다. 온라인·오프라인 통합 경영, 글로벌 트렌드 선도, 스타필드·이베이코리아·스타벅스 등 실적 혁신 브랜드의 가치 창출, 그리고 가족 경영 승계 등은 대기업 집단의 변화와 성장동력의 핵심으로 평가된다.

이제 세 명의 스토리텔러들이 '행복·효율·균형의 경제학'을 신세계 사례에 맞춰 엮어낸다.

데이비드가 호기심을 품고 말한다.

"제임스, 정용진의 G마켓 인수와 이마트 분리까지, 이 모든 게 혁신의 법칙일까?"

제임스가 곰곰이 생각하다가 답한다.

"그레이엄 고문, 2021년에 SSG랜더스를 창단하면서 야구장도 사업장으로 보고, 스타필드를 유통업의 오페라극장으로 바꾼 사람이야. 실적 위기에는 CEO도 바꾸고, 희망퇴직까지… 리더의 결단은 물리학의 관성변환과도 같지."

그레이엄 고문이 미소를 띠고 덧붙인다.

"'사람은 위험을 감수해야 한다'고 케인스(Jonh M. Keynes, 경제학자)가 말했듯, 신세계그룹의 도전은 국내 최적의 타이밍과 시장 적응력 덕분이지. 유머러스하게, 그는 스타벅스 이벤트에서 캐리백 논란도 마케팅으로 돌파했지. 혁신·위기·소통은 소매경제의 자연법칙이라네."

데이비드가 그림을 그리듯 설명한다.

“소비자는 변덕쟁이라서 리테일은 항상 지진처럼 흔들리잖아. 정용진은 G마켓, 스타필드, 이마트 분리까지 ‘변덕 비즈니스의 경제학’을 실전으로 체현한 셈이네.”

제임스가 박수를 치며 이야기를 이었다.

“스타필드청라 비전 선포식, 신세계남산 신입사원 수료식 등, 직접 현장에서 소통하면서 ‘행동경제학의 실험자’처럼 시장과 현장 모두를 연구했지.”

그레이엄 고문이 마지막으로 강조했다.

“‘행복·효율·균형’의 경제학은 위기·혁신·소통의 3각형으로 완성된다네. 정용진은 소셜 미디어, 현장 경영, 야구와 마케팅 등 모든 분야를 통합해 신세계만의 모델을 만들었지.”

데이비드와 제임스가 함께 웃으며 고개를 끄덕인다.

“인생이든 경영이든 실전이 최고야. 물흐름처럼, 리테일도 도전과 변화가 지속되어야 가치가 만들어진다!”

스토리텔러들의 유머와 명언, 자연법칙 이야기 속에 신세계의 성장전략은 다음 장으로 자연스럽게 이어진다.

첫째, 신세계그룹은 정용진의 도전적인 투자, 빠른 조직쇄신, 혁신적 리더십으로 국내외 유통산업의 변혁을 주도하였다.

둘째, 가족 경영 승계와 브랜드 포트폴리오 확장, 위기관리와 현장소통, 온라인·오프라인 통합전략은 시장의 급변에 적응하며 지속가능 성장의 기반을 마련했다.

셋째, 신세계의 성공은 ‘도전·혁신·소통’이라는 경제학적 원칙, 사회적 마케팅과 현장 철학, 유머와 창조적 사고가 어우러진 새로운 리테일 모델임을 명확히 보여준다.

적용과 사례:
글로벌 소비자 트렌드 변화

글로벌 소비자 트렌드 변화는 '무엇을 사느냐'보다 '어떻게, 왜 사느냐'가 급격히 바뀌고 있다는 점에서 의미가 크다. 팬데믹 이후 소비자들은 디지털 채널을 일상적으로 사용하면서도, 동시에 신뢰·공정성·지속가능성 같은 비가시적 가치를 훨씬 더 중시하고 있다.

특히 인플레이션과 소득 불확실성 속에서도 소비는 계속되지만, 브랜드를 선택하는 기준은 가격 하나에서 가치·경험·윤리로 다차원화되며, 기업은 이 복잡한 의사결정 구조를 이해해야만 생존할 수 있다.

이 변화는 몇 가지 뚜렷한 축으로 정리할 수 있다.

첫째, 디지털·옴니채널·빠른 배송에 대한 기대가 옵션이 아니라 기본값이 되었다. 전 세계적으로 온라인 전용 리테일러를 이용한 소비자 비율이 미국·중국에서 90% 이상, 독일·영국에서도 80% 이상에 달하며, 식료품 배송·각종 구독 서비스 이용도 빠르게 확산되고 있다.

2시간 내 배송·당일 배송에 대한 기대치가 빠르게 높아지고 있고, 이는 유통뿐 아니라 금융, 헬스케어, 교육 등 거의 모든 서비스 산업에서 '마찰 없는 경험'을 하나의 표준으로 만들고 있다.

둘째, 소비자는 가성비와 플렉스를 동시에 추구하는 양극적 패턴을 보인다. 대다수 가계는 인플레이션과 경기 불안 속에서 생필품이나 저관여 상품에서는 다운그레이드·할인 추구를 하면서, 여행·경험·건강·웰니스, 취미 같은 영역에는 과감히 지출하는 '무지개 소비'를 보이고 있다. 이 과정에서 도매·창고형 채널과 디스카운트 스토어는 모든 연령

대에서 이용률이 늘고, 동시에 고급스러운 경험을 제공하는 브랜드도 성장하는 독특한 양면 구조가 만들어지고 있다.

셋째, 윤리와 지속가능성을 중시하는 태도가 주류화되고 있다. 글로벌 조사에서 절반이 넘는 소비자가 친환경 제품에 추가 비용을 지불할 의향을 보였고, 상당수는 지속가능성이나 윤리 문제 때문에 특정 브랜드 구매를 중단한 경험이 있다고 응답한다.

특히 MZ세대는 브랜드의 탄소 발자국, 공급망 인권, 다양성·포용 정책까지 살펴보며, 값이 싸다는 이유만으로는 선택하지 않는 경향을 보이고 있다.

이제 이런 흐름을 실제 기업 사례와 연결하기 위해, 데이비드와 제임스, 그레이엄 고문이 한 카페에서 글로벌 소비자 트렌드를 두고 나누는 대화 장면을 떠올려 보자.

데이비드가 노트북 화면을 넘기며 말을 시작했다.

"최근 보고서를 보면, 전 세계 소비자들이 코로나 이전보다 여전히 기분은 안 좋은데, 지갑은 계속 열고 있다고 하더군요. 감정과 행동이 꼭 같이 가지 않는다는 걸 보여주는 멋진 행동경제학 사례 아닙니까?"

제임스가 고개를 끄덕이며 웃었다.

"맞아요. 소비자 심리는 여전히 불안하지만, 온라인 쇼핑, 배달, 구독 서비스 사용률은 꾸준히 높고, '그래도 지금의 작은 행복은 포기 못 한다'는 정서가 강한 것 같아요. 한쪽에서는 장바구니를 줄이면서, 다른 쪽에서는 여행이나 취미에는 과감히 쓰는 이중 구조죠."

그레이엄 고문이 물리학 책을 펴듯 말을 이었다.

"이걸 자연법칙에 비유하자면, 에너지는 일정하지만 어디에 쓰느냐에 따라 모습이 달라진다는 '에너지 보존의 법칙'과 비슷합니다. 가계의 총 에너지, 즉 시간과 돈은 제한되어 있지만, 소비자는 이제 이 에너지를 물건보다 '경험'과 '자기 돌봄'에 더 많이 배분하고 있어요. 건강·웰빙, 여행, 자기계발, 심지어 반려동물까지요."

데이비드가 장난스럽게 말했다.

"그러니까 지금은 '나를 위한 에너지 분배'의 시대군요. 삼겹살은 조금 줄여도 요가 수업과 넷플릭스 구독은 포기 못 하는 식으로요."

제임스가 자료를 넘기며 덧붙였다.

"게다가 디지털 채널이 기본이 되면서, 소비자들은 마찰에 대한 인내심이 거의 없어졌습니다. 몇 번의 클릭으로 주문이 안 되거나, 배송이 늦거나, 결제 옵션이 적으면 바로 이탈하죠. 보고서에서는 2시간 이내 배송 요구가 급증하고, 모바일 결제·다양한 결제수단 요구도 계속 늘고 있다고 합니다."

그레이엄 고문이 웃으며 고개를 끄덕였다.

"쇼펜하우어가 오늘날을 본다면 아마 이렇게 말했을지도 모릅니다. '인간의 의지는 결제 버튼 근처에 있다.' 클릭이 늘수록 인내심은 줄어드는 것 같아요."

데이비드가 방향을 바꾸었다.

"그런데 요즘 학생들이랑 얘기해 보면, 다들 ESG와 윤리를 입에 달고 살아요. '이 브랜드는 환경에 어떤 영향을 미치나요? 노동자는 어떻게 대우받나요?' 같은 질문을 자연스럽게 던지더라고요."

제임스가 통계를 인용했다.

"글로벌 조사에서 절반 이상이 지속가능한 제품에 추가 비용을 낼 의향이 있다고 했고, 꽤 많은 사람이 윤리·지속가능성 문제 때문에 브랜드를 아예 끊었다고 답했습니다. 이건 더 이상 '착한 소비자'의 전유물이 아니라, 주류가 된 셈이죠."

그레이엄 고문이 노트를 넘기며 말했다.

"이 흐름은 리더십과 비즈니스 모델에도 직접적인 압력을 가합니다. 더그 맥밀런이 월마트에서 임금·교육·ESG에 투자하면서도 Everyday Low Price를 유지하려 했던 것, 류창둥이 징동닷컴에서 정품·정가·전국 물류망을 구축하며 신뢰를 쌓은 것, 아나 보틴(Ana Botín)이 산탄데르(Santander)에서 'simple, personal, fair'를 내세우며 금융을 재설계한 것 모두 이 트렌드와 맞닿아 있죠."

데이비드가 고개를 끄덕였다.

"결국 소비자는 싸고 빠른 것만 원하는 게 아니라, 싸고 빠르면서도 '괜찮은 삶을 돕는가'를 묻고 있는 거네요."

제임스가 사례를 더했다.

"또 하나 흥미로운 건 지역성과 로컬 선호입니다. 글로벌 브랜드가 여전히 강하지만, 동시에 각 나라·지역의 로컬 브랜드를 선호하는 경향이 강화되고 있어요. 소비자들은 '우리 동네, 우리 농장, 우리 나라'를 응원하면서도, 온라인으로 전 세계를 쇼핑합니다. 글로벌과 로컬이 동시에 작동하는 거죠."

그레이엄 고문이 미소를 지으며 마무리했다.

"이런 맥락에서 글로벌 CEO들은 더 이상 한 방향으로만 전략을 짤 수 없습니다. 디지털·가성비·경험·윤리·로컬리티가 한꺼번에 요구되는 시대니까요."

이제 이 대화를 바탕으로, 글로벌 소비자 트렌드 변화가 기업과 리더에게 주는 적용 포인트를 정리해 보자. 먼저, 소비자는 디지털·속도·편의성을 기본값으로 기대하면서도, 가격·경험·가치를 동시에 평가하는 '다차원 최적화'를 수행하고 있다.

기업은 채널을 하나 더 여는 수준을 넘어, 온·오프라인·모바일·구독·커뮤니티를 통합한 옴니채널에서 마찰을 최소화하고, 개인화된 추천과 다양한 결제·배송 옵션을 제공해야만 선택받을 가능성이 높아진다. 이를 위해서는 단순한 마케팅이 아니라, 데이터 인프라·공급망·IT·조직 문화 전체의 재설계가 요구된다.

다음으로, 인플레이션과 불확실성 속에서 강화되는 '양극 소비'는 제품·포트폴리오 전략에 직접적인 함의를 갖는다. 한편에서는 디스카운트·대용량·자사 상표(PB)로 가격 민감 수요를 흡수하고, 다른 한편에서는 프리미엄·경험·스토리텔링으로 '작은 사치' 수요를 확보해야 한다. 여기서 행동경제학이 제시하는 프레이밍과 심리적 회계 개념을 활용하면, 같은 금액이라도 소비자가 느끼는 효용을 극대화할 수 있다. 예를 들어, 건강·웰빙·환경·시간 절약과 연결된 메시지는 소비자가 자신의 지출을 '투자'로 인식하도록 돕는다.

마지막으로, 윤리·지속가능성·포용성은 더 이상 주변부가 아니라 브랜드 자산과 리스크 관리의 중심이 되었다. 친환경 소재·탄소 감축·공급망 인권·데이터 프라이버시·AI 윤리 등에서 투명한 정보 공개와 일관된 행동을 보여주는 기업은, 특히 MZ세대 사이에서 장기적인 신뢰를 구축할 수 있다.

　　　　　　　　　　AI 시대 경제 판을 바꾼 글로벌 CEO

이는 단기 비용처럼 보일 수 있지만, 규제 리스크와 보이콧 리스크를 줄이고, 동시에 프리미엄 가격과 충성도를 가능하게 하는 투자다. 결국 글로벌 소비자 트렌드 변화는 '무엇을 파는가'를 넘어 '어떤 삶과 가치를 함께 만들어 가는가'에 대한 경쟁이며, 리더는 이 다층적인 기대를 이해하고, 자신만의 일관된 답을 설계해야 한다.

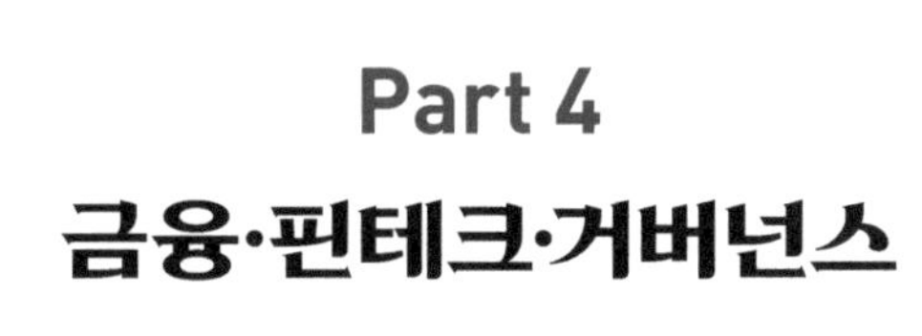

Part 4
금융·핀테크·거버넌스

Chapter 10

글로벌 금융 혁신

금융·투자·자산관리 분야의 혁신적 리더

레이 달리오(브리지워터), 아데나 프리드먼(나스닥), 제인 프레이저(씨티그룹)는 각각 헤지펀드, 거래소, 글로벌 상업은행이라는 서로 다른 전장을 혁신하면서, 금융·투자·자산관리 패러다임을 구조적으로 바꾸어 온 리더들이다.

레이 달리오(Ray Dalio)는 브리지워터 어소시에이츠(Bridgewater Associates)를 세계 최대 헤지펀드로 키우며 원칙 기반 투자와 거시경제 빅사이클 분석을 결합했고, 아데나 프리드먼(Adena Friedman)은 나스닥을 단순 주식시장 운영사가 아니라 데이터·기술 플랫폼으로 재정의했으며, 제인 프레이저(Jane Fraser)는 씨티그룹(Citigroup) 최초의 여성 CEO로서 복잡한 글로벌 유니버설 뱅크를 '집중과 단순화' 전략으로 재편하고 있다.

이 세 사람의 공통점은, 전통 금융조직의 관성을 깨고 데이터·기술·원칙·거버넌스를 활용해 '리스크를 다루는 방식'을 다시 설계했다는 점이다.

먼저 레이 달리오는 1975년 브리지워터 어소시에이츠를 설립해, 거시경제·금리·환율·부채 사이클 연구를 토대로 'All Weather' 전략과 절대수익 추구형 헤지펀드를 구축했다.

그는 1980년대 초 거시 전망 실패로 회사가 거의 파산 직전까지 갔던 경험을 토대로, "나는 어떻게 내가 틀리지 않았다는 것을 알 수 있는가?"라는 질문을 중심에 두고, 급진적 투명성(radical transparency)과 아이디어 성과주의(idea meritocracy)를 문화의 핵심으로 삼았다. 이후 저서 "Principles"에서 삶·경영·투자 원칙을 체계화해 공개하면서, 금융업뿐 아니라 전 세계 경영자·투자자들에게 '원칙을 글로 쓰고 시스템으로 돌리는' 사고방식을 확산시켰다.

아데나 프리드먼은 1990년 나스닥에 입사해 인수·전략·제품 책임 등을 거치며 나스닥의 전자거래 시스템, 파생상품, 지수 비즈니스 확대를 주도했고, 2017년 CEO에 오른 뒤에는 클라우드 기반 거래·감시 시스템, 데이터·애널리틱스, RegTech 솔루션을 강화해 나스닥을 "technology company that serves the capital markets"로 포지셔닝했다.

그녀는 상장·거래 수수료에 의존하던 비즈니스 모델에서 벗어나, 데이터·인덱스·소프트웨어·서비스 매출 비중을 높여 수익구조를 다변화하고, 소규모·테크기업에도 자본시장 접근성을 높이는 방향으로 규제·시장 구조 논의에 참여하고 있다.

씨티그룹의 제인 프레이저는 2021년 글로벌 유수 은행 중 최초의 여성 CEO로 선임되어, 분산된 국제 리테일 사업을 정리하고, 자본 효율이 낮은 국가의 소비자금융에서 철수하는 대신 미국 카드·자산관리·코퍼릿·투자은행에 집중하는 전략을 추진해 포트폴리오를 재구성하고 있다.

동시에 운영 리스크·규제 이슈에 대응하기 위해 내부 통제와 기술 인프라 투자를 늘리고, 보다 단순하고 민첩한 조직 구조를 지향하는 변화를 추진 중이다.

이제 이 세 리더를 중심으로, 금융·투자·자산관리에서 나타나는 원칙과 변화를 데이비드, 제임스, 그레이엄 고문의 대화로 풀어 볼 수 있다.

데이비드가 차트를 보며 말을 꺼냈다.

"레이 달리오 이야기를 읽을수록, 이 사람은 투자라기보다 일종의 '경제 기상청'을 만든 것 같아요. 빅데이터와 역사적 사례를 모아, 언제 비가 오고 태풍이 올지 예보하는 식으로요."

제임스가 웃으며 고개를 끄덕였다.

"브리지워터의 **All Weather** 전략 자체가 그런 사고방식이죠. 경제가 어느 국면이든 일정한 수익을 추구하도록 설계된 포트폴리오, 그리고 그 뒤에는 거시경제 빅사이클, 부채 디레버리징 연구가 깔려 있고요."

그레이엄 고문이 한 문장을 덧붙였다.

"달리오가 강조하는 건 '진실 + 시스템'입니다. 기분대로가 아니라, 검증된 원칙을 문서화하고, 그 원칙대로만 움직이는 조직. 여기에는 '나는 틀릴 수 있다'는 전제가 깔려 있죠. 그래서 그는 '어떻게 하면 내가 틀리지 않았다는 걸 알 수 있을까?'라는 질문을 평생 붙들고 산 겁니다."

데이비드가 농담을 섞었다.

"결국 투자보다 어려운 건, 자기 자존심과 싸우는 일이라는 거군요. 포트폴리오보다 먼저 고쳐야 할 건, 내 뇌의 편향들."

제임스가 화면을 넘기며 화제를 바꿨다.

"여기 아데나 프리드먼 사례를 보세요. 나스닥은 원래 전자거래소 이미지가 강했는데, 지금은 데이터·지수·클라우드 기반 거래·감시 솔루션이 점점 더 중요한 수익원이 되고 있어요. 스스로를 '기술 회사'로 정의하는 거래소, 꽤 흥미롭지 않습니까?"

그레이엄 고문이 동의했다.

"거래량이나 상장 수만으로 승부하던 시대에서, 이제는 데이터와 소프트웨어가 경쟁력의 핵심이 된 거죠. 리스크 관리, 시장 감시, 규제 준수 같은 영역에서도 기술과 분석 역량이 필수니까요. 자본시장 인프라가 하드웨어에서 소프트웨어로, 다시 데이터·AI 레이어로 진화하고 있다고 볼 수 있습니다."

데이비드가 또 한 번 농담을 던졌다.

"예전에는 '월가' 하면 양복 입은 트레이더가 떠올랐다면, 이제는 후드티 입은 개발자가 떠오르네요. 'Buy!' 대신 'Deploy!'를 외치는 시대가 된 거예요."

제임스가 웃으면서 제인 프레이저를 꺼냈다.

"그런 의미에서 씨티그룹의 제인 프레이저는, 공룡은행을 다이어트시키는 의료진 같은 역할을 맡은 셈이죠. 복잡한 글로벌 리테일 네트워크를 줄이고, 자본 효율이 낮은 사업을 정리해서, 핵심 역량에 집중하는 방향으로 재편하고 있으니까요."

그레이엄 고문이 차분히 정리했다.

"세 사람의 공통점은, 규모를 키우는 것보다 '복잡성을 줄이고 원칙을 세우는 것'을 중시한다는 점입니다. 달리오는 원칙과 시스템으로, 프리드먼은 데이터와 기술 아키텍처로, 프레이저는 포트폴리오와 조직 구조로 복잡성을 다룹니다. 결국 현대 금융에서 진정한 리스크는 '모르는 걸 모르는 상태'와 '너무 복잡해서 아무도 모르는 구조'거든요."

데이비드가 고개를 끄덕였다.

"투자자의 행복도, 고객의 행복도, 결국은 이해할 수 있는 구조 안에서만 가능하다는 말이네요. 보이지 않는 리스크가 적을수록, 수면의 질도 좋아질 테니까요."

이제 이 대화를 바탕으로, 금융·투자·자산관리 분야에서 이 세 리더가 주는 시사점을 정리해 보면 다음과 같다. 먼저, 복잡한 금융 환경일수록 '원칙과 시스템'의 중요성이 커진다.

레이 달리오가 보여주듯, 감정·확증편향·군집행동에 휘둘리지 않기 위해서는, 투자와 리스크 관리에 대해 명시적인 규칙을 만들고, 데이터를 통해 끊임없이 검증하는 과정이 필요하다. 이는 개인 투자자에게도 적용 가능하며, 자산배분·분산·리스크 허용 범위에 관한 자기만의 규칙을 글로 정리해 두는 것이 장기 성과와 행동의 일관성을 높이는 데 도움이 된다.

다음으로, 금융 인프라와 자본시장 자체가 기술·데이터 중심 구조로 재편되고 있다는 점에서 아데나 프리드먼의 나스닥 전략은 중요한 의미를 가진다. 거래·상장 수수료에 의존하는 대신, 데이터·인덱스·소프트웨어·클라우드 기반 리스크 관리 솔루션으로 수익원을 다변화하는 모델은, 향후 거래소·청산소·예탁결제기관뿐 아니라 은행·자산운용·핀테크 전반에 걸쳐 레퍼런스가 될 수 있다. 이는 자산관리 업계에서도 '상품을 판다'는 사고에서 벗어나, 고객의 데이터를 활용해 리스크·세금·생애주기 전체를 관리하는 플랫폼으로 진화해야 한다는 압력

     AI 시대 경제 판을 바꾼 글로벌 CEO

을 강화한다.

마지막으로, 제인 프레이저가 씨티그룹에서 시도하는 사업 포트폴리오 단순화와 조직 재편은, 대형 금융기관이 규제·리스크·기술 전환 압력 속에서 어떤 선택을 해야 하는지 보여준다.

각국 소비자금융 사업을 축소하고 자본 효율이 높은 영역에 집중하는 전략, 내부 통제와 IT 인프라에 대한 대규모 투자, 그리고 보다 명확한 사업 우선순위 설정은, '모든 것을 다 하는 은행' 모델이 한계에 다다랐음을 시사한다.

궁극적으로 금융·투자·자산관리 리더십은, 높은 수익률만이 아니라, 이해 가능한 구조·지속 가능한 리스크·신뢰 가능한 거버넌스를 설계하는 능력에 달려 있으며, 레이 달리오, 아데나 프리드먼, 제인 프레이저의 사례는 이러한 '행복·효율·균형의 경제학'을 금융 부문에서 구현하려는 서로 다른 경로를 보여주는 대표적 장면이라 할 수 있다.

레이 달리오

_브리지워터

레이 달리오는 브리지워터 어소시에이츠를 1975년 뉴욕의 작은 아파트에서 시작해, 세계 최대 규모의 헤지펀드로 성장시킨 글로벌 매크로 투자자이자 '원칙 기반 경영'의 상징적인 인물이다.

하버드 비즈니스 스쿨에서 MBA를 마친 뒤 월스트리트 증권사에서 일하다 독립한 그는, 초기에 기업들의 환리스크·금리리스크 자문과 리서치 레터(Daily Observations)로 이름을 알렸고, 이후 글로벌 채권·통화·상품·주식에 걸친 거시·리스크 패리티 전략으로 고객 범위를 연기금, 중앙은행, 주권부펀드까지 확장했다.

특히 그는 1991년 'Pure Alpha' 전략, 1996년 'All Weather' 전략을 통해 시장 방향과 무관하게 절대수익을 추구하는 구조를 구축했고, 2000년대 중반 미국의 과도한 부채와 서브프라임 버블을 분석해 2008년 금융위기 전에 디레버리징을 경고하며 위기 국면에서도 플러스 수익을 기록한 것으로 유명하다.

이 여정의 중요한 전환점은 오히려 실패에서 비롯되었다. 달리오는 1980년대 초 미국·세계 경제가 대공황 수준의 침체로 빠질 것이라고 공개 예측했지만, 실제로는 강한 회복이 나타나면서 개인·회사 모두 심각한 재정 위기를 겪었다. 그는 이 경험을 계기로 '내가 아는 것'보다 '내가 모르는 것'에 집중하기로 결심하고, 다양한 관점을 가진 사람들과의 토론, 데이터와 역사 사례에 기반한 검증, 그리고 스스로의 오류를 인정하는 시스템을 조직 내부에 심기 시작했다.

그 결과 브리지워터는 급진적 투명성(radical transparency), 아이디어 성과주의(idea meritocracy)라는 독특한 문화를 구축했고, 투자 의사결정은 레이 달리오의 직관이 아니라 수십 년간 축적된 데이터와 인과관계 분석, 컴퓨터 알고리즘에 기반해 이뤄지는 구조로 발전했다.

이 접근은 『원칙(Principles)』이라는 책과 "How the Economic Machine Works"라는 에세이·동영상으로 대중에게 소개되며, 금융을 넘어 리더십·조직문화 전반에 영향을 미쳤다.

이제 이러한 내용을 바탕으로, 데이비드와 제임스, 그레이엄 고문이

레이 달리오의 사례를 가지고 나누는 이야기를 통해 그의 철학과 전략을 조금 더 입체적으로 살펴보자.

데이비드가 그래프를 보며 말했다.

"레이 달리오를 보면, 투자자라기보다 일종의 '경제 공학자' 같아요. 시장을 직감으로 맞히려 하기보다 '경제 기계'의 구조를 해부하려고 했으니까요."

제임스가 자료를 넘기며 고개를 끄덕였다.

"하버드 MBA를 마치고 월스트리트에서 일하다가, 1975년에 두 칸 짜리 아파트에서 브리지워터를 시작한 것부터가 실험정신의 상징이죠. 처음엔 기업들의 환율·금리 리스크를 자문하고, Daily Observations 같은 리서치로 먹고 살다가, 점차 글로벌 매크로 펀드로 진화했으니까요."

그레이엄 고문이 미소를 지으며 말을 이었다.

"흥미로운 건, 그의 가장 큰 강점이 실패에서 나왔다는 점입니다. 1980년대 초에 미국이 대공황급 침체에 빠질 거라고 확신했는데, 실제로는 반대로 강한 회복이 왔죠. 그 예측 때문에 그는 팀원도 거의 다 내보내고, 부모에게 돈을 빌려야 할 정도로 어려워졌습니다. 그때 깨달은 게, '나는 틀릴 수 있다'는 사실을 시스템에 새겨 넣어야 한다는 거였죠."

데이비드가 웃으며 말했다.

"결국 그의 최고의 투자 성과는 '자기 자존심을 쇼트(Short) 친 것'이었네요. 자신의 확신을 그대로 믿지 않도록, 조직 구조를 바꾸는 데 올인했으니까요."

제임스가 브리지워터 문화를 설명했다.

"그래서 나온 게 급진적 투명성과 아이디어 성과주의죠. 회의에서 누구든 상사에게 직설적으로 질문하고, 의사결정 과정이 녹화되고 공유되며, '누가 말했느냐'보다 '무슨 논리와 데이터가 있느냐'로 아이디어를 평가하는 문화. 이런 환경에서 투자 아이디어는 개인의 직감이 아니라, 수십 년치 데이터와 인과관계 모델, 알고리즘으로 끊임없이 테스트됩니다."

그레이엄 고문이 덧붙였다.

"그리고 이 철학이 『원칙』이라는 책으로 정리되면서, 경영자와 투자자들에게 한 가지 메시지를 던졌죠. '현실을 있는 그대로 보려고 할 것, 그리고 그 현실에 대응하는 원칙을 명문화하고 검증하라.' 이는 행동경제학에서 말하는 편향과 감정의 문제를, 조직 설계 차원에서 다루려는 시도라고 볼 수 있습니다."

데이비드가 물리학 비유를 꺼냈다.

"자연법칙에 비유하자면, 그는 시장을 카오스가 아니라 '복잡하지만 규칙이 있는 시스템'으로 본 거네요. 완벽하게 예측할 수는 없지만, 중력처럼 항상 작용하는 힘과 패턴이 있다고 보고, 그 위에 전략을 쌓은 셈이죠."

제임스가 구체적인 예를 들었다.

"1991년에 시작한 Pure Alpha 전략은 시장의 베타를 넘어서는 초과수익을 노리는 글로벌 매크로 전략이고, 1996년의 All Weather 전략은 주식·채권·원자재·인플레이션 연동 자산을 리스크 기준으로 배분하는, 이른바 리스크 패리티 모델이었습니다. 덕분에 브리지워터는 2000년대 이후 변동성이 큰 시장에서도 비교적 안정적인 성과를 유지했고, 한 산업 연구에 따르면 역사상 어떤 헤지펀드보다 많은 이익을 고객에

     AI 시대 경제 판을 바꾼 글로벌 CEO

게 돌려준 것으로 평가됩니다."

그레이엄 고문이 정리하듯 말했다.

"여기서 중요한 건, 그가 항상 '원칙-시스템-사이클' 세 가지를 함께 보았다는 겁니다. 개별 종목이나 단기 뉴스보다, 부채와 신용, 금리와 인플레이션, 생산성과 정치 사이클 같은 구조적 요인에 초점을 맞추었 죠. 그리고 그 이해를 알고리즘과 규율 있는 포트폴리오에 녹여 냈습니 다."

데이비드가 웃으며 마무리했다.

"결국 그의 투자 비법은 비밀 공식이 아니라, 계속해서 자신이 틀릴 수 있다는 사실을 잊지 않는 습관이었던 셈이네요. 우리 입장에선, '어 떤 종목을 사라'보다 '어떤 질문을 나 자신에게 반복해서 던질 것인가' 를 배우는 게 더 중요해 보입니다."

이제 이 이야기를 바탕으로 레이 달리오 사례가 주는 시사점을 정리 해 보면, 몇 가지 축으로 정리할 수 있다. 금융·투자·자산관리 분야에 서 그의 접근은, 단기 성과를 넘어 장기적인 행복·효율·균형을 추구하 는 실천적 프레임을 제공한다.

첫째, 그는 투자와 삶 모두에서 '명시적인 원칙의 힘'을 강조한다. 달 리오는 복잡한 현실을 이해하기 위해 인과관계에 주목하고, 과거 사례 를 체계적으로 분석해 재현 가능한 규칙을 찾으려 했다.

이는 하버드·프린스턴·스탠퍼드 계열의 행동재무·거시금융 연구에 서 반복적으로 강조되는 '규칙 기반 정책(rule-based policy)'과 맞닿아 있 으며, "How the Economic Machine Works"라는 그의 에세이도 사실상 하나의 간단한 거시경제 모형을 제시하는 작업이다. 개인 투자자와 리 더에게 이는, 즉흥적 결정보다 스스로의 투자·일·관계에 관한 원칙을 글로 정리하고, 시간이 지날수록 이를 수정·보완해 나가야 한다는 메시지로 읽힌다.

둘째, 그는 실패와 불확실성을 다루는 태도를 바꾸었다. 1980년대의 큰 예측 실패 이후 달리오는 '내가 옳다고 믿는 것'보다 '내가 틀릴 수 있다는 전제'를 조직과 포트폴리오 설계에 반영했다. 이 태도는 리스크 관리에서 분산·헤지·시나리오 분석을 강화하는 방향으로, 문화 측면에서는 반대 의견을 장려하고 실수를 투명하게 드러내는 급진적 투명성으로 구체화되었다.

이는 '실패 회피'보다 '실패의 조기 발견과 학습'을 중시하는 현대 조직이 배워야 할 태도로, 장기적으로는 심리적 안전과 학습 속도를 동시에 높이는 효과를 갖는다.

셋째, 달리오의 거시·사이클 관점은 Post-AI 시대에도 여전히 유효하다. 그는 부채 사이클, 생산성, 정치적 갈등, 국제 질서의 변화가 자산 가격에 미치는 장기적 영향을 분석하며, 투자와 정책에 대한 프레임을 제시해 왔다. AI와 데이터 기술이 발달한 지금, 수많은 알고리즘이 초단기 가격 움직임을 쫓는 상황에서, 오히려 인간 리더에게 요구되는 것은 더 긴 호흡의 사이클을 읽고, 원칙과 시스템으로 복잡성을 다루는 능력이다.

독자와 리더 입장에서는 "지금 나의 투자와 경영은 어떤 사이클 위에 있는가?", "내가 쓰는 원칙과 시스템은 무엇이며, 어디까지 검증되었는가?"라는 질문을 스스로에게 던져 보는 것이, 레이 달리오라는 사례에서 얻을 수 있는 가장 실천적인 통찰이라 할 수 있다.

아데나 프리드먼

_나스닥

아데나 프리드먼은 2017년 1월 1일 Nasdaq, Inc.의 의장 겸 CEO로 취임하며, 사상 최초로 글로벌 증권거래소를 이끄는 여성 리더가 된 인물이다.

밴더빌트대학(Vanderbilt University)에서 정치학을 전공하고 MBA를 마친 뒤 1993년 인턴으로 나스닥에 합류해 데이터 제품 책임자, 전략총괄, CFO, COO를 거치며 거래소 인수·합병, 전자거래 인프라 구축, 데이터·지수 비즈니스 확장에 핵심 역할을 했다.

2011~2014년에는 글로벌 사모펀드인 칼라일 그룹(The Carlyle Group)의 CFO·매니징 디렉터로서 2012년 IPO를 이끌며, 상장사 입장에서 자본시장과 규제를 경험한 뒤 2014년 나스닥으로 복귀해 의장으로, 2017년 CEO에 오른 뒤에는 나스닥을 'engine for capitalism'이자 기술·데이터 중심 플랫폼 기업으로 재정의했다.

그녀의 리더십을 이해하기 위해, 먼저 자연법칙 중 하나인 "네트워크 효과"를 전기회로에 비유해 볼 수 있다. 전기가 흐르려면 안정적인 회로와 충분한 전압, 그리고 저항을 줄이는 설계가 필요하듯, 자본시장도 신뢰할 수 있는 인프라, 충분한 유동성, 낮은 거래·정보 마찰이 필수다. 프리드먼은 전통적인 '거래소=주식이 오가는 장소'라는 정의에서 벗어나, 거래·청산을 가능하게 하는 기술 플랫폼, 상장사와 투자자를 연결하는 데이터·지수·워크플로우 솔루션, 금융범죄를 탐지하는 감시 시스템까지 포함하는 '자본시장 회로'를 설계하는 데 집중해 왔다.

이는 하버드 계열 금융연구에서 자주 인용되는 "market microstructure" 논의 — 시장 구조·정보비대칭·거래비용이 가격발견과 자본배분에 미치는 영향 — 와 맞닿아 있으며, 프리드먼은 이를 실무에서 구현하는 대표적 사례라 할 수 있다.

또한 그녀는 나스닥의 수익구조를 거래수수료 중심에서 기술·데이터·서비스로 다각화했다. INET, OMX, Philadelphia·Boston 거래소 인수, 그리고 이후 글로벌 시장·거래소에 기술을 공급하는 비즈니스 확장은, 나스닥을 "we run our markets with our tech"에서 "we run the world's markets with our tech"로 이동시켰다.

CEO 취임 이후에는 데이터 리서치, 인덱스, 소프트웨어 asaService, 클라우드 기반 시장 인프라, 그리고 Fraud·AML·Market Surveillance 등을 포함한 AntiFinancial Crime 솔루션을 키워, 이제 전 세계 130개 이상의 시장과 수많은 은행·기관에 기술과 데이터를 공급하는 구조를 만들었다. 동시에 2021년 Amazon Web Services와의 장기 파트너십을 통해 거래·시장 감시 시스템을 클라우드·AI·머신러닝 기반으로 전환하며, 초당 수십억 건 메시지를 처리하는 초고속·저지연 인프라를 유지하면서도 확장성과 유연성을 높였다.

이제 이러한 배경을 바탕으로, 데이비드와 제임스, 그레이엄 고문이 아데나 프리드먼의 리더십에 대해 나누는 이야기를 통해 내용을 입체적으로 풀어 보자.

데이비드가 차트를 넘기며 말을 시작했다.

"나스닥을 보면, 예전에는 그냥 '테크주 많이 상장된 거래소' 정도로

　　　　　　　　AI 시대 경제 판을 바꾼 글로벌 CEO

생각했는데, 지금은 거의 '자본시장용 운영체제'처럼 보입니다. 이 변신의 중심에 있는 사람이 아데나 프리드먼이라는 게 흥미롭네요."

제임스가 고개를 끄덕였다.

"1993년에 인턴으로 들어와서, 데이터 제품 책임자, 전략·CFO, COO를 거쳐 CEO까지 간 케이스니까, 말 그대로 거래소의 진화 과정을 몸으로 겪은 사람이죠. 게다가 중간에 칼라일 그룹 CFO를 맡아 2012년 IPO를 직접 준비하면서, 상장사의 입장에서도 자본시장을 경험했다는 게 큰 포인트고요."

그레이엄 고문이 전기회로 그림을 그리듯 말했다.

"자본시장은 거대한 전기회로와 같습니다. 투자자와 기업 사이에 전류처럼 자본이 흐르죠. 여기서 거래소와 인프라는 회로판이고, 데이터와 규제는 전압과 저항에 해당합니다. 프리드먼이 한 일은 이 회로를 더 빠르고, 더 안정적이고, 더 지능적으로 만드는 작업이에요. 단순히 전구를 더 많이 다는 게 아니라, 회로 설계를 바꾸는 쪽이죠."

데이비드가 웃으며 말했다.

"그러니까 예전의 나스닥이 '전기 스위치'였다면, 지금의 나스닥은 거의 '스마트 그리드'군요. AI, 클라우드, 데이터까지 얹은 자본시장용 스마트 그리드."

제임스가 구체적인 예를 들었다.

"실제로 나스닥은 자사 시장만 운영하는 게 아니라, 130개 이상 전 세계 거래소와 시장에 매매·청산·감시 시스템을 공급하고 있습니다. 또 Capital Access Platforms를 통해 상장, IR, ESG 공시, 투자자 관계 관리 도구까지 제공하고, AntiFinancial Crime 부문에서 AML, Fraud, Market Surveillance 솔루션으로 금융범죄 탐지까지 맡고 있죠."

그레이엄 고문이 덧붙였다.

"이건 미세구조(microstructure)를 설계하는 사람의 관점이에요. 어디서 정보가 생기고, 어디서 마찰이 발생하고, 어디서 불공정이 생기는지를 보고, 그 지점을 기술로 보완하는 거죠. 결국 자본시장의 신뢰도와 효율성을 동시에 끌어올리는 일입니다."

데이비드가 여성 리더십으로 화제를 돌렸다.

"또 하나 인상적인 건, 2017년에 글로벌 거래소를 이끄는 첫 여성 CEO가 됐다는 점이에요. 그녀는 단지 자리를 차지한 게 아니라, 나스닥 상장사들에게 이사회 다양성 공시를 요구하는 제도를 추진했죠. '보드를 좀 더 거울처럼 만들자'는 메시지랄까요."

제임스가 설명을 보탰다.

"나스닥이 미국 증권거래위원회(SEC)에 제안해 승인받은 이 제도는, 상장사가 이사회 성별·인종·소수자 구성 데이터를 공개하도록 요구합니다. 이는 강제 할당제(quota)는 아니지만, 투명성을 높여 시장 압력을 통해 변화를 유도하는 방식이죠."

그레이엄 고문이 미소를 지으며 말했다.

"프리드먼은 자본시장 구조 변화와 사회적 기대치 변화를 동시에 읽은 셈입니다. 투자자들은 이제 재무제표뿐 아니라, 이사회 구조와 거버넌스, 다양성까지 보고 투자 결정을 내리니까요. 그녀가 말하는 'engine for capitalism'은, 자본주의 엔진을 더 포용적이고 투명하게 만들겠다는 선언으로 읽을 수 있습니다."

데이비드가 농담을 덧붙였다.

"그러니까 나스닥은 요즘 '코드도 짜고, 가치도 체크하는' 엔진이군요. 상장 기준이 점점 '재무제표 + 사회적 신호' 패키지가 되는 셈."

     AI 시대 경제 판을 바꾼 글로벌 CEO

이제 이러한 대화와 사례를 바탕으로 아데나 프리드먼의 리더십이 주는 시사점을 정리할 수 있다. 금융·거래소·자본시장 인프라라는 특수한 영역에 국한되지 않고, 데이터·플랫폼·거버넌스를 다루는 모든 리더에게 적용 가능한 요소들이다.

첫째, '인프라를 제품이 아니라 플랫폼으로 보는 관점'이 중요하다. 프리드먼은 거래·상장 수수료에 의존하던 전통 거래소 모델에서 벗어나, 시장 인프라 기술, 데이터·인덱스, 클라우드·AI 기반 리스크 관리, 금융범죄 방지 솔루션 등으로 확장해 나스닥의 수익 구조와 역할을 다변화했다.

이는 하버드·프린스턴 등에서 논의되는 platform economics — 네트워크 효과, 양면시장, 데이터 외부성 — 를 실제 자본시장에 적용한 사례이며, 다른 산업의 리더들도 자신들의 기반 시스템을 플랫폼·데이터 비즈니스로 재해석할 필요가 있음을 보여준다.

둘째, '기술·규제·사회적 기대'의 삼각형을 함께 관리하는 능력이 요구된다. 프리드먼은 클라우드·AI·머신러닝을 활용해 시장 효율성과 안정성을 높이는 동시에, 이사회 다양성 공시, ESG 정보 제공, 금융범죄 감시 등 규제·윤리 영역에서도 적극적으로 목소리를 내고 있다.

이는 기술 혁신이 규제와 충돌하는 것이 아니라, 오히려 규제 준수와 신뢰 구축을 돕는 방향으로 설계될 수 있음을 보여준다. Post-AI 시대의 리더는 단순히 "무엇을 개발할까"뿐 아니라 "어떤 규범과 기대 속에서 그 기술을 사용할까"까지 함께 설계해야 한다.

셋째, '작은 프로젝트에서 시작한 리더십의 축적'은 개인 경력 설계 차원에서도 중요한 메시지를 준다. 아데나 프리드먼은 초기에 아무도 관심 갖지 않던 Mutual Fund Quotation Service 같은 '작은 사업'을 맡아 개선하면서, 데이터·제품·전략 감각을 인정받았고, 이후 대형 인수·전략 결정, CFO·COO, 결국 CEO에 이르는 경로를 밟았다.

이는 Nobel 수상자들이 강조해 온 경계 없는 학습과 실험 정신, 그리고 행동경제학이 말하는 '작은 선택의 누적이 커리어 경로를 바꾼다'는 통찰과도 맞닿아 있다.

독자와 리더 입장에서는 "지금 내 손에 놓인 작고 인기 없는 프로젝트가, 장기적으로 어떤 플랫폼과 인프라를 여는 열쇠가 될 수 있는가?"라는 질문을 던져 보는 것이, 아데나 프리드먼 사례에서 얻을 수 있는 가장 실천적인 교훈이 될 것이다.

제인 프레이저

_씨티그룹

제인 프레이저는 2021년 3월 씨티그룹 CEO로 취임해 미국 대형 은행 최초의 여성 CEO가 되었으며, 2025년 10월에는 이사회 의장까지 겸임하게 된 글로벌 금융 리더다.

2004년 씨티그룹에 합류한 뒤 Global Head of Strategy & M&A, Citi Private Bank CEO, CitiMortgage CEO, U.S. Consumer & Commercial Banking CEO, Citigroup Latin America CEO, Citi President & Global Consumer Banking CEO를 거치며 위기 기업·적자 사업부를 연속적으로 돌려세운 '턴어라운드 전문가'로 평판을 쌓았다.

특히 적자였던 Citi Private Bank를 4년 만에 흑자로 전환시키고, 바

 AI 시대 경제 판을 바꾼 글로벌 CEO

나멕스(Banamex, 멕시코 주요 금융 그룹) 사기 사건·규제 제재 이후 중남미 사업 재정비를 주도한 경험은, 복잡한 글로벌 은행을 구조적으로 재설계할 수 있는 실무력을 입증한 사례로 평가된다.

그녀의 전략을 이해할 때, 자연법칙 중 '엔트로피 증가 법칙'을 금융 조직에 대입해 볼 수 있다. 시간이 흐를수록 시스템은 복잡해지고, 규제·사업·조직이 덕지덕지 붙으면서 효율성과 책임 소재가 흐려지는 경향이 있는데, 씨티그룹은 2008년 금융위기 이후 바로 그런 엔트로피 과잉의 전형이었다.

제인 프레이저는 CEO 취임 후 다년간의 재편 계획을 통해 "Simplify, Strengthen, Focus"를 기조로 삼고, 사업 포트폴리오와 조직 구조의 복잡도를 줄이는 데서 출발했다.

즉, 엔트로피가 높아진 시스템에 '에너지'를 가해 구조를 재정렬하듯, 비핵심·저수익 국제 소비자금융 사업을 매각·철수하고, 중복된 조직 계층을 줄이며, 리스크 관리와 규제 대응 체계를 통합해 정보 흐름과 책임의 경로를 단순화하는 방향을 택한 것이다.

Harvard·Princeton 등에서 발표된 "Too Big to Manage? The Challenge of Complexity in Global Banks"류의 연구가 대형은행의 복잡성 리스크를 지적해 온 점을 고려하면, 그녀의 전략은 이론과 현장이 만나는 케이스로 볼 수 있다.

또한 제인 프레이저는 리스크·규제·문화·기술을 하나의 패키지로 다루고 있다. CEO 취임 후 씨티는 해외 리테일 사업 정리와 함께, 내부 통제·데이터·IT 인프라에 대한 대규모 투자를 진행하며, 규제 기관이 수년간 제기해 온 리스크 관리·보고 체계의 허점을 보완하는 데 집중했다.

동시에 미국 내에서는 초과 인출 수수료(오버드래프트 피)를 없애고, 하이브리드·유연근무 제도를 월가 경쟁사보다 적극적으로 도입하는 등, 고객·직원 경험 측면에서도 '덜 공격적이고, 더 지속 가능한 은행'이라는 이미지를 구축하려 했다.

그 결과 2025년 기준 씨티는 4개 분기 연속 매출·이익 전년 대비 성장, 비용 감축, 대부분의 국제 소비자금융 철수 마무리 등의 성과를 보고하고 있으며, transformation 프로그램의 약 3분의 2가 목표 수준에 도달했다는 평가를 받고 있다.

이제 이런 맥락 위에서, 데이비드와 제임스, 그레이엄 고문이 카페에서 제인 프레이저 사례를 두고 나누는 대화를 통해 내용을 풀어 보자.

데이비드가 커다란 조직도 그림을 보며 말을 꺼냈다.

"씨티그룹 역사를 보면, 이건 거의 '금융판 바벨탑'이었죠. M&A와 위기 대응을 수십 년 반복하다 보니, 사업·조직·시스템이 층층이 쌓여서, 누가 뭘 책임지는지조차 헷갈리는 수준이었으니까요."

제임스가 고개를 끄덕였다.

"맞아요. 2008년 위기 이후에도 규제 이슈가 계속 터졌고, 바나멕스 사기 사건, 영국 규제기관의 제재 등으로 'Too Big to Manage'라는 말까지 나왔으니까요. 그 한가운데로 들어간 사람이 바로 제인 프레이저입니다."

그레이엄 고문이 엔트로피 이야기를 꺼냈다.

"물리학에서 말하는 엔트로피 증가 법칙을 떠올려 봅시다. 큰 시스템일수록 시간이 갈수록 더 복잡해지고, 정리가 안 되면 결국 에너지가 낭비되죠. 씨티그룹도 비슷했습니다. 전 세계 100여 개국을 넘나드는

   AI 시대 경제 판을 바꾼 글로벌 CEO

사업과 수많은 보고 라인이 얽혀 있었으니까요.”

데이비드가 웃으며 말했다.

“그래서 제인 프레이저는 일종의 ‘엔트로피 감소 요원’이네요. 정리정돈 전문가.”

제임스가 경력의 주요 지점을 짚었다.

“그녀가 2004년에 씨티에 들어와 맡은 첫 큰 역할이 Global Head of Strategy & M&A였고, 금융위기 한가운데서 구조조정을 설계했죠. 이후 Citi Private Bank CEO가 되었을 땐, 연간 약 2억 5천만 달러 적자를 내던 사업을 흑자로 돌려세웠고, 수수료 중심 인센티브를 없애고 연말 재량 보너스로 바꿔 고객 이해상충을 줄였습니다.”

그레이엄 고문이 이어받았다.

“그다음 CitiMortgage, U.S. Consumer & Commercial Banking, Latin America CEO까지, 하나같이 쉽지 않은 자리를 맡아서 수습했죠. 라틴아메리카는 바나멕스 사기 여파로 신뢰가 무너진 상태였고, 규제 리스크도 컸습니다. 그럼에도 24개국 사업을 정리·재편하며 안정시켰고요.”

데이비드가 CEO 취임 이후를 물었다.

“그럼 CEO가 되고 나서는 제일 먼저 뭘 했나요? 월가 최초의 여성 CEO라는 타이틀뿐 아니라, 실제 전략이 궁금하네요.”

제임스가 정리해 주었다.

“핵심은 세 줄로 요약할 수 있어요. 사업 포트폴리오 축소와 집중, 조직 구조 단순화, 리스크·규제 대응 강화. 소득 대비 수익성이 낮거나 전략적 시너지가 약한 여러 나라의 리테일·소매금융에서 철수하고, 미국·부유층·코퍼릿·투자은행·자산관리 같은 핵심 영역에 자본과 인력을 재배치했습니다.”

그레이엄 고문이 고개를 끄덕였다.

“또 하나 중요한 건 문화와 일하는 방식입니다. 팬데믹 이후 그는 동종 대형 은행 CEO들보다 먼저, 하이브리드·유연근무를 상시 정책으로 제도화했죠. ‘직원들이 지쳐 있으면 리스크 관리도 무너진다’는 관점에서, 회복력과 장기 생산성을 중시한 겁니다.”

데이비드가 농담을 보탰다.

“월가에서 ‘집에서 일해도 괜찮다’고 먼저 말한 CEO라니, 거의 금융판 혁명가 아닙니까. 보너스보다 잠과 가족 시간을 중시하는 쪽에 한 표 던진 셈이네요.”

제임스가 최근 성과를 언급했다.

“최근 자료를 보면, 씨티그룹은 2025년 기준으로 4개 분기 연속 매출과 이익이 전년 대비 성장했고, 비용도 줄이고 있습니다. 국제 소비자 금융 철수는 대부분 마무리 단계이고, transformation 프로그램 약 3분의 2가 목표 수준에 도달한 것으로 보고됐죠.”

그레이엄 고문이 마무리하듯 말했다.

“게다가 2025년에는 이사회 의장까지 겸임하게 되었으니, 전략·집행·거버넌스를 한 축에서 조율하는 책임이 더 커졌습니다. 이제는 ‘위기 수습 전문가’에서 ‘새로운 씨티의 설계자’로 완전히 자리매김한 셈이죠.”

이제 이 이야기를 바탕으로 제인 프레이저 사례가 주는 시사점을 정리하면, 세 가지 축으로 볼 수 있다. 먼저, 대형 조직에서 가장 위험한 적은 ‘더 큰 덩치’가 아니라 ‘통제되지 않는 복잡성’이라는 점이다.

　　　　　　　　　　　　　AI 시대 경제 판을 바꾼 글로벌 CEO

제인 프레이저의 씨티 전략은 성장보다 단순화와 집중을 우선시하며, 비핵심 사업 철수·조직 계층 축소·리스크 시스템 통합을 통해 엔트로피를 낮추는 데 초점을 두었다. 이는 금융뿐 아니라 어느 산업이든, 일정 규모를 넘어서면 "무엇을 더 할 것인가"보다 "무엇을 그만둘 것인가, 어떻게 구조를 단순화할 것인가"가 리더의 핵심 과제가 된다는 점을 보여준다.

둘째, 위기와 규제 압력은 '벌'이면서 동시에 '설계 변경의 기회'가 될 수 있다. 씨티는 금융위기 이후 오랫동안 규제기관의 감시 대상이었고, 여러 제재와 개선 요구를 받았다. 프레이저는 이를 방어전이 아니라, 내부 통제·데이터·IT 인프라를 재설계할 수 있는 계기로 사용해, 장기적으로 더 투명하고 예측 가능한 은행을 만드는 방향으로 전환했다.

이는 행동경제학에서 말하는 '손실 회피' 본능 ─ 당장의 불이익을 피하려는 충동 ─ 을 넘어, 불편한 피드백을 구조 개혁의 재료로 쓰는 리더십의 사례로 해석할 수 있다.

셋째, 리더 개인의 경로와 조직의 전략은 서로 영향을 주고받는다. 맥킨지(McKinsey)와 골드만삭스(Goldman Sachs)에서의 경력, 씨티 내부에서의 전략·M&A·프라이빗뱅크·소비자금융·라틴아메리카 경험은, 제인 프레이저가 글로벌·복잡·위기 상황에 익숙한 리더로 성장하게 만든 토대였다.

그 결과 CEO로서는 단기 실적보다 구조 개편과 문화 변화에 무게를 두는 선택을 할 수 있었고, 이는 씨티그룹이라는 조직이 '크지만 느리고 불투명한 은행'에서 '더 작지만 집중된, 디지털 시대에 맞는 은행'으로 재정의되는 과정을 가능하게 했다.

독자와 리더 입장에서는 "내 커리어의 어려운 과제·위기 과제들이,

장차 어떤 구조 개편과 리더십 선택으로 이어질 수 있는가?”, “지금 내 조직의 엔트로피를 줄이기 위해 무엇을 과감히 정리해야 하는가?”를 스스로에게 묻는 것이, 제인 프레이저 사례에서 얻을 수 있는 가장 실천적인 통찰이 될 것이다.

적용과 사례: 금융산업 디지털 변환 사례

금융산업의 디지털 전환은 채널 디지털화를 넘어서, 코어 시스템·데이터·리스크·문화까지 재설계하는 단계에 들어와 있다. 글로벌 대형은행과 거래소, 리테일은행·핀테크가 모두 클라우드, AI, API, 모바일을 기반으로 '은행을 소프트웨어처럼 만드는 작업'을 진행 중이다.

이런 흐름 속에서 JP모건(JPMorgan), 씨티, DBS 같은 선도사들은 IT 인프라 현대화와 데이터 레이크 구축에 수십억 달러를 투자하며, 비용을 줄이면서도 속도·안정성·규제 대응력을 높이는 쪽으로 진화하고 있다.

이 변화는 몇 가지 대표적 사례로 정리할 수 있다.

첫째, 대형 글로벌 은행들의 클라우드·코어 시스템 현대화다. 예를 들어 JP모건 체이스(JPMorgan Chase)는 데이터와 애플리케이션의 상당 부분을 퍼블릭·프라이빗 클라우드로 옮기면서, 2019년 이후 컴퓨팅·스토리지 사용량이 크게 늘었음에도 인프라 비용을 거의 늘리지 않고 유지하는 구조를 만들고 있다.

씨티 역시 수천 개에 이르던 레거시 애플리케이션을 수년간에 걸쳐 정리·통합하고, 일부 핵심 트레이딩·리스크 애플리케이션을 대형 클라우드 사업자로 이전해, 시장업무에서 필요한 초고속 연산을 더 유연하게 처리하는 방향으로 전환하고 있다. 싱가포르 DBS는 내부 데이터 플랫폼과 AI 허브를 구축해 수백 개 모델·수백 개 유스케이스를 동시에 운영하면서, 리스크·마케팅·운영 최적화에 AI를 일상적으로 활용하는 구조를 갖추었다.

둘째, 고객 접점과 상품 판매 방식의 디지털화다. 많은 은행이 모바일·웹 앱을 통해 계좌 개설, 대출 신청, 투자, 보험, 송금까지 전 과정을 비대면으로 처리 가능하게 만들었고, 챗봇·디지털 어시스턴트를 통해 24시간 상담과 간단 업무 처리를 지원한다.

대출·카드·투자상품 추천은 과거 단순 베스트셀러 목록이 아니라, 고객의 거래내역·자산·소득·행태 데이터를 분석한 개인화 알고리즘이 제안하는 방식으로 바뀌고 있다. 일부 은행은 블록체인·디지털 자산 인프라를 활용해 국경 간 송금 시간과 비용을 줄이고, 내부 결제·청산 프로세스의 오류·지연을 감소시키는 실험도 병행하고 있다.

셋째, 리스크·규제·보안을 위한 데이터·AI 활용이다. 자금세탁방지(AML), 사기 탐지, 신용 리스크, 온보딩·KYC 영역에서 머신러닝 모델을 활용해 이상 거래 패턴을 실시간 탐지하고, 규제 보고에 필요한 데이터를 자동 수집·정제하는 시스템이 빠르게 확산되고 있다.

일부 상업은행과 자산운용사는 대규모 데이터 레이크 위에 규제·리스크용 공통 데이터 계층을 깔아, 동일한 데이터를 기반으로 리스크·재무·비즈니스 부문이 동시에 분석을 수행하도록 설계하고 있다. 이는 규제 위반·내부통제 실패를 줄이는 동시에, 리스크·자본 배분 의사결정의 속도와 정밀도를 높이는 효과를 가져온다.

이제 이런 흐름을 데이비드, 제임스, 그레이엄 고문의 짧은 대화를 통해 조금 더 구체적으로 상상해 볼 수 있다.

데이비드가 커피잔을 내려놓으며 말을 시작했다.

"요즘 금융 디지털 전환 사례를 보면, 은행이 더 이상 돈을 빌려주고 받는 곳이 아니라, 거대한 소프트웨어 회사처럼 느껴집니다. 코어 뱅킹을 클라우드로 옮기고, 데이터 레이크를 만들고, AI 모델을 수백 개 돌리고 있으니까요."

제임스가 노트북을 돌려보이며 대답했다.

"맞아요. JP모건, 씨티, DBS 같은 은행은 수천 개 앱을 정리하고, AI로 대출 심사·사기 탐지·마케팅까지 자동화하고 있죠. 은행 안에 작은 '구글'이 몇 개씩 들어앉은 셈입니다."

그레이엄 고문이 웃으며 말했다.

"그래서 요즘 농담처럼 하는 말이 있죠. '미래의 은행원은 정장을 입은 프로그래머일 것이다.' 금융의 본질은 리스크와 신뢰지만, 그것을 구현하는 도구는 점점 코드와 데이터가 되어 가고 있습니다."

이제 이러한 사례를 바탕으로, 금융산업 디지털 변환의 시사점을 세 가지로 정리할 수 있다. 먼저, 인프라와 코어 시스템의 현대화 없이 표면적 디지털 채널만 바꾸는 것은 한계가 분명하다.

내부적으로는 코어 뱅킹·결제·리스크 시스템을 클라우드·마이크로서비스·API 기반으로 재설계해야만, 신상품 출시 속도·시스템 안정성·규제 대응력을 동시에 확보할 수 있다. 다음으로, 디지털 전환의 진정한 성과는 고객 경험과 운영 효율의 동시 개선에서 측정되어야 한다.

앱 다운로드 수나 로그인 수보다, 계좌 개설·대출 승인·국경 간 송금 같은 핵심 여정의 시간 단축과 오류 감소, 그리고 고객 만족도·NPS 변화가 더 중요한 지표다. 마지막으로, 기술·리스크·규제를 분리해서 볼 수 없는 시대에, 금융 리더는 IT·데이터·보안·규제 부문을 하나의 전략적 축으로 통합해 보는 시각을 가져야 한다.

디지털 전환은 단발성 프로젝트가 아니라, 끊임없이 레거시를 줄이고, 데이터를 정리하고, AI·보안·규제 요구를 반영해 '살아 있는 금융 운영체제'를 업데이트하는 장기 여정이기 때문이다.

Chapter 11

핀테크·디지털자산

디지털화·핀테크, 신금융 비즈니스 모델 선도

마밍저(평안보험), 패트릭 콜리슨(스트라이프), 마윈(알리바바)는 각각 보험, 결제 인프라, 플랫폼·슈퍼앱 영역에서 디지털화·핀테크 기반 신금융 비즈니스 모델을 대표하는 인물로 볼 수 있다.

마밍저(Ma Mingzhe)는 평안보험을 전통 보험사가 아니라 '금융·헬스·테크'를 결합한 생태계 기업으로 키우며, 온라인 보험·원격의료·핀테크 투자를 통해 중국 디지털 금융의 폭을 넓혔다. 패트릭 콜리슨(Patrick Collison)은 스트라이프(Stripe)를 통해 개발자 친화적인 **API** 기반 결제 인프라를 만들고, 인터넷 상거래의 기초 경제 인프라를 제공하는 모델로 성장시켰으며, 마윈(Jack Ma)은 알리바바와 앤트그룹(Alibaba·Ant Group)을 통해 알리페이(Alipay), 유통·데이터, 소액대출·자산관리·신용평가를 통합한 슈퍼앱형 금융 플랫폼을 구현했다.

이들의 전략을 관통하는 자연법칙은 '네트워크 효과'와 '규모의 경제'

가 결합된 플랫폼 역학이다.

디지털 금융 서비스는 사용자가 많아질수록 데이터가 쌓이고, 그 데이터로 리스크와 가격을 더 정밀하게 관리할 수 있으며, 그 결과 더 나은 UX·조건을 제공해 다시 사용자가 늘어나는 선순환을 만든다.

마밍저가 핑안굿닥터(Ping An Good Doctor) 같은 디지털 헬스 플랫폼과 보험을 엮은 것, 패트릭 콜리슨이 소규모 스타트업부터 글로벌 빅테크까지 스트라이프 API 위에 얹게 만든 것, 마윈이 알리페이를 쇼핑·송금·대출·투자·공과금까지 통합한 생활 인프라로 만든 것이 모두 이 법칙의 응용이다.

즉, 이들은 금융상품을 따로 파는 대신, 생활·비즈니스의 흐름 안에 금융을 녹여 '보이지 않는 금융 배관'을 설계했다.

이제 이 내용을 토대로, 데이비드와 제임스, 그레이엄 고문이 카페에서 세 인물을 두고 나누는 짧은 대화를 떠올려 보자.

데이비드가 웃으며 말했다.

"마밍저 이야기를 보면, 보험회사가 갑자기 헬스케어·테크 회사가 된 느낌이에요. 병원 가기 전에 앱으로 상담하고, 거기서 바로 보험과 연동되는 구조니까요."

제임스가 고개를 끄덕였다.

"핑안은 고객의 건강·생활 데이터를 기반으로, 보험·금융·헬스케어를 묶은 서비스를 만들었죠. 위험을 보상하는 회사에서, 위험을 줄이는 회사로 살짝 이동한 셈입니다."

그레이엄 고문이 말을 이었다.

"패트릭 콜리슨의 스트라이프는 또 다른 유형이죠. 결제를 '7줄 코드'로 단순화해서, 누구나 웹사이트에 쉽고 빠르게 결제를 붙일 수 있게

만들었습니다. 이게 인터넷 상거래 전체의 마찰을 줄이는 역할을 했고
요.”

데이비드가 농담을 덧붙였다.

“결국 스트라이프는 카드 단말기를 클라우드로 옮긴 셈이네요. 카페
계산대에서 보이던 터미널이, 이제는 서버 속으로 들어가 버린 것처럼
요.”

제임스가 마윈으로 화제를 돌렸다.

“마윈의 알리페이·앤트그룹 모델은 생활 습관 전체를 금융과 연결한
케이스죠. 쇼핑, 송금, 공과금, 택시, 투자, 소액대출까지, 거의 모든 생
활이 앱 하나로 됩니다. 그 결과, 전통 은행이 포착하지 못하던 소액·
데이터 빈곤층까지 금융망 안으로 끌어들였죠.”

그레이엄 고문이 마무리했다.

“세 사람의 공통점은, 금융을 ‘상품’에서 ‘플랫폼’으로 옮긴 것입니다.
보험도, 결제도, 대출도, 결국은 데이터와 알고리즘이 흐르는 네트워크
의 한 기능이 된 거죠.”

이제 이 세 인물이 보여주는 시사점을 정리하면 세 갈래로 볼 수 있
다.

첫째, 금융은 독립된 목적지가 아니라, 다른 서비스와 플랫폼 속에
통합되는 기능이 되어 가고 있다. 따라서 전통 금융기관은 ‘고객을 지
점으로 오게 만들기’보다, 고객이 이미 머무는 생태계 — 커머스, 헬스,
SaaS, 모빌리티 — 안으로 금융을 심는 임베디드 금융(Embedded Finance)
전략을 고민해야 한다.

둘째, 데이터와 알고리즘이 리스크 관리·가격 결정·상품 설계의 중

     AI 시대 경제 판을 바꾼 글로벌 CEO

심이 되면서, 경쟁우위는 자본 규모보다 데이터 품질·AI 역량·API 개방성에 의해 좌우된다.

셋째, 이런 모델은 소비자 편익과 금융포용을 확대하는 동시에, 규제·시스템 리스크도 키울 수 있기에, 설계 단계에서부터 거버넌스·투명성·소비자 보호를 함께 내장해야 한다.

궁극적으로 디지털화·핀테크의 과제는, 속도와 혁신만이 아니라 '행복·효율·균형의 경제학' 관점에서 금융의 역할을 재정의하는 데 있다고 할 수 있다.

마밍저

_핑안보험

핑안보험을 공동 설립한 마밍저는 첨단 금융 혁신과 지속 가능 경영을 통해 전 세계적으로 손꼽히는 보험·금융 리더가 되었다.

그는 중국 최초의 주식제 보험사를 선전에서 출범시키고, 전통 금융·보험 시장을 빠르게 디지털화, 기술주도형으로 전환했다. 장기적 관점의 전략적 계획과 인재관리, ESG, 통합 금융−헬스케어 모델을 동시에 강조하며, 핑안의 강력한 성장 기반을 만들었다.

첫째, 핑안보험은 고객중심 디지털 플랫폼·서비스를 확장해 2억 3000만 고객을 유치했다.

둘째, 마밍저는 기술 투자를 확대하며, 2023년 신생명보험 사업의 연간 신규가치가 33,574억 위안으로 약 40.9% 급증했다.

셋째, 그가 도입한 공동 CEO·매트릭스 관리 체제는 유연성과 전문성, 장기 성장 토대를 갖추게 했다.

핑안보험의 "녹색금융(green finance, 기후변화에 대한 금융리스크 관리, 지속 가능한 경제로의 전환을 지원하는 금융활동)" 프로젝트, 헬스케어·고령화 대응, 농촌 산단 지원 등 사회적 책임 확장도 두드러진다. 외국계 자본 유치와 글로벌 파트너십을 통해 경영 투명성과 세계 표준을 내재화했다.

마밍저는 2023년 "Director of the Year"에 선정되어, 혁신적 전략, ESG 실천, 인사제도 혁신의 우수성을 확인받았다. 디지털 생태계 전환은 핑안굿닥터, 루팍스(Lufax), OneConnect 등 실제 사례에서 돋보인다.

이처럼 마밍저의 리더십은 변화하는 금융환경에서 기술과 인간 모두의 가치를 높이는 융합형 관리모델로 각광받는다. 장기적 사회책임과 혁신·성장 두 축을 모두 갖춘 핑안은 오늘날 아시아·세계 보험금융 혁신 선두주자로 평가받는다.

마밍저는 "Integrated Finance + Healthcare and Elderlycare"라는 사명을 전략 비전에 통합했다. 재무 및 위험관리, 대형 보험 및 뱅킹 사업장 등 다양한 비즈니스 연계와 내·외부 네트워크 구축을 중시한다.

디지털 전환, 기술 혁신, 고객 경험 극대화, 사회·환경적 책임까지 아우르는 그의 경영 원칙이 국제적으로 주목받았다. 자연법칙처럼 끊임없이 진화하고, 새로운 패러다임을 도입하며 기업 구조를 적극적으로 개혁했다. 국내외 언론 및 연구기관에서 마밍저의 전문성, 혁신성, 장기적 비전을 반복적으로 조명하고 있다.

핑안보험은 금융·헬스케어·사회 공헌 분야에서 전방위적 성과를 내며, 미래 Post-AI 시대 비즈니스 모델을 선도하고 있다. 마밍저의 경영

철학은 오늘날 조직의 유기적 성장과 혁신의 교과서로 부상하였다.

데이비드가 핑안보험 컨퍼런스룸에서 말을 시작한다.

"제임스, 마밍저의 리더십을 보면, 사회적 변화부터 기술 혁신까지 자연법칙이 다 들어 있어 보여."

제임스가 웃으며 대답했다.

"맞아, 그가 첨단기술과 보험 비즈니스를 결합할 때, 피보나치 수열 같은 점진적 성장 원칙이 진짜로 적용된 사례야."

그레이엄 고문도 적극 참여했다.

"마밍저는 스타트업처럼 유연한 조직 구조, 공동 CEO 체제, 그리고 디지털 생태계 전략을 동시에 구축했지."

데이비드는 창의적 사례를 이어간다.

"핑안굿닥터, 루팍스, OneConnect… 이런 플랫폼 구축은 기후 변화에 기업이 적응하는 모습과 비슷해."

제임스가 난이도 높은 질문을 던진다.

"마밍저의 경영 성과 중 가장 중요한 순간은 뭘까?"

그레이엄 고문이 손가락으로 탁자를 두드린다.

"외국계 자본 유치와 국제적 파트너십, 그리고 'Director of the Year' 수상 등 글로벌 무대에서 역량 인정받은 때 아닐까?"

데이비드가 미소를 짓는다.

"핑안은 투명 경영과 사회 공헌에도 힘을 쏟았지. 농촌 산단 지원, 청정에너지 투자까지… 다방면의 접근이 혁신 그 자체야."

제임스가 추가한다.

"핵심은 고객 중심 경영. 모든 사업부, 플랫폼, 서비스가 고객의 미래와 라이프사이클을 최우선에 두고 있지."

그레이엄 고문도 고개를 끄덕였다.

"통합 금융 서비스, 헬스케어, 고령화 시장까지 마밍저는 미래 변화와 인간 중심 사회의 모범을 만들어가는 리더야."

데이비드가 유머를 섞는다.

"마치 진화론에서도 변하지 않으면 사라지듯, 마밍저는 핑안을 계속 변화시키며 성장시킨 거네."

제임스는 실적 수치를 짚어낸다.

"2023년 신생명보험 신규가치 40.9% 급증, 68%가 헬스케어+사업 서비스! 디지털 투자비도 매년 늘어나고 있어."

그레이엄 고문이 반응한다.

"ESG, 녹색금융, 사회책임 — 여기에 다 담긴 거지."

데이비드가 결론을 제시한다.

"그래서 오늘날 핑안은 확실히 아시아와 세계에서 혁신 모범 기업, 마밍저는 첨단 경영의 상징이라 할 수 있어."

제임스가 마지막으로 말한다.

"한 사람의 인내, 유머, 통찰이 2억 고객과 글로벌 보험금융을 여기까지 키운 거야."

그레이엄 고문이 환하게 박수친다.

대화가 마무리된다.

첫째, 마밍저의 경영 철학은 장기 성장전략·기술 혁신·ESG의 융합으로 핀테크와 디지털금융 선진화를 촉진했다.

둘째, 공동 CEO ·고객 중심·통합 금융–헬스케어 모델은 조직의 유연성과 경쟁력, 미래지향성에 직접적으로 기여했다.

셋째, 자연법칙처럼 끊임없이 변화와 성장의 원리를 실천하며, 지속 가능성과 국제적 리더십으로 아시아·세계적 수준의 혁신 기업을 구현하고 있다.

이러한 마밍저의 리더십은 내·외부 연구 및 자문기관의 지속적 검증을 통해 미래형 경영의 표준으로 자리매김한다.

패트릭 콜리슨

_스트라이프

패트릭 콜리슨은 아일랜드에서 성장하며 어린 시절부터 뛰어난 프로그래밍 역량을 인정받은 인물이다. 그는 MIT에서 수학을 공부하다가 동생 존과 함께 스트라이프를 공동 창업하며 핀테크의 미래를 열었다. 스트라이프 설립 초기부터 복잡한 온라인 결제 시스템을 단순하게 만들고자 했으며, 간편한 API로 혁신적 솔루션을 제시했다.

첫째, 스트라이프의 견고한 기술력과 간결한 구조 덕분에 아마존, 구글, 쇼피파이(Shopify) 등 글로벌 클라이언트 확보에 성공했다.

둘째, 투자자 피터 틸(Peter Thiel, 페이팔 창업자), 일론 머스크, 세쿼이아 캐피털(Sequoia Capital) 등 실리콘밸리 대표 인물의 지지를 받아 2011년 2백만 달러 투자 유치를 이끌었다.

셋째, 콜리슨의 장기적 사고와 디테일 중심 문화가 스트라이프를 전세계 120개국 이상에서 활동하는 글로벌 인프라 기업으로 성장시켰다.

스트라이프는 결제뿐 아니라 사기방지, 글로벌 확장, 재무관리 서비스까지 제공해 인터넷 거래 경제의 표준 모델로 자리 잡았다.

콜리슨은 Fast Grants(코로나19 과학연구지원), Arc Institute(생명과학분야 혁신) 등 사회공헌 활동도 적극적으로 펼쳤다. 그의 리더십은 과감함과 실험정신, '장인정신(craftsmanship)'이라는 사내 핵심가치를 통해 글로벌 핀테크 혁신을 지속적으로 실현해 왔다.

스트라이프의 성장 과정과 콜리슨의 경영철학은 "Stripe co-founder Patrick Collison on blockchain, regulation, and challengers to Silicon Valley"(MIT Sloan), "Patrick Collison: Co-Founder and CEO of Stripe, Visionary in Financial Technology"(Forbes Founder) 등에서 조건과 근거가 명확히 논의된다.

그는 타임지 "가장 영향력 있는 100인", 포브스 "30 Under 30" 등에 선정되어 국제적으로도 혁신 리더십을 인정받았다. "우리가 추구하는 건 세심함과 정밀함, 그리고 수십 년간 지속될 수 있는 추상적 구조를 만드는 것"(Collison, 2024)이라 강조한다.

스트라이프는 2024년 기준 기업가치 950억 달러 이상으로, 기존 금융의 한계를 기술로 극복한 상징적 사례로 남는다. 디자인, 예술, 심리학 등 다양한 분야에서 영감을 받아 사업과 조직을 혁신하는 콜리슨의 모습은 디지털 경제 시대의 모범이 되었다. 스트라이프 내부는 "기업은 문화를 위임할 수 없다"(Elad Gil, "High Growth Handbook", 2018)와 같은 원칙을 실무철학으로 삼았다.

패트릭 콜리슨과 동생 존은 초기부터 사업 확장·기술 개발·글로벌 협력에 집중하며, 빠른 의사결정과 사고의 유연성을 유지해 왔다. 미래 비전은 "인터넷의 GDP를 높인다"는 스트라이프의 사명에서 드러나듯,

목표의 확장성이 매우 크다.

콜리슨은 스타트업에서 대형 기업에 이르기까지 누구나 쉽게 이용할 수 있는 금융 인프라를 구현하고 있다. 스트라이프의 성공은 기존 금융회사와의 차별성, 월등한 글로벌 접근성, 기술혁신 리더십에서 찾을 수 있다.

데이비드가 스트라이프의 칠판 앞에서 질문을 던진다.

"제임스, 패트릭 콜리슨이 인터넷 결제를 혁신한 과정에 큰 자연법칙이 숨어 있다 생각하지 않아?"

제임스가 손을 흔들며 대답한다.

"맞아, 복잡함을 단순하게 만드는 '엔트로피 감소' 원칙처럼, 스트라이프는 단순화로 혁신을 만들었지."

그레이엄 고문이 덧붙인다.

"콜리슨은 장인정신과 기술적 디테일에 집착했던 창업자야. 거대한 글로벌 시장도 작은 코드의 완성에서 시작됐다네."

데이비드가 웃으며 말한다.

"스트라이프 API, 불과 7줄 코드로 업계 패러다임을 바꾼 거지. 네이피어의 로그처럼 계산 과정을 압축시킨 셈이야."

제임스가 점점 더 흥미로워한다.

"피터 틸, 일론 머스크가 초기 투자자로 가세했으니, 혁신 DNA가 스트라이프 성장의 핵이지."

그레이엄 고문이 고개를 끄덕인다.

"콜리슨의 리더십은 직원 채용부터 경영 철학까지 장기 비전, 문화 구축, '정밀함'을 최우선으로 강조했어."

데이비드가 수치를 언급한다.

"2024년 기준 스트라이프는 950억 달러 가치, 120개국에서 기업활동. 결제 시스템, 보안, 글로벌 확장 서비스 모두 선도적이지."

제임스가 옆에서 덧붙인다.

"코로나19 때 Fast Grants 등 과학연구 기금 지원도 실제야. Arc Institute, 생명과학 혁신에 지속 투자하는 모습이 인상적이었어."

그레이엄 고문이 유머 있게 마무리한다.

"위대한 발명의 시작은 늘 소박하고 단순한 것에서 온다는 교훈, 스트라이프가 그 사례네."

데이비드가 환하게 웃으며 말한다.

"패트릭 콜리슨의 조직문화는 창업가의 신념과 과학적 사고가 만나 글로벌 시장을 여는 힘이야."

제임스는 다시 강조한다.

"스트라이프의 목표, 인터넷 GDP 확장… 미래금융의 본질을 잘 보여주는 비전이지."

그레이엄 고문이 박수를 치며 대화를 마친다.

첫째, 패트릭 콜리슨의 경영은 단순성·정밀함·장기적 사고에 기반해 금융기술을 혁신했음을 알 수 있다.

둘째, 스트라이프의 성공은 API 간결성, 글로벌 투자자 참여, 문화 중심 조직관리에서 기원하며, '인터넷 GDP'라는 장기 비전에서 현실화된다.

셋째, 콜리슨의 철학은 과학·기술·사회공헌 등 다양한 분야를 포괄하며, 미래형 혁신 리더십의 대표적 표준을 제시하고 있다.

이러한 스트라이프의 성장과 콜리슨의 리더십은 Forbes, MIT Sloan, Elad Gil 등 미국 유수 연구·언론기관에서 과학적·경영적 근거로 해석된다.

마원

_알리바바/앤트그룹

마원은 알리바바와 앤트그룹의 창립자로, 디지털 시대 중국 및 글로벌 비즈니스 판도를 바꾼 대표적 혁신가이다.

그는 1999년 알리바바 그룹을 설립하여 전자상거래 사업을 시작했으며, 이후 타오바오(Taobao), 알리페이, 알리바바클라우드(Alibaba Cloud), 차이냐오물류(Cainiao Logistics) 등 핵심 자회사를 연이어 출시했다.

첫째, 마원의 경영은 인터넷과 기술을 기반으로 한 혁신, 창의적 생태계 구축, 그리고 효율성을 극대화하는 글로벌 확장 전략에서 두드러진다.

둘째, 앤트그룹(원래의 알리페이)는 결제플랫폼을 넘어서 대출, 신용, 보험 등 종합 핀테크 서비스로 성장하며, 2020년에는 사상 최대 IPO를 준비했다.

셋째, 사회적 책임, 포용성, 소상공인과 젊은 세대를 위한 금융 혁신에 앞장서며, "Traditional financial companies focus on the top economic levels of society, but Alipay was always a bottom-up operation."(Jack Ma, 2020)라는 신념을 실천해 왔다.

그는 출시 이후 알리바바의 IPO(2014), 앤트그룹의 IPO 추진(2020, 일부 규제로 미완), 국제적 규제와 혁신 사이 균형을 모색하는 모습을 보여주었다.

마윈 리더십의 본질은 독특한 유머, 실수와 도전의 반복, 끊임없는 패러다임 전환 시도에서 드러난다. "오늘 우리가 얻은 것은 돈이 아니라, 사람들의 신뢰다."(CNBC 인터뷰, 2014)는 발언도 널리 회자된다. 소프트뱅크, 야후 등 초기 파트너십을 통해 글로벌 생태계를 확장하며, 미국, 일본 등 서구자본과의 협업도 적극 이끌었다.

마윈는 2019년 그룹 회장직을 내려놓고 이후 사회공헌, 교육, 농업 등 비영리 영역에도 도전하고 있다. 디지털 경제, 핀테크 혁신, 물류·클라우드·소비재 등 중국 4차 산업혁명의 상징으로 자리잡았다.

학문적으로는 던컨 클락(Duncan Clark)의 『Alibaba: The House That Jack Ma Built』 및 다양한 경제경영 논문에서 그의 생애와 전략이 분석된다.

브리태니카와 CNN 등 글로벌 미디어, 포춘, 포브스 선정 '세계에서 가장 영향력 있는 경영자'에도 꾸준히 이름을 올려왔다.

마윈은 기존 금융의 한계를 데이터와 기술로 극복하며 국민 생활구조를 바꿨다. 오늘날 중국 전자상거래·핀테크 모델의 세계적 확산 역시 마윈의 전략적 사유에서 비롯되었다.

데이비드가 회의실 빔프로젝트 앞에서 말을 건넨다.

"제임스, 마윈 리더십을 보면 자연조건이 바뀔 때마다 새로운 진화전략을 채택하는 모습이 인상 깊어."

제임스가 끄덕이며 답한다.

"마치 진화생물학의 적응원리 같아. 변수가 많아도 마윈은 끊임없이 시도하고, 실패를 두려워하지 않았지."

그레이엄 고문이 공감한다.

"헨리 포드와 스티브 잡스, 빌 게이츠도 혁신의 본질을 '접근성'과 '확산력'으로 봤는데, 마윈 역시 타오바오, 알리페이, 앤트그룹으로 금융의 잠금을 해제했어."

데이비드가 미소를 짓는다.

"앤트그룹의 IPO 추진, 글로벌 1위 모바일 결제, 사회적 책임까지 묶으니, 마윈은 확실히 디지털 경제 지도자네."

제임스가 덧붙인다.

"글로벌 IPO 기록도 두 번이나 세웠고, 투자처로 야후, 소프트뱅크 등 전략 파트너십 선택도 신의 한 수였어."

그레이엄 고문이 유머를 곁들인다.

"마윈은 '가장 키 작은 위대한 CEO', 실패 30번, 영어강사 출신… 모든 한계를 코미디처럼 전환시켰지."

데이비드가 실적을 짚는다.

"2020년 IPO 때 앤트그룹 가치가 3천억 달러 예정이었으니, 정말 중국의 게임체인저군."

제임스가 "오늘 우리가 얻은 것은 돈이 아니라 사람들의 신뢰"라는 유명 발언을 언급한다.

그레이엄 고문이 "기존 금융회사가 포용 못한 소상공인, 젊은 층 금융혁신… 마윈이 그 문을 열었네."라고 한다.

데이비드는 클라우드, 물류, 라이브커머스 등 알리바바 생태계 확장도 예시로 든다.

제임스가 강조한다.

"한때 규제와 압박을 받았지만, 마윈은 포기하지 않고 계속 교육, 농업, 사회공헌으로 무대를 옮겼지."

그레이엄 고문이 박수치며 마무리한다.

"유머와 강인함, 그리고 남다른 실행력… 마윈이 중국에서 세계로 확장한 원동력이라는 생각이 들어."

세 인물의 대화에 비유, 명언, 사례, 유머가 자연스럽게 이어진다.

첫째, 마윈의 혁신경영은 기술혁신, 창조적 포용성, 도전정신에서 시작해 전자상거래와 핀테크 분야 세계표준을 이끌었다.

둘째, 실수와 실패를 성공 자산으로 바꾸는 '실패 통한 진화 원리', 파트너십과 시너지 추구, 사회책임 실천이 핵심 축으로 자리한다.

셋째, 마윈 리더십의 본질은 변화를 두려워하지 않고 기술, 데이터, 네트워크를 통해 인간의 경제적 자유와 신뢰를 확장하는 데 있다.

이러한 리더십과 생태계 구축 사례는 CNN, 포브스, 포춘, 브리태니커(Britannica), 던컨 클락의 『Alibaba: The House That Jack Ma Built』 등 해외 연구문헌에서 반복적으로 입증되고 있다.

▌적용과 사례: 핀테크 산업 전망

핀테크 산업 전망과 적용 사례는 최근 금융·기술 융합의 혁신을 대표하는 변화 흐름으로 떠오르고 있다. 전 세계 핀테크 사용자는 2025

    AI 시대 경제 판을 바꾼 글로벌 CEO

년 52억 명에 이를 것으로 예상되고, 디지털 결제 거래는 20조 달러를 초과하는 거대 시장을 형성해가고 있다.

AI ·디지털 자산, 블록체인 중심의 사업 모델이 부상하면서 개인화된 자산관리, 자동화된 세금 최적화, 앱 통합, 사용자경험 혁신, 글로벌 금융 포용 등이 두드러진 트렌드로 자리잡고 있다.

경제 불확실성과 규제 환경 변화에도 불구하고, 글로벌 핀테크 투자액은 447억 달러 수준을 유지하고 있다. 핀테크 기업의 성장 양상은 스타트업보다 대형 플랫폼, 금융사의 주도로 나타나는데, 정부는 핀테크 해외진출을 본격적으로 지원하면서 AI · 온체인 금융 융합으로 차세대 성장동력을 도모하고 있다. 사용자 기준 경쟁보다, 명확한 시장 니즈 및 세분화된 사업 모델을 구현한 기업이 우위를 점할 전망이다.

첫째, 2025년 핀테크 시장은 AI와 빅데이터, 블록체인 기술 도입으로 초개인화·초자동화된 금융 서비스를 제공하며, 사용자 중심의 혁신이 심화된다.

둘째, 대형 빅테크의 원앱 전략이 소규모 스타트업 성장에 제약을 주고, 맞춤형 고객군 타겟팅과 명확한 수익모델이 산업의 성패를 좌우한다.

셋째, 디지털 자산과 온체인 금융(예: CBDC, 스테이블코인)은 기존 금융 상품을 넘어서 글로벌 금융 서비스 확장과 포용성을 촉진할 것이다.

다음으로 자연스럽게 핀테크 산업 미래 전망을 탐구하는 세 사람의 대화를 시작한다.

"데이비드, 혹시 최근에 핀테크 업계에서 AI 기반 자산관리가 얼마나 실질적으로 확대되고 있는지 체감해 봤어?"

"제임스, 이번에 보스턴컨설팅그룹(Boston Consulting Group)에서 전망을 확인했는데, 2030년까지 핀테크 수익이 1.5조 달러까지 커진대. 사실 이런 규모면 기존 금융산업이 견디기 어려울 만큼 판도가 뒤집히는 거잖아."

"그레이엄 고문, 그럼 AI 기반 자산관리 업체들이 실제로 뭘 변화시키고 있냐 하면, 자동 포트폴리오 관리, 로보어드바이저 도입으로 고객마다 맞춤형 서비스를 실시간 제공하는 구조라고 봐야 해. 심리학적으로도 투자자 불안감이나 인간의 비합리성을 데이터 분석으로 줄여주는 거라니까."

"맞아, 제임스. 산업에서 '앱 통합'이란 게 그냥 여러 기능 하나로 묶는 수준이 아니라, 사용자 데이터 보호와 금융 접근성을 동시에 높이는 걸 목표로 한다고 하더라. 데이비드, 너 얼마 전에 싱가포르 기반 핀테크 회사 실사까지 했었다지?"

"응, 거기 CEO 말이 인상 깊더라구. 'Digital access is equity, especially in emerging markets.' 실제로 인도 같은 곳에선 핀테크 플랫폼이 은행계좌 없는 사람 수백만을 디지털 경제로 유입시키는 변화를 만들고 있어."

"그레이엄, 규제 쪽 정책은 어떤 변화가 있나?"

"2025년 한국, 미국, 유럽 모두 핀테크 해외진출 예산을 신규 편성했지. 금융사·핀테크 기업 출자 제한도 완화되면서 투자와 협업이 급격히 촉진되고 있어. AI와 블록체인 기반 거래 도구 개발에 정책적으로 집중한다는 거야."

"결국 전체 트렌드가 '융합'이고, 기존 은행과 핀테크 스타트업 모두 경쟁자라기보다 이제는 협업 파트너로 진화하는 분위기야. 사용자 개

　　　　　　　　　　　　　　AI 시대 경제 판을 바꾼 글로벌 CEO

인의 정보와 금융습관, 심리적 요인까지 분석해 가장 최적화된 서비스를 제공하는 시대잖아. '고객 경험 혁신'이란 케이스에서 보면 행동경제학(behavioral economics) 연구도 실제 핀테크 프로토타입에 반영되고 있더라."

"심리학자 카너먼(Daniel Kahneman)의 노벨상 수상 연구가 실제 투자앱 디자인에 응용되기도 하지."

이제 대화에서 논의된 내용을 바탕으로 산업 전망에 대한 결론으로 넘어간다.

핀테크 산업의 미래 발전은 경제·사회·기술의 컨버전스를 통해 금융서비스의 본질을 변화시키고 있다. 개인화 금융의 심화, 디지털 자산·AI기반 플랫폼의 확대, 블록체인·디지털 화폐의 부상이 시장 구조를 근본적으로 바꾸고 있다.

첫째, 핀테크는 AI와 디지털 자산을 바탕으로 글로벌 금융 포용성과 접근성을 증대하며, 미진했던 금융권역까지 지능형 서비스가 확장되고 있다.

둘째, 산업구조는 대형사업자−스타트업−정부 정책의 유기적 협업 구도로 진화하며, 규제 완화와 자본 유입이 혁신을 촉진하고 있다.

셋째, 개인의 행동경제학적 요인까지 데이터 기반으로 분석·적용함으로써 실시간 맞춤형 금융 서비스가 현실화되고 있다.

Chapter 12

기업지배구조·ESG

기업지배구조와 지속가능경영, 사회적 책임을 이끈 CEO

최근 기업지배구조와 지속가능경영, 사회적 책임은 경영의 중심축으로 부상하고 있다. 거버넌스와 ESG(환경·사회·지배구조)의 통합적 전략은 이제 단순한 사회공헌에서 벗어나, 장기적 성장과 기업가치의 핵심요소로 자리잡았다.

이러한 경영 패러다임은 미국의 주주자본주의를 넘어, 다양한 이해관계자를 포괄하는 방향으로 진화하고 있다. 대표적으로 JP모건의 제이미 다이먼(Jamie Dimon)은 금융산업 내 책임경영과 혁신적 기업지배구조를 확립했고, 메타(Meta)의 셰릴 샌드버그(Sheryl Sandberg)는 다양성과 포용의 리더십으로 업계에 긍정적 모델을 제시하며, 이해진(네이버)은 한국 IT 업계에 건전한 지배구조와 투명성, 사회적 책임을 정착시켜 왔다.

첫째, 제이미 다이먼은 글로벌 금융지주 JP모건의 CEO로서 책임 있는 경영 노선을 꾸준히 견지해 왔으며, 사회적 이슈와 기업의 책임을 적극적으로 수용하여 ESG경영에 앞장서는 모습이 국제적으로 높이 평가되고 있다.

둘째, 셰릴 샌드버그는 메타(구 페이스북)의 경영진으로 여성 리더십과 다양성, 사회적 포용의 가치를 실현하며, 디지털 플랫폼의 윤리적 거버넌스 강화와 사회적 책임 부문에서 모범을 보여 업계 전반의 표준을 제시했다.

셋째, 이해진은 국내 IT기업으로서 지속가능경영, 투명한 기업지배구조, 그리고 사회적 가치창출을 위해 다양한 혁신 정책과 책임 이행을 지속하였으며, 국내 외로 ESG위원회를 도입하는 등의 변화 흐름에 맞춘 선진 경영 모델로 자리매김하고 있다.

유행은 반복되지만, 기업의 사회적 책임과 거버넌스가 지속성장의 열쇠임을 보여주는 대표적 사례가 바로 이들이다. JP모건은 이해관계자 중심의 모델을 구축하며, 세계 금융시장의 신뢰도를 높여 왔고, 메타는 소수자와 다양성의 목소리가 경영의 주류가 되도록 이끌었다.

네이버 역시 탈권위적이고, 열린 경영문화를 통해 IT분야의 혁신적 거버넌스와 지속가능성을 추구하며, 사회적 기대에 부합하는 모범적 리더십을 보여주었다.

자연법칙에서 '복잡성의 원리'처럼 여러 요소가 균형을 이룰 때 시스템이 오래간다는 점에서, 세 CEO의 다양한 실천은 기업생존과 효율, 균형경제의 모델을 구체적으로 실현하고 있다.

진정한 혁신은, '작은 실천이 모여 큰 성공이 되는 과정'임을 증명한다.

"제이미, 자네가 책임 있게 의사결정하는 모습은 금융업계의 뉴턴의 만유인력 법칙이라 할 만하네. 모든 요소가 서로 당기고 묶이니까 말이지!"

"그런데 제임스, 셰릴이 메타에서 다양성을 통합하는 방식은 마치 물리학에서의 '엔트로피' 개념 같아요. 체계가 혼란해질수록 새로운 질서가 필요한 것처럼."

"그레이엄 고문, 네이버의 거버넌스는 어떻습니까? 한국 IT업계에서 이 정도 투명성과 개방성을 갖춘 사례는 거의 없지 않나요?"

"맞아, 데이비드. 이 CEO들처럼 복잡계 경영에서 핵심 변수들이 상호작용할 때, 조직은 자연스럽게 성장하죠. 피터 드러커가 말했듯, '최선의 방법은 실행에서 나온다.'"

"기업의 사회적 책임은 결국, 주주뿐 아니라 직원, 고객, 사회 모두를 위한 시스템이란 뜻이지. 그래서 이들과 같은 리더들이 세계 산업생태계의 물줄기를 바꾼 거야."

"제임스, 실제로 '지속가능한 성장'이 왜 중요한지, JP모건이나 네이버의 정책 사례만 봐도 바로 체감된다고. 바로 오늘날 금융·플랫폼 기업의 생존법이지."

"그런데 제이미, ESG경영이 단순 유행이나 트렌드가 아니라 본질적 비즈니스 원칙이란 점이, 논문 'Corporate Responsibility In a Global Market'(Harvard Business Review, Mitroff & Pearson, 2022)의 주요 결론과도 일치하더라고."

"셰릴, 너희 메타는 포용성과 투명 경영으로 사회적 신뢰를 쌓았잖아. 어떻게 그걸 구현했지?"

"데이비드, 조직 내 쌍방향 소통, 열린 정책 실행, 그리고 소수자 보호를 우선시하는 게 답이었어. '다름'이 설계의 원리라 할 수 있지."

"그레이엄, 네이버는 왜 ESG위원회를 이사회에 신설했을까?"

"제임스, 글로벌 트렌드에 대응하기 위해서야. 국내 소비자도 이제 '환경보호 기업'에 더 큰 가치를 둔다는 조사결과로 증명되지."

"실제로, '복잡성의 원리'처럼 각기 다른 변수들이 균형을 이루면 기업 성장도 자연스럽다니까!"

"맞아, 제이미. 지속가능경영은 자본시장의 신뢰와 투자 유치에도 필수야."

"그래서, 이 CEO들이 각기 다른 길을 갈지라도, 결국 공통점은 긴 호흡의 실천과 열린 소통이지."

"그레이엄, 마지막으로, 행동경제학에서 말하는 사회적 신뢰의 추천 덕분에 이런 거버넌스 혁신이 국제표준이 된 셈이야."

"제임스, 유머 한 방! '기업의 지속가능경영은 삼각대처럼 세 다리로 서야 흔들리지 않는다.'"

"마치 오페라 무대에서 주역들이 서로 조화롭게 노래하는 것처럼, 리더십도 다양한 목소리가 합쳐질 때 완성되나 봅니다."

"이 논문의 결론처럼('Corporate Responsibility In a Global Market' Mitroff & Pearson, Harvard Business Review, 2022), 복잡한 시대일수록 경영자는 사회적 책임을 통합적으로 실행해야 진정한 혁신을 만들어낸다."

기업지배구조, 지속가능경영, 그리고 사회적 책임을 통합적으로 실행한 실제 사례들은 선명하게 오늘날 시장의 방향성을 보여준다.

경쟁과 변화의 흐름 속에서 제이미 다이먼, 셰릴 샌드버그, 이해진은 자신만의 방식으로 복잡계 원리와 행동경제학의 신뢰모델을 실천하며,

기업리더십의 새로운 지평을 열었다.

첫째, 제이미 다이먼은 글로벌 금융위기 이후 책임경영과 사회적 문제 해결, 그리고 ESG경영 도입을 강조하여 JP모건의 신뢰도와 지속성장력에 크게 기여하였다.

둘째, 셰릴 샌드버그는 메타를 중심으로 다양성과 포용, 사회적 책임의 실천을 이끌어내며, 디지털 시대에 적합한 윤리적 기업운영의 대표 모델을 제시하였다.

셋째, 이해진은 네이버를 통해 디지털 플랫폼의 혁신적 거버넌스와 투명성, 그리고 적극적 사회공헌 활동을 펼쳐 국내외 IT기업의 모범사례로 인정받고 있다.

이들의 혁신적 실천은 기업뿐 아니라 기관, 사회 전체에 긍정적 파급효과를 가져왔다. 복잡성의 원리와 행동경제학에서 말하는 '신뢰축적의 구조'가 실제 산업과 사회에서 효과적으로 적용될 수 있음을 보여준 사례라 할 수 있다.

"기업은 사회적 책임을 통해 미래 경쟁력을 확보한다"는 명제를 논문('Corporate Responsibility In a Global Market', Mitroff & Pearson, Harvard Business Review, 2022)에서도 분명히 입증했다. 각 CEO별로 보여준 책임경영과 지배구조 혁신은 기술과 정보 기반의 시장에서 '행복·효율·균형의 경제학'의 실질적 구현임을 다시금 확인시킨다.

결국, 시장의 흐름은 '지속가능성과 책임경영'을 중심으로 세계적 표준을 만들고 있으며, 복잡계 변수의 상호작용 속에서 균형 있는 의사결정이 미래 경쟁력의 핵심이 된다. 기업지배구조와 ESG경영, 사회적 책임을 실천하며 글로벌 시장을 선도한 CEO들의 행보는 오늘날 기업의 목표 달성과 사회적 가치를 함께 실현하는 '지속적 혁신'의 본질을

   AI 시대 경제 판을 바꾼 글로벌 CEO

뚜렷하게 보여준다.

이는 "작은 실천이 큰 성공으로 이어진다"는 교훈처럼, 실제로 기업과 사회 모두에게 행복·효율·균형의 경제학이 구현된다는 점을 명확히 밝히고 있다.

제이미 다이먼

_JP모건

제목이자 출발점은 제이미 다이먼이 이끄는 JP모건의 기업지배구조와 ESG 리더십이다.

그의 경력은 아메리칸 익스프레스(American Express)와 커머셜 크레딧(Commercial Credit), 뱅크 원(Bank One)을 거쳐 2006년 이후 JP모건 체이스의 회장 겸 CEO에 오른 긴 여정 위에 구축되어 있으며, 글로벌 금융위기와 이후 규제 강화 국면에서 대형 은행의 역할과 책임을 상징적으로 보여주었다.

이 과정에서 은행의 자본 건전성, 리스크 관리, 이해관계자와의 소통구조를 어떻게 설계하느냐가 곧 기업지배구조의 실험장이 되었고, 동시에 환경·사회·지배구조를 아우르는 ESG 전략의 시험대가 되었다.

제이미 다이먼이 강조해 온 것은 대형 유니버설 뱅크가 안정성·수익성·사회적 책임을 동시에 지향해야 한다는 균형 감각이다.

금융위기 당시 베어스턴스(Bear Stearns)와 워싱턴 뮤추얼(Washington Mutual) 인수를 통해 시스템 리스크를 완충하는 역할을 하면서도, 내부적으로는 비용 절감과 리스크 관리 강화에 초점을 두어 거버넌스를 재정비했다는 점이 특징적이다.

또한 주주와 직원, 규제당국, 지역사회 간 이해충돌을 조정하는 과정에서 이사회 구성과 보상 구조, 내부 통제 시스템이 어떻게 재설계되었는지 자체가 하나의 '거버넌스 케이스 스터디'로 기능하고 있다.

이러한 논의를 이론적으로 뒷받침해 주는 연구로는 Harvard Business School에서 발표된 "Corporate Sustainability: First Evidence on Materiality"(Khan, Serafeim, Yoon)가 대표적이다.

이 논문은 재무적으로 중요한 ESG 이슈에 전략적으로 집중하는 기업이 장기 초과수익을 거둘 가능성이 높다는 점을 보여주며, 단순한 이미지 쇄신이 아닌 '물질성 있는 ESG'가 지배구조의 핵심 과제로 떠올랐음을 시사한다.

제이미 다이먼 체제의 JP모건이 기후리스크, 인적 자본, 내부통제와 같은 핵심 영역에 점진적으로 초점을 맞춰 온 흐름은 이러한 학계 논의와도 밀접하게 맞닿아 있다.

이제 이야기는 조금 다른 톤으로 흘러가, 세 명의 인물이 한 테이블에 둘러앉아 금융의 '보이지 않는 손'과 '보이는 지배구조'를 동시에 놓고 논쟁하는 장면으로 이어진다.

늦은 밤 금융도시의 스카이라인이 보이는 카페에서, 경제학적 호기심으로 가득한 데이비드가 먼저 입을 연다. 그 옆에서 제임스는 노트북을 펼쳐 실시간 데이터를 띄워놓고, 그레이엄 고문은 오래된 만년필을 들고 조용히 메모를 시작한다.

"제이미 다이먼을 이야기할 때는 뉴턴의 만유인력처럼 기본부터 봐

　　　　　　　　　　　AI 시대 경제 판을 바꾼 글로벌 CEO

야 해."라고 데이비드가 웃으면서 말한다.

"질량이 크면 끌어당기는 힘도 커지듯, 자산이 거대한 은행은 시장 전체를 끌어당기는 중력 역할을 하거든."

그는 커피를 한 모금 마시며, 대형 은행의 자본비율과 리스크 관리가 어떻게 시스템 전체의 궤도를 바꾸는지 설명을 이어간다.

제임스가 화면을 가리키며 말을 받는다.

"여기 봐, 2000년대 초 뱅크 원에서 JP모건으로 이어지는 다이먼의 경로가 그대로 나타나 있어."

"마치 케플러의 법칙처럼, 궤도가 바뀔 때마다 은행의 크기, 수익 구조, 규제 환경이 새롭게 정렬되잖아."

그레이엄 고문이 고개를 끄덕이며 한마디를 보탠다.

"고대 그리스 철학자들이 말한 '메소테스', 즉 중용의 덕을 금융에 적용하면, 과도한 레버리지와 과도한 보수성 사이에서 균형을 잡는 것이 지배구조의 핵심이지."

그는 제이미 다이먼이 위기 국면에서 공격적 인수와 보수적 리스크 관리 사이를 어떻게 오가며 결정을 내렸는지를 짚어 나간다.

데이비드는 장난스럽게 아리스토텔레스를 소환한다.

"그렇다면 좋은 은행가는 '실천적 지혜'를 가진 사람이라는 거네. 이론만 아는 사람도, 숫자만 보는 사람도 아니고."

그는 다이먼이 규제 당국과의 관계에서 때로는 비판적 목소리를 내면서도, 결국 새로운 규제 환경에 맞춘 내부 지배구조를 만들어 온 과정을 사례로 든다.

제임스는 행동경제학 이야기를 꺼낸다.

"Prospect theory를 보면 사람들은 손실을 이득보다 두 배 이상 강하게 느낀다고 하잖아. 은행 주주도 마찬가지야."

"그래서 거버넌스 설계에서 '손실 회피'를 줄이는 투명한 정보공개와 보상 구조가 중요한 거고, 그런 점에서 JP모건의 리스크 보고 체계가 시장 신뢰를 지지해 준 셈이지."

그레이엄 고문은 노벨경제학상 수상자들의 이름을 떠올린다.

"마코위츠(Harry Markowitz)가 포트폴리오 이론으로 분산투자를 말했고, 샤프(William Sharpe)가 CAPM으로 리스크 프리미엄을 정의했지."

"다이먼의 지배구조는 한마디로 말해, 이 이론들이 실제 은행 경영 안에서 어떻게 '살아 움직이는가'를 보여주는 하나의 응용 실험실이야."

세 사람의 대화는 자연스럽게 ESG로 옮겨간다.

데이비드가 묻는다. "환경과 사회 책임까지 떠안은 은행은 어디까지 책임져야 할까?"

제임스는 Harvard 연구를 떠올리며, 재무적으로 중요한 ESG 이슈에 선별적으로 집중해야 한다는 논지를 설명하고, 그 예로 기후리스크와 프로젝트 파이낸싱 기준을 제시한다.

그레이엄 고문은 미술과 음악으로 비유를 넓힌다.

"좋은 오케스트라는 지휘자 혼자 잘해서가 아니라, 모든 파트가 악보를 공유하고 서로를 듣기 때문에 조화를 이루지."

"지배구조도 마찬가지야. 이사회, 경영진, 리스크위원회, 감사팀이 같은 악보를 보고 연주할 때, 그게 곧 ESG 전략의 완성도야."

세 사람은 마지막으로 리더십에 대해 이야기를 정리한다.

데이비드는 "지도자는 폭풍 속에서 키를 잡고 있는 선장 같다."는 고전적 비유를 다시 꺼내고, 제임스는 데이터로 그 비유를 보완한다.

그레이엄 고문은 고대 위인에서 현대 CEO까지 이어지는 공통점이 결국 '신뢰를 얻는 방식'이라는 점을 강조하며, 은행의 지배구조도 그 신뢰의 구조화된 표현이라고 정리한다.

이제 앞선 이야기와 토론을 바탕으로, 기업지배구조와 ESG 관점에서 제이미 다이먼의 사례가 우리에게 주는 시사점을 차분히 정리할 수 있다.

그의 경력은 대형 금융기관이 어떻게 위기 속에서 생존을 넘어 지배구조와 ESG의 규범을 재정의할 수 있는지를 보여주는 장기 실험처럼 보인다.

또한 Harvard Business School의 "Corporate Sustainability: First Evidence on Materiality"가 제시하듯, 재무적으로 중요한 ESG 이슈에 선택과 집중을 가져갈 때 장기 가치가 극대화된다는 점은 JP모건의 전략과도 공명한다.

이 관점에서, 첫째, 대형 금융기관의 지배구조는 자본비율과 리스크 관리, 이사회 구조를 통해 시스템 리스크를 흡수하거나 증폭시킬 수 있기 때문에, 제이미 다이먼의 리더십은 단일 기업을 넘어 금융시스템 거버넌스의 한 축으로 이해할 필요가 있다.

둘째, ESG 전략은 이미지 관리가 아니라 기후리스크, 인적 자본, 내부통제처럼 재무적으로 중요한 영역에 초점을 맞출 때, Harvard 연구가 보여주듯 지속 가능한 성과를 뒷받침하는 구조로 기능한다.

셋째, 행동경제학과 심리학이 보여주는 인간의 편향을 감안하면, 투명한 정보공개와 이해관계자 소통, 합리적 보상체계는 은행 지배구조의 필수 요소이며, 이는 제이미 다이먼 체제의 JP모건이 시장 신뢰를 구축해 온 핵심 메커니즘으로 볼 수 있다.

이러한 시사점은 글로벌 금융을 넘어, 다른 산업의 CEO와 보드에도 적용 가능하다.

환경·사회·지배구조를 분리된 체크리스트가 아니라 하나의 통합된 리스크·기회 지도로 다루는 접근은, 반도체에서 플랫폼, 제조, 바이오, 소비재에 이르기까지 다양한 산업에서 장기 전략의 기준선이 되고 있다.

결국 제이미 다이먼의 사례는, 위대한 글로벌 CEO가 단기 실적뿐 아니라 시스템 전체의 안정성과 사회적 신뢰를 어떻게 동시에 설계하는가를 보여주는 하나의 살아 있는 교과서로 이해될 수 있다.

셰릴 샌드버그

_메타

셰릴 샌드버그의 리더십과 메타에서의 역할은 여성 리더십, 플랫폼 비즈니스, 기업지배구조·ESG를 한 번에 보여주는 대표적 사례로 이해될 수 있다.

하버드 출신으로 세계은행과 미국 재무부에서 경력을 시작한 그는 구글에서 글로벌 온라인 광고와 영업조직을 키우며 AdWords·AdSense 성공에 기여했고, 이후 2008년 페이스북의 COO로 합류해 광고 기반 수익모델을 정교화하여 회사를 본격적인 수익기업으로 전환시켰다.

또한 2012년 페이스북 최초의 여성 이사로 이사회에 합류하고, 여성 리더십을 다룬 저서와 LeanIn.Org를 통해 다양성과 포용을 강조함으로

써 글로벌 기업의 거버넌스·ESG 담론에도 강한 영향을 미쳤다.

이러한 경로를 학문적으로 해석하기 위해, Stanford University 연구자들이 발표한 "Does Female Board Representation Influence Firm Performance?"와 같은 거버넌스 논문을 떠올릴 수 있다.

이 연구들은 여성 이사 비중 증가가 단순한 상징을 넘어, 리스크 관리·감시 기능 강화와 장기 성과에 긍정적 연관을 가질 수 있음을 보여주며, 샌드버그가 메타의 이사회에서 수행한 역할을 이해하는 데 이론적 프레임을 제공한다는 점에서 의미가 있다.

또한 여성 리더의 존재가 조직 내 롤모델로 작용해 인재 풀을 넓히고, 의사결정의 관점 다양성을 키운다는 결과는, LeanIn.Org 활동과 그녀의 공적 발언이 단지 개인 커리어를 넘어 플랫폼 기업의 ESG 스토리 일부였음을 시사한다.

이제 이런 배경 위에서, 마치 큰 강이 여러 지류를 모아 바다로 흘러가듯 이야기는 세 인물이 나누는 한밤의 대화 장면으로 자연스럽게 이어진다.

데이비드는 노트를 펼쳐놓고 중력 법칙을 떠올리듯 "플랫폼 기업의 네트워크 효과는 거의 만유인력 법칙 같다"고 말하며, 사용자 수가 늘수록 광고 가치와 수익이 기하급수적으로 커지는 구조를 설명한다.

그는 메타의 광고 비즈니스가 어떻게 샌드버그의 전략 아래에서 '규모의 경제'와 '데이터 기반 타기팅'이라는 두 축을 중심으로 설계되었는지를 가벼운 농담과 함께 풀어낸다.

제임스는 화면에 그래프를 띄우며 이야기를 잇는다. 구글 시절 온라인 광고 조직을 네 명에서 수천 명 규모로 키운 경험이 있기에, 샌드버그는 페이스북에서도 조직과 프로세스를 체계적으로 구축할 수 있었다고 설명한다.

그는 "한 번 자동 온도조절이 되는 집에 살아본 사람은 수동 보일러로 못 돌아가듯, 데이터 기반 의사결정을 경험한 리더는 직관만으로 의사결정하기 어렵다"고 웃으며, A/B 테스트와 퍼포먼스 광고 최적화를 예로 든다.

그레이엄 고문은 철학과 심리학으로 화제를 확장한다. 그는 "행동경제학에서 말하듯, 사람은 무료처럼 보이는 것에 약하다"며, 소셜 네트워크가 '무료 서비스'라는 인식을 활용해 실제로는 광고와 데이터로 수익을 내는 모델을 만들었다는 점을 짚는다.

그러면서도 이 구조가 개인정보 보호, 허위정보 확산, 알고리즘 편향 등 새로운 윤리적·사회적 리스크를 동반했고, 그 결과가 바로 오늘날 ESG와 거버넌스 논쟁으로 이어졌다는 점을 강조한다.

데이비드는 고대 철학자에서 한 가지 교훈을 꺼낸다.

"플라톤이 말한 '선한 거짓말'처럼, 좋은 목적을 위해서라도 진실을 가리게 되는 순간, 거버넌스의 딜레마가 시작되지 않을까?"

그는 플랫폼이 사용자 참여를 늘리기 위해 알고리즘을 설계하는 과정에서, 사회적 해악이 커질 수 있다는 점을 CEO와 보드가 어디까지 인지하고 책임져야 하는지를 질문으로 던진다.

제임스는 통계 그래프를 가리키며, 메타가 여러 스캔들 이후 콘텐츠 정책과 투명성 리포트를 강화한 흐름을 설명한다.

그는 "거버넌스 리포트와 ESG 공시는 일종의 '검사결과표'"라며, 단기적으로는 불편하고 비용이 들지만 장기적으로는 시장의 신뢰를 회복

 AI 시대 경제 판을 바꾼 글로벌 CEO

하는 과정이라고 분석한다.

그러면서 샌드버그의 퇴임과 이사회 이탈이 개인의 커리어 전환이자, 동시에 메타가 새로운 리스크 구조와 규제 환경에 맞춰 거버넌스를 재구성하는 단계일 수 있다고 덧붙인다.

그레이엄 고문은 미술과 음악 비유로 정리한다.

"좋은 지휘자는 자신이 직접 모든 악기를 연주하지 않는다. 대신 각 파트가 언제, 얼마나 강하게 연주해야 하는지를 조율하지."

그는 COO로서 샌드버그가 영업, 마케팅, 인사, 정책, 커뮤니케이션을 조율하며, 마크 저커버그(Mark Zuckerberg)와의 파트너십 속에서 기업 오케스트라를 이끌어 왔다는 점을 유머 섞어 표현한다.

대화의 끝에서 세 사람은 여성 리더십과 다양성으로 시선을 옮긴다.

데이비드는 기술업계 고위직 중 여성 비율이 여전히 낮은 현실을 언급하며, 샌드버그가 상징 자본(symbolic capital)을 쌓아 다음 세대 여성 리더들에게 심리적 유리천장을 조금이나마 깨준 역할을 했다고 평가한다.

제임스는 Lean In 담론이 비판도 받았지만, 그럼에도 여성의 자기주장과 경력 설계를 둘러싼 글로벌 토론장을 만들었다는 점에서 역사적 의미가 있다고 정리하고, 그레이엄 고문은 "완벽한 영웅은 없지만, 불완전한 영웅이 세상을 조금씩 움직인다"는 말로 마무리한다.

이제 앞선 분석과 이야기를 종합하여, 플랫폼 기업의 지배구조와 ESG 관점에서 셰릴 샌드버그 사례가 갖는 의미를 차분하게 정리할 수 있다.

그의 경력은 공공 부문과 컨설팅, 구글, 메타를 거치며, 기술·광고·

플랫폼 비즈니스가 어떻게 정치·사회·윤리적 이슈와 얽히는지를 보여주는 살아 있는 교과서와 같다.

또한 여성 리더십과 다양성·포용을 강조하는 담론과 실제 이사회 참여가 기업 거버넌스 구조 안에서 어떤 역할을 할 수 있는지 보여주는 대표적인 글로벌 사례로 이해된다.

이 관점을 토대로, 첫째, 플랫폼 기업의 COO·이사회 구성원은 단순한 운영 책임자가 아니라, 네트워크 효과와 데이터 경제를 어떻게 설계하고 통제할지 결정하는 "디지털 거버넌스 설계자"이며, 셰릴 샌드버그는 메타에서 그 역할을 상징적으로 수행했다.

둘째, 여성 이사와 고위 리더의 존재는 다양성과 포용의 상징을 넘어, 리스크 감시와 이해관계자 관점의 확대를 통해 장기적 성과에 기여할 수 있으며, Stanford·Harvard 계열 연구들이 지적하듯 이는 단순한 도덕적 요구가 아니라 전략적 선택이 될 수 있다.

셋째, ESG와 거버넌스 논쟁은 기술혁신의 속도를 늦추자는 이야기가 아니라, 혁신의 방향을 사회적 신뢰와 민주주의 가치, 개인정보 보호 등과 조화시키기 위한 새로운 '룰의 설계'로 이해되어야 하며, 메타와 샌드버그의 궤적은 이 어려운 조정 과정을 보여주는 대표적인 실험장이라 할 수 있다.

결국 셰릴 샌드버그의 이야기는 한 명의 능력 있는 임원이 성공한 서사가 아니라, 기술·자본·사회가 교차하는 지점에서 기업지배구조와 ESG가 어떻게 진화하는가를 보여주는 장기 프로젝트로 읽힌다.

플랫폼 기업의 다음 세대 리더와 이사회는 이 사례를 통해, 수익성과 성장을 넘어 사회적 신뢰와 책임을 어떻게 구조화할지를 고민하는 출발점을 얻을 수 있다.

그리고 이는 'AI 시대 경제 판을 바꾼 글로벌 CEO'라는 큰 맥락 속에서, Post-AI 시대 리더십이 단순한 성과 경쟁을 넘어 인간의 행복·효율·균형을 함께 설계해야 한다는 메시지로 자연스럽게 이어질 수 있다.

이해진

_네이버

이해진은 네이버의 창업자로서 21세기 한국 디지털 산업을 설명할 때 빠지지 않는 상징적 인물이며, 전자계산기공학과 전산학이라는 기술적 토대 위에서 플랫폼 경제의 구조를 설계해 온 전략가로 평가된다. 그는 기술을 목적이 아니라 조건으로 바라보았고, 이는 네이버가 단일 서비스 기업이 아니라 복합 디지털 생태계로 진화하는 출발점이 되었다. 아리스토텔레스의 "우리는 반복적으로 하는 것이 곧 우리 자신이다(We are what we repeatedly do)"라는 말은, 이해진의 경영 철학을 설명하는 데 의외로 잘 들어맞는다.

급변하는 글로벌 IT 환경에서 이해진의 선택은 늘 즉각적인 환호보다는 지연된 이해를 불러왔다. 검색 기업이라는 정체성에 안주하지 않고 클라우드, 웹툰, 핀테크, AI로 확장하는 과정에서 네이버는 종종 느려 보였지만, 그 느림은 방향을 잃지 않기 위한 속도 조절에 가까웠다. 파스칼의 말처럼 "너무 빨리 가는 사람은 도착했을 때 자신이 어디에 있는지 모른다"는 경고를, 그는 경영 전략으로 실천한 셈이다.

실리콘밸리 기반 AI 네트워크 구축, 글로벌 투자 구조 재편, 전략적 파트너십의 재조정은 단기 성과를 위한 선택이 아니라 생존 가능한 위치를 확보하기 위한 장기 설계였다. 이러한 접근은 외부에서는 종종 우유부단함으로 오해되었지만, 실제로는 변화의 속도가 빨라질수록 구조의 중요성이 커진다는 판단에 기반하고 있었다. 네이버의 경쟁력은 화려한 기술 시연이 아니라, 기술이 사라진 뒤에도 남는 연결 구조에 있었다.

조직 운영에서도 이해진은 강한 통제나 카리스마적 리더십을 전면에 내세우지 않았다. 대신 자율과 분권을 전제로 한 구조를 설계함으로써 실패를 개인의 실수로 축소하지 않고 조직의 학습 자산으로 전환했다. 이 과정에서 의사결정이 느리다는 평가를 받기도 했지만, 마키아벨리가 말한 "모든 것을 통제하려는 자는 결국 아무것도 통제하지 못한다"는 역설이 오히려 증명되었다.

이러한 맥락을 이해하지 못하면 네이버는 종종 설명하기 어려운 기업이 된다. 그래서 어느 날 이 이야기는 자연스럽게 세 사람의 대화로 흘러간다.

데이비드는 이해진을 항해사에 비유하며, 바람을 밀어내기보다 읽는 사람처럼 보인다고 말한다. 제임스는 웃으며 그래서 네이버가 가끔 느려 보여도 암초에 잘 부딪히지 않는다고 답한다. 그레이엄은 속도를 줄일 용기가 없는 조직이 가장 먼저 침몰한다고 덧붙인다.

데이비드는 네이버의 구조가 오래 살아남는 기업의 전형 같다고 말한다. 제임스는 핵심은 연결이며, 검색에서 클라우드와 웹툰, 핀테크로 이어진 확장이 우연이 아니라고 설명한다. 그레이엄은 플랫폼은 건물을 짓는 사업이 아니라 길을 내는 사업이라고 정리한다.

                    AI 시대 경제 판을 바꾼 글로벌 CEO

데이비드는 네이버 임원진 회식이 삼겹살 대신 AI 칩셋 이야기로 끝날 것 같다고 농담한다. 제임스는 웃으며 실제로는 기술보다 조직 구조 이야기가 더 길어질 때가 많다고 말한다.

그레이엄은 통제하지 않는 조직이 오히려 더 질서정연해지는 순간이 있다고 덧붙인다. 데이비드는 자연의 자기조직성 원리와 닮았다고 말한다. 제임스는 그래서 네이버가 사라지기보다 형태를 바꾸며 진화한다고 설명한다. 그레이엄은 이해진의 경영이 기술 이야기인데도 인문학처럼 읽히는 이유가 거기에 있다고 말한다.

이해진의 전략은 빠른 성공보다 지속 가능한 진화를 선택한 사례로 정리할 수 있다. 이는 기술 경쟁이 극단적으로 가속화된 AI 시대에 오히려 더욱 중요한 시사점을 제공한다. 기술 우위의 유효 기간이 짧아질수록 기업의 생존력은 개별 기술이 아니라 구조와 네트워크 설계 능력에 의해 결정되기 때문이다.

네이버가 AI, 클라우드, 핀테크 등으로 성장의 축을 이동할 수 있었던 배경에는 특정 산업에 스스로를 고정하지 않으려는 의도적 거리 두기가 존재했다. 이러한 전략은 단기적으로는 불확실성을 키우지만, 장기적으로는 환경 변화에 대한 적응력을 높인다. 다윈의 말처럼 "가장 강한 종이 살아남는 것이 아니라, 변화에 가장 잘 적응하는 종이 살아남는다"는 문장은 여기서도 유효하다.

조직 차원에서도 이해진의 리더십은 명령과 통제보다는 구조와 맥락을 설계하는 방식에 가까웠다. 실패를 개인의 책임으로 환원하지 않고 학습의 계기로 흡수하는 시스템은, 불확실성이 일상화된 디지털 환경에서 특히 강력한 회복탄력성을 만들어낸다. 이 점에서 네이버의 사례는 기술 기업을 넘어, 장기 생존을 고민하는 모든 조직에 적용 가능한 통찰을 제공한다.

결국 AI 시대의 인간과 조직의 적응력은 더 빨리 움직이는 능력이 아니라, 변화 속에서도 방향을 잃지 않는 능력에 가깝다. 이해진의 경영은 그 방향 감각이 어떻게 구조로 구현될 수 있는지를 보여주는 사례이며, 이는 한국 IT 산업을 넘어 글로벌 플랫폼 경쟁의 중요한 기준점으로 남는다. "지혜란 미래를 예측하는 것이 아니라, 어떤 미래에도 흔들리지 않는 기준을 갖는 것이다"라는 말처럼, 네이버의 진짜 경쟁력은 기술 그 자체보다 그 기술을 다루는 태도에 있었다.

적용과 사례: ESG·지배구조 변화

ESG·지배구조 변화의 적용과 사례는 기후위기, 사회적 불평등, 디지털 전환 속에서 기업이 어떤 '룰'로 스스로를 통제하느냐의 문제로 요약할 수 있다.

최근에는 단순한 자발적 캠페인을 넘어, 기후 리스크 공시, 공급망 인권·환경 실사, 다양성과 포용(DEI), AI 윤리, ESG 데이터 신뢰성과 같은 항목이 규제와 투자자의 핵심 체크리스트로 편입되고 있다.

또한 MSCI와 같은 글로벌 평가기관의 분석에 따르면, 거버넌스 관행이 우수한 기업은 팬데믹과 같은 위기 이후에도 회복력이 높고, 장기 누적 수익률에서도 뒤처지지 않는 경향을 보이며, 이는 ESG와 재무성과가 양립 가능하다는 실증적 근거로 활용되고 있다.

     AI 시대 경제 판을 바꾼 글로벌 CEO

이와 관련해 Harvard Business School의 논문 "Corporate Sustainability: First Evidence on Materiality"(Khan, Serafeim, Yoon)는 재무적으로 물질성(materiality)이 큰 ESG 이슈에 집중하는 기업이 장기 초과수익을 보일 가능성이 크다는 점을 제시했다.

이 연구는 기후변화, 인적 자본, 지배구조 투명성 등 핵심 이슈에 대한 전략적 투자가 단순한 이미지 관리가 아니라, 위험 조정 수익률 개선과 연결될 수 있음을 시사한다.

따라서 ESG·지배구조 변화의 관점에서 중요한 것은 항목을 많이 나열하는 것이 아니라, 각 산업·기업에게 진짜 재무적·사회적으로 중요한 이슈를 선별하고, 이를 이사회와 경영진의 의사결정 구조 안에 제도적으로 심어 넣는 작업이라 할 수 있다.

이제 이러한 배경을 바탕으로, 세 인물이 한밤의 카페에서 ESG와 지배구조의 변화를 두고 주고받는 장면 속으로 자연스럽게 들어가 보자.

창밖으로 도시의 네온사인이 비처럼 흩어지는 가운데, 제임스가 물리학 책을 덮으며 한마디를 꺼낸다. 그는 "지구 온난화는 마치 엔트로피처럼 계속 늘어나는 것 같지만, 기업의 지배구조는 그 반대로 엔트로피를 줄이는 장치가 돼야 한다"고 웃으며 말한다.

데이비드가 먼저 질문을 던진다.

"요즘 ESG 얘기 안 꺼내고 이사회 회의 끝나는 회사가 있을까?"

"기후 리스크 공시, 공급망 인권 실사, 다양성과 포용, AI 윤리, 이 모든 게 이사회 안건으로 올라오고 있잖아."

제임스는 노트북에 뜬 보고서 요약을 가리킨다.

"여기 보면, 2025년 이후 주요국이 ESG 공시 의무를 확 늘리고 있대. 특히 기후 관련 공시는 ISSB 기준 때문에 더 세밀해지고, EU의 CSRD 같은 규제는 공급망 전체까지 들여다보려고 하지.”

“예전에는 지속가능성 보고서가 일종의 화보집이었다면, 이제는 재무제표와 거의 같은 무게로 취급된다는 거지.”

그레이엄 고문은 고개를 끄덕이며 철학을 끌어온다.

“아리스토텔레스가 말한 ‘형상과 질료’를 떠올려 보면, 재무제표가 질료라면, ESG는 그 질료가 어떤 목적과 원리로 쓰이는지를 보여주는 형상이라고 할 수 있어.”

“특히 거버넌스는 그 형상을 결정하는 설계도라서, 주주권, 이사회 구성, 보상체계, 내부통제 같은 요소들이 제대로 정렬되지 않으면 ESG는 껍데기일 뿐이지.”

데이비드는 유머를 섞어 규제 이야기를 꺼낸다.

“요새 기업들은 마치 학교 시험 앞둔 학생 같아. EU CSRD, 미국의 기후 공시, 각국 거래소 가이드라인까지, 과목만 바꾼 종합시험을 치르는 느낌이겠지.”

“그래도 시험이 있다는 건, 적어도 커리큘럼이 있다는 뜻이니까, 이전처럼 ‘대충 좋은 일 한다’로 넘어가긴 어렵게 된 거야.”

제임스는 투자자 관점에서 본 ESG 변화를 설명한다.

“MSCI 분석을 보면, 지배구조 점수가 높은 기업들이 팬데믹 이후 회복력이 더 좋고, 2018~2023년 누적 수익률도 뒤처지지 않았다고 하거든.”

“주주들이 구속력 있는 다수결 투표를 요구하는 것도 같은 맥락이야. 과반 못 받으면 바로 나가라는 거지. 예전 같으면 상상하기 어려운 주주권 시대야.”

그레이엄 고문은 음악과 오페라 비유를 든다.

                              AI 시대 경제 판을 바꾼 글로벌 CEO

"오페라 극장에서 지휘자가 악보를 무시하고 즉흥연주를 시작하면, 관객은 초반에는 재밌어도 금방 나가버릴 거야."

"지배구조도 비슷해. CEO가 카리스마로 모든 걸 밀어붙이는 시대에서, 이제는 이사회·주주·규제자의 악보를 같이 보지 않으면 무대가 유지되지 않아."

세 사람의 대화는 자연스럽게 '적용'으로 방향을 튼다. 데이비드가 금융회사를 예로 든다.

"금융기관은 기후 관련 프로젝트 파이낸싱, 탄소집약 산업에 대한 익스포저, 고객 데이터 보호까지, ESG의 거의 모든 챕터를 다 안고 있어."

제임스는 실제 적용 단계를 세어 본다.

"먼저 기후 리스크를 자산 건전성 모델에 넣고, 시나리오 스트레스 테스트를 확대하지."

"그 다음은 이사회 안에 리스크·ESG 위원회를 강화하고, 보상체계에 장기 ESG 목표를 걸어. 마지막으로는 공시와 대화, 그러니까 투자자와의 '설명 책임'을 강화하는 거고."

그레이엄 고문은 소비재 기업을 다른 예로 든다.

"예를 들어 글로벌 생활용품 회사가 2025년까지 버진 플라스틱 사용을 절반으로 줄이겠다고 공개 약속을 한다면, 그 자체가 환경(E)과 공급망(S), 그리고 약속 이행 여부를 감독하는 이사회(G)가 한 번에 엮이는 구조야."

"이 약속을 지키느냐 못 지키느냐가 브랜드 가치와 매출, 투자자의 신뢰를 동시에 좌우하지."

세 사람은 마지막으로 ESG 데이터와 디지털 전환 이야기를 나눈다.

데이비드는 "전자계약, 디지털 서명, 문서 자동화 같은 것들이 사실은 환경(E)과 지배구조(G)를 동시에 개선하는 도구"라고 짚는다.

제임스는 "데이터 신뢰성과 보고 무결성이 앞으로 ESG의 가장 큰 화두가 될 거"라며, AI를 활용한 ESG 데이터 검증과 리포팅 자동화가 이미 여러 기업에서 시도되고 있다고 덧붙인다.

이제 이 대화와 사례를 바탕으로, ESG·지배구조 변화의 적용에서 무엇이 핵심인지 차분히 정리할 수 있다.

ESG는 규제와 평판 때문에 어쩔 수 없이 하는 비용 항목이 아니라, 기후 리스크 공시, 공급망 관리, 다양성과 포용, AI 윤리, 데이터 신뢰성 같은 요소를 통해 장기 경쟁력과 회복력을 높이는 전략적 프레임으로 자리 잡고 있다.

또한 Harvard Business School의 "Corporate Sustainability: First Evidence on Materiality"가 보여주듯, 기업이 모든 이슈를 다 할 수는 없기에, 산업과 비즈니스 모델에 따라 재무적으로 중요한 ESG 이슈를 선별하고, 이를 이사회와 보상체계, 리스크 관리에 통합하는 것이 성과와 연결되는 관건이다.

이 관점에서, 첫째, ESG·지배구조 변화의 실질적 적용은 규제 대응을 넘어, 이사회 구조·주주권·보상체계를 재설계하여 기후 리스크, 공급망 인권, 데이터 보호 같은 핵심 이슈를 경영의 '룰'로 만드는 과정이다.

둘째, 글로벌 규제(예: CSRD), 공시 기준(예: ISSB, 기후 공시), 평가 모델(MSCI 등)은 기업이 ESG를 선택이 아닌 필수 전략으로 내재화하도록 압박하며, 거버넌스 선도 기업들이 위기 이후 더 나은 성과와 회복력을 보인다는 분석은 이 변화의 경제적 타당성을 뒷받침한다.

셋째, 디지털 전환과 ESG는 분리된 의제가 아니라, 전자계약·데이터 자동화·AI 분석 등 디지털 도구를 통해 환경 발자국을 줄이고, 지배

　　　　　　　　　　　　　　　　　AI 시대 경제 판을 바꾼 글로벌 CEO

구조 투명성을 높이며, ESG 데이터의 신뢰성을 강화하는 방향으로 통합될 때 비로소 실질적 경쟁우위로 이어진다.

결국 ESG·지배구조 변화의 적용과 사례는, 각 기업이 자신에게 정말 중요한 위험과 기회를 정확히 정의하고, 이를 이사회와 경영진의 의사결정 구조에 새겨 넣는 '보이지 않는 헌법'을 만드는 작업으로 볼 수 있다.

이는 "AI 시대 경제 판을 바꾼 글로벌 CEO"에서 다루는 금융, 플랫폼, 제조, 에너지, 바이오, 소비재 리더들의 공통 과제로, Post-AI 시대에 ESG가 생존 전략이자 신뢰 구축 장치임을 보여주는 핵심 축이 된다.

독자는 이러한 사례와 원칙을 통해, ESG를 도덕적 수사나 홍보 문구가 아니라, 기후·사회·디지털 리스크를 관리하고 장기 가치를 설계하는 실전 경영 언어로 이해할 수 있을 것이다.

제이미 다이먼(JP모건), 셰릴 샌드버그(메타), 이해진(네이버)의 ESG 실천 사례는 각각 금융, IT, 플랫폼 산업에서 글로벌 리더십의 기준을 세우고 있다.

제이미 다이먼은 JP모건의 CEO로서 300억 달러 규모의 인종간 경제 격차 해소 투자, 소수자금융기관 지원, 지역사회 기반 금융교육 등 ESG 활동을 확대하였다. 친환경 금융상품을 출시하고, 지속가능 기금 조성, 인권 및 포용 리더십을 적극적으로 실천하며, 기업의 사회적 책무 이행을 위한 정책을 추진해 왔다.

셰릴 샌드버그는 메타의 최고운영책임자로서 다양성과 포용의 채용 정책, 여성 리더십 육성(Lean In 프로젝트), 글로벌 커뮤니티 구축 및 소규모 기업 지원을 이끌며, 데이터 프라이버시와 안전한 디지털 거버넌스 강화 등 사회적 책임에 기반한 플랫폼 혁신을 실현했다.

이해진은 네이버의 창업자이자 책임경영 실천자로 친환경 사옥 및 데이터센터 구축, RE100·EV100 동시 가입, 온실가스 감축 실현, 지역사회 연계 상생 프로젝트 등 ESG위원회를 통해 투명한 지배구조와 사회적 가치 창출 정책을 선도적으로 추진해왔다.

이들 사례는 ESG 원칙을 각 산업에서 실질적으로 실행하며, 지속가능경영·사회적 가치 창출, 포용적 리더십, 환경 친화적 혁신 등 복합적인 경영 실천의 본보기라 할 수 있다.

AI 시대 경제 판을 바꾼 글로벌 CEO

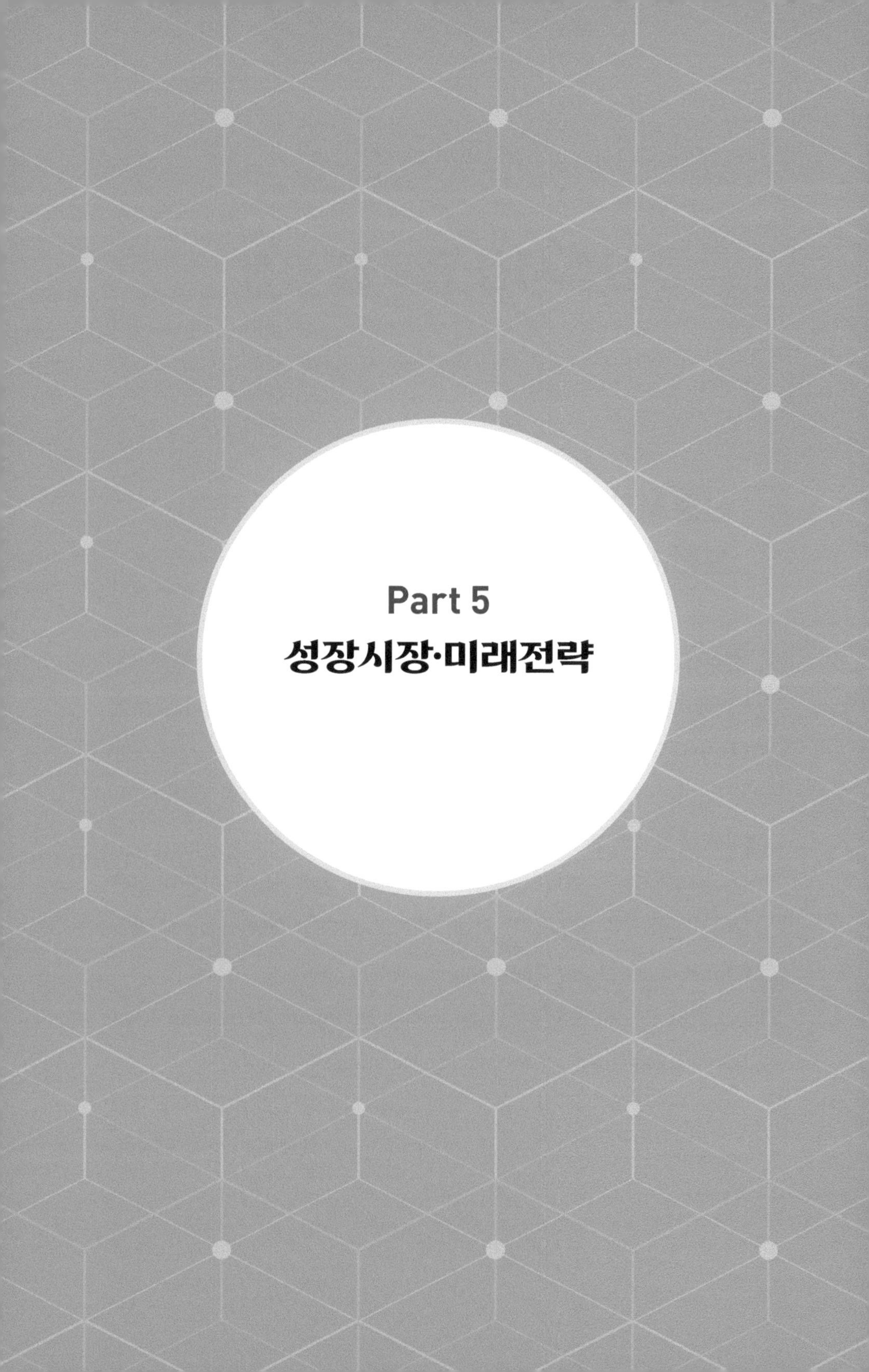
Part 5
성장시장·미래전략

Chapter 13

신흥시장·글로벌 확장

신흥시장 혁신성장과 세계 확장전략 실천 CEO

신흥시장 혁신성장과 세계 확장전략 주제에서는 구오광창(푸싱그룹), 토니 페르난데스(에어아시아), 모하메드 알라바르(에마르) 세 명의 글로벌 CEO가 대표적인 사례로 주목받고 있다. 이들은 각기 다른 신흥시장 기업을 이끌며, 시장 다변화, 글로벌 네트워크 강화, 그리고 로컬리티와 혁신을 균형있게 추구했다.

본 논의에서는 자연법칙, 조직 경영 원리와 함께 이 세 인물의 실천 사례를 종합하여 설명한다. 하버드대학교 보고서 "Emerging Market Multinationals: New Giants on the Block"(Khanna & Palepu, Harvard Business Review)에서는 "complex global environments require local adaptation and cross-border entrepreneurialism"이라 지적한다.

첫째, 구오광창은 푸싱그룹을 통해 복수 업종의 글로벌 투자와 사업 운영 모델을 구축하며, "resource orchestration" 개념으로 자원 배분과 네트워크 효과를 강화하는 데 성공했다.

둘째, 토니 페르난데스(Tony Fernandes)는 에어아시아(AirAsia)를 저비용 국제항공사의 혁신적 롤모델로 만들어, 항공권 가격 혁명과 "Now Everyone Can Fly" 전략으로 동남아 및 중동, 중앙아시아까지 역동적으로 확장했다.

셋째, 모하메드 알라바르(Mohamed Alabbar)는 에마르(Emaar)의 부동산·도시개발 사업에서 두바이의 글로벌 허브화와 '현대적 실크로드' 조성에 집중, 거대한 신흥도시를 탄생시켰다.

자연 법칙 중에서도 '적응과 진화의 원리'는 이 세 CEO 전략에 잘 녹아 있다. 시장은 끊임없이 변하고, 조직은 로컬 니즈와 글로벌 트렌드 간 경계에서 네트워크를 유동적으로 설계해야 한다.

이러한 원리를 사람과 기술, 비즈니스 모델에 적용하여, 각자 차별적인 성공의 궤적을 그려냈다는 점은 글로벌 경제 경영학 분야에도 깊은 시사점을 던진다.

이어서 실제 CEO들의 전략과 고민, 현장감을 대화체로 생생하게 표현해 본다.

토니 페르난데스는 "항공 산업은 국경을 초월하는 네트워크가 필수다. 이번 바레인 진출로 에어아시아는 ASEAN에서 중동, 유럽까지 이어지는 새로운 다리 역할을 하게 된다."라며, 실제 2030년까지 하루 25편 이상의 노선을 계획하고 세계 2천만 명 이상 승객 운송을 목표로 삼았다.

구오광창은 "중국에서 태동한 푸싱이지만, 세계 투자환경을 읽고 라틴아메리카, 유럽, 아프리카까지 사업 포트폴리오를 확장해야만 지속가능한 생존과 성장이 가능하다."라고 강조한다.

모하메드 알라바르는 "두바이는 퍼실리테이터이자 실천의 터전이다. 우리는 혁신기술 뿐 아니라, 문화, 부동산, 금융이 한데 어우러지는 '미래 도시'를 실현한다는 점에 사명감을 둔다."라고 설명했다.

대화 내내 데이비드는 "기업 전략의 올바른 방향성은 항상 '적응, 진화, 미래지향적 위험 감수'에서 시작된다. 특히 신흥시장에서는 '리스크 관리'와 '현지 네트워크'가 없으면 그 무엇도 이룰 수 없다."고 덧붙였다.

제임스는 "이 세 리더의 공통점은 어려운 국면에서 유머와 실용주의, 그리고 사람 중심의 조직문화를 놓치지 않았다는 사실이다. 조직 심리학에서도 '상호 신뢰와 현장 리더십'이 결정적이라는 연구가 있었다."라 말했다.

그레이엄 고문은 "현장 실행력, 글로벌 마인드, 그리고 사회·환경 변화에 맞춘 유연성이야말로 오늘날 신흥시장 CEO의 필수 유전자다." 라며 노벨 경제학상 수상자 마이클 스펜스(Michael Spence)의 'Economic Convergence and Divergence' 원리를 거론했다.

이제 실제 적용 사례와 시사점을 정리하면 다음과 같다. 신흥시장 혁신성장 전략은 "적응, 현지화, 네트워크 확장, 혁신적 실행"의 네 요소가 변치 않는 성공 공식이다. 에어아시아의 경우, 말레이시아에 머물지 않고 캄보디아, 태국, 인도네시아, 바레인까지 현지 항공사 설립을 통한 네트워크 확장, 저가 혁신의 실행, 그리고 사업 구조조정으로 경쟁력을 극대화했다. 푸싱은 구조적 투자 모델을 바탕으로, 중국 내수에만 묶이지 않고 해외 제약, 관광, 금융, 기술 영역을 병행하여 다변화에 성공했다.

    AI 시대 경제 판을 바꾼 글로벌 CEO

첫째, 세 CEO 모두 로컬과 글로벌 트렌드를 유기적으로 결합, 시장 변동에 신속히 적응하는 역량이 뛰어났다.

둘째, 혁신적 실행으로 각자 업계 내 기존 질서를 재구성, 새로운 시장질서를 주도했다.

셋째, 각자가 만들어낸 네트워크·파트너십 구조는 다양한 정책환경, 글로벌 위험 등 난관에서도 지속 성장의 기반이 되었다.

세 인물의 리더십은 '행동이 곧 결과다'라는 진리를 일깨운다. 이는 경영학 논문 "Emerging Market Multinationals: New Giants on the Block"(Khanna & Palepu, Harvard Business Review) 및 Michael Spence의 "Economic Convergence and Divergence"의 분석 관점과도 일치한다. 이처럼 신흥시장 성장전략의 핵심은 복합적 자원의 조화, 유머와 실용을 겸비한 유연성 그리고 다양한 리스크 구조 하에서의 실행력에 있다는 점이 강조된다.

구오광창

_푸싱그룹

구오광창은 1967년 저장성 동부에서 태어나, 젊은 시절부터 철학과 경영에 대한 깊은 관심을 보였다. 그는 복단대학교에서 철학 학사와 MBA를 취득한 후, 1992년 대학 동기들과 함께 광신기술개발회사를 설립했다. 이 회사는 중국 내에서 과학적 시장조사 방법을 도입한 선구적인 기업이었다.

1994년에는 푸싱그룹을 설립하며 본격적으로 기업가로서의 길을 걷기 시작했다. 초기에는 제약과 헬스케어 분야에 집중했으나, 점차 보험, 부동산, 광업, 리테일, 금융 등 다양한 산업으로 사업을 확장했다. 2007년에는 푸싱인터내셔널(Fosun International)이 홍콩증권거래소에 상장되며 글로벌 기업으로의 도약을 알렸다.

구오광창은 "중국의 워렌 버핏"으로 불릴 만큼 투자 전략에 뛰어난 통찰력을 보였다. 그는 단순한 투자자에 머무르지 않고, 각 산업의 본질적 가치를 이해하고 장기적으로 성장할 수 있는 기업에 집중했다.

푸싱의 성공 비결 중 하나는 "산업 운영과 산업 투자"의 결합이다. 즉, 단순히 자본을 투자하는 것을 넘어, 직접 산업에 참여해 가치를 창출하는 방식을 추구했다. 이는 푸싱이 단순한 투자회사가 아니라, 산업 생태계를 구축하는 플랫폼으로 진화할 수 있었던 핵심 요인이다.

푸싱인터내셔널은 중국을 넘어 글로벌 시장에서 두각을 나타내고 있다. 유럽, 미국, 아시아 등 50여 개국에 걸쳐 다양한 사업을 운영하며, 현지 사회와의 협력을 중시한다. 구오광창은 "중국이 세계 2위 경제대국으로 성장한 만큼, 중국 기업도 해외 투자를 통해 글로벌 균형을 이루어야 한다"고 강조했다.

그는 코로나19 팬데믹과 같은 위기 상황에서도 푸싱의 재무 건전성을 유지하며, 해외 투자에서 신중한 접근을 지속했다. 이는 단기적 이익보다 장기적 안정과 지속가능성을 중시하는 경영 철학의 반영이다.

구오광창은 기업의 사회적 책임을 강조하며, "가족을 위한 더 나은 삶을 창출하는 것"이 푸싱의 미션이라고 말했다.

그는 다양한 사회공헌 활동과 환경·사회·지배구조(ESG) 경영을 통해 기업의 사회적 가치를 높이려는 노력을 기울였다. 특히, 코로나19 백신 개발과 같은 글로벌 보건 이슈에 적극적으로 참여하며, 기업의 사회적 역할을 실천했다.

데이비드는 "구오광창의 성공은 단순한 투자 전략을 넘어, 산업의 본질을 이해하고 직접 참여하는 경영 철학에서 비롯된 것 같다"고 말했다. 제임스는 "푸싱이 다양한 산업에 투자하면서도 각 사업의 핵심 가치를 유지할 수 있었던 이유는, 단기적 이익보다 장기적 안정을 중시하는 전략 덕분이 아닐까"라고 덧붙였다. 그레이엄 고문은 "구오광창은 단순한 기업가를 넘어, 글로벌 사회와의 협력을 중시하는 리더십을 보여주고 있다. 그의 경영 철학은 단순히 이윤을 추구하는 것을 넘어, 사회적 가치를 창출하는 데 초점을 맞추고 있다"고 평가했다.

구오광창의 리더십은 단순한 기업 성장에 그치지 않고, 글로벌 사회와의 협력, 사회적 책임, 장기적 안정을 중시하는 경영 철학으로 이어지고 있다. 그의 성공은 단순한 투자 전략을 넘어, 산업의 본질을 이해하고 직접 참여하는 경영 철학에서 비롯된 것이다.

첫째, 구오광창은 단기적 이익보다 장기적 안정을 중시하는 경영 전략을 통해 푸싱인터내셔널을 글로벌 기업으로 성장시켰다.

둘째, 그는 산업 운영과 산업 투자의 결합을 통해 각 사업의 핵심 가치를 유지하며, 다양한 산업에서 성공을 거두었다.

셋째, 그는 기업의 사회적 책임을 강조하며, 글로벌 사회와의 협력을 중시하는 리더십을 보여주었다. 이러한 경영 철학은 단순히 이윤을 추구하는 것을 넘어, 사회적 가치를 창출하는 데 초점을 맞추고 있다.

항공 여행의 민주화라는 혁신 목표 아래 토니 페르난데스는 에어아시아를 이끄는 '유쾌한 리더'로 각인되어 왔다. 그의 스타트는 담대한 개인 리스크를 감수한 전략적 결정에서 비롯됐다.

그는 2001년 고작 2대의 항공기와 정부가 떠넘긴 4,000만 링깃의 부채를 '1링깃'에 인수해, 단 1년 만에 부채 청산과 흑자 전환을 이뤄냈다.

기존 항공산업의 '닫힌 하늘'을 '열린 하늘(overseas open-skies agreements)'로 바꾼 것이 아시아 저비용 항공시장 성장의 핵심 동인이 되었다는 점이 여러 연구(논문 "Liberalization of the Malaysian Airline Industry: The Impact of the AirAsia Model", Khalid)에서도 강조된다.

토니 페르난데스의 경영철학은 'No Frills(불필요한 것은 뺀)'로 요약된다. 그는 기존의 고비용 항공사가 제공했던 식사·엔터테인먼트 등 '전통적 부가 서비스'를 포기하는 대신, 모든 운임과 운영 단계를 투명하게 구조화했다. 이로 인해 동남아시아에서는 "이제 누구나 비행기를 탈 수 있다(Now Everyone Can Fly)"라는 슬로건이 현실이 됐다. 그는 단기 위기를 기회로 삼는 전략에 뛰어났으며, 9·11 테러 후 항공산업의 혼란기에 항공기 임대료 하락, 인력 시장 변화 등을 기민하게 활용하며, '선택과 집중'의 법칙에서 비롯된 민첩한 비즈니스 실행을 보여줬다.

몇 해 만에 에어아시아는 두 대의 항공기에서 수십 대 함대로, 한 국가 국내선에서 태국·인도네시아·필리핀 등 아시아 전체로 확장했다.

토니 페르난데스가 음악산업에서 얻은 '다중 브랜드'와 '문화운영' 경험을 저비용 항공사업에 접목한 것도 성공 요인으로 작동했다. "나는 모든 승객이 비행 전 새로운 경험을 사게 하고싶었다"고 말한 그의 발상은 튠 호넬(Tune Hotel), 온라인 여행 플랫폼 에어아시아 무브(AirAsia MOVE) 등 신사업군으로 연결된다.

가장 먼저, 자연계 법칙을 떠올려 보면, '불균형은 항상 평형을 향해 움직인다'는 엔트로피(Entropy)의 원리가 있다. 항공산업에서도 고비용·독점구조의 불균형이 쌓이면, 반드시 저비용 구조로의 혁신이 발생한다. 토니 페르난데스의 에어아시아는 바로 이 엔트로피 평형 지점을 찾아, 시장의 보편적 요구를 읽었던 것이다.

이제 분위기를 전환해 데이비드, 제임스, 그레이엄 고문의 재치 있는 대화로 들어간다.

데이비드가 에어아시아의 초기 재무제표를 들여다보며 너스레를 떤다.

"진짜 1링깃에 항공사를 인수한 사람을 실제로 본 건 처음이네. 거의 '항공업계의 피카소' 아니야?"

제임스는 박장대소하며 동의한다.

"맞아요, 음악산업 출신이라 창의력과 유머가 다분한데, 진짜 중요한 건 'No Frills' 철학이죠. 저가 항공 모델이 동남아시아 사회에 일으킨 파급효과를 보면, 케인즈도 아마 'Everybody flies, aggregate demand soars!'라고 재치 있게 논평했을 겁니다."

그레이엄 고문이 덧붙인다.

"흥미로운 점은 에어아시아가 '위기 변환(서바이벌 오브 더 피티스트)'의 진화심리 원칙을 완전히 사업에 적용했다는 거네. 9·11의 충격 이후 임대료·노동시장이 급변한 시점에, 완전히 새로운 수요층 — 특히 처음 비행기에 타는 이들 — 을 집중 공략했으니까.”

데이비드가 비행기 미니어처를 돌리며 한마디 더 건넨다.

“에어아시아는 flight보다 fight에 더 가까웠을 때가 많은데, 직원 전원을 해고할 위기에서도 Transparency, Speed, Simplicity라는 ‘경영 3원칙’으로 질서를 만들었죠.”

제임스가 최근 성장 수치를 보고 곰곰이 생각한다.

“항공기에 두 대에서 수백 대로… ‘복리(leverage)의 기적’을 실현한 거네요. 워런 버핏도 에어아시아 모델을 보면 ‘Low cost, high hope!’라고 유쾌하게 평가했을 듯합니다.”

그레이엄 고문이 지혜롭게 정리한다.

“여기에서 경영학 원론을 다시 떠올리게 된다네. Differentiation and Focus, 즉 구별성과 집중의 힘이지. 페르난데스는 가격 자체가 브랜드가 된다는 점을 간파했고, 신규 유저, 접근성을 극대화할 수 있는 플랫폼 구축에 집중했어.”

데이비드가 최근 에어아시아의 디지털화 뉴스에 눈길을 던진다.

“이제 에어아시아의 수익 다변화는 온라인 여행플랫폼·물류·호텔까지 확장됐으니, 앤드류 그로브(Andrew Grove, 전 인텔 CEO)의 ‘Only the paranoid survive’를 저비용항공판으로 실현하고 있죠.”

제임스가 옆에서 ‘전환점’을 강조한다.

“맞아요! 팬데믹 크라이시스에서도 빠르게 회복, 온라인 서비스와 예약 시스템 혁신으로 새로운 성장곡선을 그리는 게 인상적입니다.”

그레이엄 고문은 엔트로피 법칙에 다시 고개를 끄덕이고, 마지막으로 학생들에게 해주고 싶은 유머를 남긴다.

"위기의 순간엔 빨리, 단순하게, 그리고 한 발 앞서서. 토니 페르난데스처럼 '음악을 버리고, 하늘로 간 남자'가 되면 어떨까?"

이제, 이 사례가 신흥시장 글로벌 항공산업에 주는 통찰과 교훈의 의미를 정리해보면, 다음과 같다.

혁신가의 길은 결코 균일하거나 안전하지 않으며, 오히려 끊임없이 엔트로피의 파고를 타고 넘는 과정이다. 토니 페르난데스는 고정관념에 도전하는 겸손과 용기, 문화적 감수성과 경영의 기민함을 결합해냈고, 에어아시아의 저비용 혁신과 경영 투명성이 지역 내 삶의 질과 사회적 이동성을 근본적으로 바꿨다.

첫째, 에어아시아의 사례는 저비용항공모델처럼 '균형이 무너진 구조에서 반드시 새 수요와 혁신이 터져 나옴'을 설득력 있게 보여준다.

둘째, 위기를 기회로 바꾸는 전략적 타이밍, 단순함과 속도의 경영원칙, 그리고 사업 포트폴리오를 디지털과 문화로 확장한 리더십은 동남아 애자일 경영의 표본이다.

셋째, 페르난데스의 길은 기민함과 창의성, 그리고 Everybody Can Fly라는 열린 비전을 통해, 혁신, 효율, 행복이라는 동남아 저비용 항공 산업의 새 경로를 제시했다.

모하메드 알라바르는 두바이 부동산 혁신의 대표적 상징이자 실질적 세계적 부동산 개발자다. 그는 에마르사(Emaar Properties)와 Noon.com, 그리고 아프리카와 아시아까지 확장된 Eagle Hills를 기반으로, 도시의 미래를 창조하는 '비전형 리더'로 평가받고 있다.

1997년 에마르사를 창립한 알라바르는 불확실성이 높고 변동성이 큰 에미리트와 신흥시장에서 글로벌 투자·개발·유통·테크·리테일 모델을 실현한 드문 사례다.

모하메드 알라바르는 1956년 두바이에서 출생해 미국 시애틀대학교에서 경영학을 전공했다. UAE 중앙은행에서 금융인을 시작해, 두바이 국왕의 경제특보로 부상했다.

정부의 경제 개발국장으로서 두바이 관광 비즈니스 정책·외자유치·도시 인프라 개발의 밑그림을 그렸고, 이 시기 도시의 '글로벌화 모멘텀'을 실질적으로 주도했다. 이후 그는 부동산, 리테일, 관광·초고층 타워 개발로 사업을 확장해, 부르즈 할리파(Burj Khalifa)와 두바이 몰(Dubai Mall), 두바이 마리나(Dubai Marina), 두바이 오페라(Dubai Opera), 두바이 크릭타워(Dubai Creek Tower) 등 세계적 랜드마크 개발을 에마르사를 통해 실현했다.

이런 대형 구조 혁신은 행동경제학적으로 '새로운 선택지 창출의 효용'에 해당한다. 그는 아시아·중동 등 36개국 부동산, 아프리카·중동 인프라·자원 개발, 글로벌 e커머스 Noon.com을 창립·운영하며 활발한 M&A·글로벌 진출 전략을 실험했다.

논문 "The Role of Entrepreneurship and Visionary Leadership in Urban Mega Projects: Dubai as Case Study", 신호자 및 동료 연구진은 알라바르의 '로드맵 설정과 실행력'이 High-Impact Urban 혁신을 촉진한 핵심으로 평가했다. 알라바르의 리더십은 '긴 호흡, 과감한 실행, 현장 중심 혁신'으로 요약된다.

대자연의 법칙 중 '중력의 원리'를 떠올리면, 질량이 크고 밀도가 높은 물체일수록 더 많은 사물을 끌어당긴다. 도심·부동산 혁신도 마찬가지다. 상징적 프로젝트(부르즈 할리파·두바이 몰 등)가 완공되면, 관광객·투자·기업·문화 인프라가 그 '중앙축'으로 빨려든다.

알라바르의 사업 전략은 이러한 중심축(mega landmark)이 도시의 경제 구조를 재편하는 법칙을 실제로 구현한 사례다. 글로벌 경제에서 '메가 프로젝트'로 도심에 혁신·관광·소비·기술 클러스터를 유치하면, 도시는 복리·네트워크 효과에 힘입어 지속 성장한다.

재치와 유머로 전환해 세 인물의 대화로 이어가면 다음과 같다.

데이비드가 두바이 몰 조감도를 만지며 너스레를 떤다.

"모하메드 알라바르가 두바이 몰을 지을 때 '지구에서 가장 큰 거실'을 만든 느낌이죠? 쇼핑몰에서도 길을 잃어버린 건 저뿐만이 아닐 겁니다."

제임스는 부르즈 할리파의 구조도를 펼치며 웃는다.

"현실적으로 고층건물을 쌓은 사람은 '두바이의 베르나르 베르베르'라고 불러야겠네요. 알라바르는 미래 도시를 소설처럼 디자인했으니까요."

그레이엄 고문이 미소를 짓는다.

"Mega project economics는 결국 '중력의 법칙'이지. 도시의 중심이 커지면, 투자·고용·관광도 자연스럽게 그쪽으로 모여들거든."

데이비드가 Noon.com 뉴스 기사를 가리킨다.

"오프라인에서 초고층, 온라인에선 e커머스 Noon.com… 알라바르는 '두바이의 아마존·알리바바'까지 한 번에 이뤄버린 셈이네."

제임스가 에마르사의 글로벌 확장 지도를 끼워넣으며 고개를 끄덕인다.

"애초에 알라바르는 36개국 이상 도시 랜드마크를 개발해서, '부동산 시장의 네트워크 효과'를 직접 실현한 사람이죠. 연결, 확장, 흡입 ― 경제학 용어를 이렇게 현실화하다니."

그레이엄 고문은 부르즈 할리파의 건설사진을 보여준다.

"2008년 글로벌 금융위기 직전, 이 프로젝트를 멈출 만한 구조적 충격이 있었는데, 알라바르는 아부다비의 자본 조달과 프로젝트 위기관리로 불확실성까지 뚫어냈지."

데이비드가 Urban Economics 논문을 인용한다.

"'The Role of Entrepreneurship and Visionary Leadership in Urban Mega Projects', 이 논문에서도 두바이 모델이 메가 도심 프로젝트의 글로벌 교과서임을 논의해요."

제임스가 두바이 크릭타워의 설계도를 가리킨다.

"계속 더 높이, 더 크게, 더 무한… 거의 '두바이판 이카루스'같아요. 하지만 알라바르는 실패, 리스크마저 '눈에 보이는 상징'으로 바꿔 내죠."

그레이엄 고문이 Emaar Hospitality 뉴스에 덧붙인다.

"부동산을 넘어, 호텔·식품·엔터테인먼트까지 확장 — 알라바르는
도시 하나 통째를 브랜드로 만든 느낌입니다."

데이비드가 글로벌 아프리카–중동 개발 관련 자료를 짚으면서 말한
다.

"아프리카·아시아까지 Eagle Hills로 확장하는 전략, '기회 있는 곳에
길을 내라'는 격언을 성실하게 실천한 거죠."

제임스는 이 경영 혁신의 핵심을 축약한다.

"현장 중심, 빠른 의사결정, 긴 호흡, 그리고 대담 — 동시대 리더들
에게 가장 부족한 덕목 아닙니까?"

그레이엄 고문은 마지막 조언을 준다.

"도시와 회사 모두, '모든 것은 먼저 머릿속에서, 그다음 현실에서 탄
생한다'는 교훈을 잊지 말자고."

이제 모하메드 알라바르의 성공 메커니즘과 도시 혁신 사례의 의미
를 정리해보면, 다음과 같다.

첫째, 메가 프로젝트 중심 도심 혁신은 '중력의 원리'처럼, landmark·
flagship 사업이 각종 투자·문화·기업을 중심으로 끌어모아 도심 복
리·네트워크효과를 만들어낸다. 두바이·에마르사 사례는 도시경제
학·행동경제학에서 복합 혁신 플랫폼 모델의 대표적 실험이다.

둘째, 현장 중심 리더십과 '장기호흡·과감한 실행'은 개발·위기·확장
의 순간마다 기업의 생존력·혁신을 담보하는 핵심이다. 알라바르는 글
로벌 금융위기에서도 자본·신뢰·정책 연계를 기반으로 프로젝트 위기
를 대처했다.

셋째, 도시주도형 부동산·관광·e커머스 혁신은 신흥시장과 글로벌

투자자, 그리고 다양한 산업의 소비자에게 '새로운 선택지의 효용'을 제공한다. 알라바르의 머릿속 로드맵이 실제 아시아·중동·아프리카 지역의 미래 성장 동력까지 이끌어내는 진정한 visionary urbanism 교과서로 남고 있다.

적용과 사례: 신흥시장 글로벌화 성공 사례

신흥시장에서의 글로벌화 성공 사례는 복잡한 경제 원리와 현장 중심 전략이 결합된 다면적 혁신 모델로 설명된다. 동남아, 중동, 아프리카, 러시아 등은 지난 10년간 경제발전과 글로벌 투자유치에서 괄목할 성장을 이루었다.

기업들은 기술·금융·인프라에 접근하는 동시에, 로컬 소비자 특성과 저비용 구조, 정부 지원, 전략적 파트너십(예: 얀고 애즈와 롯데호텔앤리조트, 얀덱스·러시아 IT기업)로 새로운 시장을 열었다.

논문 "The Role of Entrepreneurship and Visionary Leadership in Urban Mega Projects: Dubai as Case Study", 신호자 및 동료 연구진이 밝힌 메가런드마크의 네트워크 효과, 그리고 현지화 전략의 중요성이 대표적이다.

신흥국다국적기업(EMNEs)은 차별적 비용구조, 현지 최적화, 글로벌 선발자 전략(Local optimizer, Global first-mover) 등으로 후발주자의 약점을 극복한다. 예를 들어 중국의 레노버(Lenovo)·인도의 바자즈오토(Bajaj Auto)·브라질의 엠브라에르(Embraer) 등이 현지 적응력과 국제적 경쟁력을 동시에 잡았다.

세부적으론 저소득층 중심의 제품 설계, 정부 특혜 활용, FDI(외국직접투자) 증가, 기술·인재·생산자원의 글로벌 획득, 그리고 스프링보드(Springboard) 전략을 통한 시장 진입이 핵심이다.

첫째, 현지 시장에 대한 깊은 이해와 분석, 로컬 니즈에 맞는 제품·서비스가 성공을 좌우한다.

둘째, 전략적 파트너사·현지 기업·IT 생태계와의 연결(linking·leveraging)이 확장과 성공률을 높인다.

셋째, 글로벌화 경로는 기업 특유 경쟁역량(FSA), 국가 특유 이점(CSA)을 결합해, 시장 점유율 높이기와 제도 환경 제약 극복에 활용한다. 이러한 다층적 프로세스는 행동경제학, 국제비즈니스 이론(Local optimizer 전략·Eclectic Paradigm·Ambidextrous Organization 관점)에서 그 적합성과 효과가 입증된다.

데이비드가 러시아와 중국 시장 확장 성공 사례를 들며 환하게 말한다.

"얀고 애즈, 얀덱스와 롯데호텔, 그리고 레노버 — 모두 현지 사정, 소비자 니즈, 로컬 파트너십이 기적을 만들어냈죠. 누가 러시아어 광고 시스템에 도전하겠다고 먼저 말했을까요?"

제임스가 연구 논문 한 구절을 인용한다.

"'신흥국 글로벌기업의 국제화는 반드시 비표준적 경로를 밟는다. 현지 상황, 정부 특혜, 초저비용 구조·현지화 전략이 성공의 모멘텀이다' — 라비 라마무르티(Ramamurti, R.)의 스프링보드 접근법에서도 이 점을 강조하죠."

그레이엄 고문이 회심의 미소를 짓는다.

"브라질 엠브라에르는 Global first-mover, 인도 바자즈는 Local optimizer — 두 케이스의 교훈은 싸움의 무대가 익숙한 곳에 있는 게 아니라, 낯선 시장에 있기 때문이지. 결국 '시장과 사람의 본질은 다양하고 유연하다'는 진리로 귀결되네."

데이비드는 국제 광고 분석 자료를 펼친다.

"얀고 애즈의 최적화된 자동 비딩 시스템, Granular analytics, ROAS 퍼포먼스 — 지리적으로, 언어적으로 복잡한 신흥시장에서도 데이터가 효율을 이끌 수 있다는 반증이죠."

제임스가 한국기업 중국 패션 시장 진출사례를 든다.

"이랜드그룹, 현지화 디자인과 제조·유통 혁신, 협력 및 자회사 주도하에 빠른 적응과 성공… 본사-자회사 양손잡이(ambidextrous) 조직, 노하우 공유 덕분입니다."

그레이엄 고문이 유머러스하게 결론짓는다.

"자, 신흥시장은 창의력과 용기, 그리고 미묘한 현지 감각이 함께 빚어지는 무대야. 고래 싸움에 새우가 꿈을 이룰 수 있는 곳이지."

데이비드가 마지막 '네트워크 효과'에 대해 강조한다.

"레고처럼 모듈화된 전략, 연결과 협력, 그게 신흥시장 글로벌화 성공의 핵심입니다."

제임스가 모든 시장 참여자의 행위자 중심 분석을 요약한다.

"행동경제학의 직관, 국제비즈니스 전략의 분석, 그리고 현장 경영 리더십 — 세 축이 완벽히 맞물릴 때 지속가능한 글로벌 성장이 일어난다는 사실을 잊지 맙시다."

그레이엄 고문이 미소를 지으며 정리한다.

"신흥시장 성공의 비결? '낯선 곳에서 익숙한 가치를 찾아내는 지혜'

   AI 시대 경제 판을 바꾼 글로벌 CEO

— 그거 하나지."

　이제 신흥시장 글로벌화 성공사례 논의의 마무리를 해보면, 세 가지 교훈이 명확하다.

　첫째, 현지 시장 구조와 소비자 니즈에 대한 세심한 분석·적응 역량이 성장과 성공을 결정한다.

　둘째, 다양한 파트너십·기술생태계·정부 지원과 초저비용 구조, 그리고 전략적 현지화가 국제적 확장에 결정적 영향을 미친다.

　셋째, 기업과 리더는 복합적 이론적 축(행동경제학·국제경영학·현장경영)을 실천적 성공 모델로 결합할 때, 진정한 글로벌화와 지속성장 기반을 만들어낸다. 이러한 통합적 시도와 실행력, 그리고 끈질긴 현지 적응력은 낯선 무대의 도전을 기회로 바꾸는 혁신의 본질임을 보여준다.

Chapter 14

여성리더십·다양성

여성, 다양성, 포용의 글로벌 비즈니스 리더

여성, 다양성, 그리고 포용성을 기반으로 글로벌 비즈니스 사회의 혁신을 이끌어낸 대표 사례로 인드라 누이(펩시코), 헬레나 헬머손(H&M), 앤 리가이(에어 프랑스)가 각광받고 있다.

이들의 경영 노선은 개인·조직의 성장뿐만 아니라 산업과 사회 전반에 지속가능한 가치 확산을 구현하는 데 지대한 영향을 주었다. "Gender Diversity and Leadership in Global Corporations"(Smith et al.) 논문에서는 이들의 리더십 특성이 기업 내 다양성과 포용성, 비즈니스 혁신에 미치는 구조적 효과를 실증적으로 밝히고 있다.

인드라 누이(Indra Nooyi)는 2006년부터 2018년까지 펩시코(PepsiCo)를 이끈 최초의 유색인 여성 CEO로, "Performance with a Purpose" 슬로건과 함께 건강·영양·지속가능성 중심의 조직 개혁을 단행했다. 재임 기간 중 기업 가치는 두 배 이상 상승했고, 환경·사회적 책임경영 모델을 글로벌 스탠더드로 자리매김시키는 데 성공했다.

헬레나 헬머손(Helena Helmersson)은 H&M에서 2010년대 지속가능성/사회책임 전략을 총괄하며, 기후변화 대응·공급망 안전·포용적 경영을 실제 의사결정에 반영했다. CEO 재임기(2020~2024) 내내 패션산업 내 ESG·순환경제 모델 도입을 주도했다.

앤 리가이(Anne Rigail)은 2018년 에어 프랑스(Air France) 최초의 여성 CEO로, 탄소중립·친환경 항공기 도입·일과 삶의 균형 실현 등 인적 다양성의 리더십을 강화했다.

자연현상 중 '생태계 다양성이 높을수록 복원력이 커진다'는 생물학 원리와 같이, 다양성·포용의 경영도 조직의 위기 대응과 성장을 동시에 실현하는 힘을 지닌다.

이 세 리더의 공통점은 조직 내 '유리천장' 타파에서 출발해, 사회적 책임, 소비자 안전, 환경·노동권 보호 등 복합 과제를 통합적으로 해결했다는 점이다.

한편, 행동경제학적으로는 소수 집단 출신 리더의 '외부인 관점'(outsider's lens)이 혁신적 의사결정의 원천이 되어 글로벌 기업 문화에 과감한 변화를 이끌었다는 점이 주목된다.

이제 데이비드, 제임스, 그레이엄 고문의 대화 속으로 들어가 보자.

데이비드가 펩시코 2017년 사회책임보고서를 읽으며 밝게 말한다.

"인드라 누이, 'Performance with a Purpose' ― 순이익 두 배, 건강지도력까지 한방에 잡은 쾌거! 역사책엔 어떤 부제목이 들어갈까요?"

제임스가 H&M의 순환경제 리포트를 살피며 차분하게 대답한다.

"헬레나 헬머손이 순환경제와 친환경 공급망을 패션계에 도입한 시점, '지속가능성은 선택이 아니라 필수'라는 경영의 대원칙을 보여줬죠."

그레이엄 고문이 웃으며 깔끔히 마무리한다.

"앤 리가이, 에어 프랑스의 첫 여성 리더 — 탄소중립, 일생활 균형, 노동협상 등 인적 다양성의 힘을 실전으로 증명했어요. 일상이 곧 혁신이네."

데이비드는 Diversity·Equity·Inclusion("D·E·I는 조직의 자산")을 강조하며 논문 한 구절을 인용한다.

"'Gender Diversity and Leadership in Global Corporations', Smith 외는 여성CEO의 대표성 강화가 조직 혁신을 주도하는 결정적 동력이라고 말하죠."

제임스는 글로벌 기업의 성공 사례를 다시 한번 요약한다.

"펩시코, H&M, 에어 프랑스 — 각기 다른 산업, 다양한 대륙에서 여성·다양성의 리더십이 대표성과 성장률을 동시에 끌어올렸으니, 이게 바로 복합혁신의 힘."

그레이엄 고문이 마지막으로 경영현장의 실천적 의미를 강조한다.

"포용성과 다양성은 인재·고객·사회 모두와 소통하고 결합하는 미래 경영의 핵심입니다. 어쩌면 우리가 다음 세대 CEO에게 가장 먼저 가르쳐줘야 할 법칙일지 몰라요."

여성 다양성 포용 기반의 글로벌 비즈니스 리더십 사례에서 세 가지 중요한 교훈을 발견할 수 있다.

첫째, 개인의 배경·경험·외부적 시각이 조직의 혁신과 지속가능성을 이끈다.

  AI 시대 경제 판을 바꾼 글로벌 CEO

둘째, 다양성 기반의 포용적 의사결정이 제품·서비스·노동환경의 질적 개선을 이해관계자 모두에게 확산시킨다.

셋째, '유리천장' 타파와 사회적 가치 실현의 연결 고리는 궁극적으로 기업의 성장·평판·장기 생존력을 높이는 핵심 요인으로 작동한다. 이러한 전략적 다양성 경영은 "행복·효율·균형의 경제학" 관점에서 미래 글로벌 기업혁신의 표준 모델로 자리잡고 있다.

인드라 누이

_펩시코

인드라 누이는 2006년부터 2018년까지 펩시코를 이끈 경영자 가운데, 혁신과 포용, 그리고 착한 성장이라는 글로벌 리더십의 새로운 프레임을 제시했다. 그녀는 "Performance with a Purpose"라는 전략을 통해 건강·지속가능성 중심으로 제품·브랜드를 재구성하고, 탄탄한 재무성과와 더불어 사회적 책임을 일상적 경영에 내재화했다.

인드라 누이가 CEO로 있는 동안, 펩시코의 연간 순이익은 27억 달러에서 65억 달러로 두 배 이상 성장했다. 기업가치는 80% 이상, 시가총액은 570억 달러 이상 증가했으며, 세계 최대 규모의 인수합병(Quaker Oats, Tropicana, Wimm-Bill-Dann 등)을 주도했다.

또한 'Good for You/Beyond the Bottle' 등 건강 친화적 제품군 개발, 포장 절감·물 사용량 감소 등 환경 캠페인, 조직문화의 다양성·포용성 고양이 핵심 경영방침으로 자리잡았다. 그녀의 리더십 변곡점은 경영대학 논문 "Gender Diversity and Leadership in Global Corporations" (Smith et al.)와 World Finance의 분석에서도 명확히 입증된다.

'생태계의 다양성과 복원력'이라는 대자연 원리를 빗대어 볼 때, 인드라 누이는 펩시코를 다변화된 식음료 생태계로 이끌며, 내부 충격에도 쉽게 무너지지 않는 기업시스템을 구축했다.

행동경제학에서 '외부자 시각'이 문제 해결의 돌파구를 제공하듯, 이민자 여성 CEO로서 인드라 누이는 뿌리 깊은 산업 프레임을 혁신적 방향으로 전환했다. Richard Thaler의 '넛지 이론'을 닮은 전략적 맥락화, CEO로서의 지속적 대화와 직원 감사 편지 등 감성지능(EQ) 기반의 조직문화 혁신도 역시 대표적 성공 요인으로 언급된다.

데이비드가 "인드라 누이는 '유리천장'을 넘어 글로벌 경영정상에 오른 최초의 인도계 여성이라, 일단 이력서 한 장만 봐도 역사책에 실릴 만하지 않습니까?"라고 유쾌하게 질문을 던진다.

제임스가 "그녀가 내세운 'Performance with a Purpose', 그게 진짜 특별합니다. 건강, 환경, 포용 — 사회적 변화를 앞당긴 코포레이트 액티비즘이죠. 순이익도 두 배, 선한 영향력도 두 배!"라고 덧붙인다.

그레이엄 고문이 고개를 끄덕이며 "가장 인상적인 건, 퀘이커(Quaker)·트로피카나(Tropicana) 등 대형 인수 이후 펩시코의 사업 포트폴리오를 균형과 다양성, 그리고 장기적 복원력 중심으로 재편한 점이야. '넛지 경제학' 사례로 수업 때 써도 손색없어."라고 평한다.

데이비드가 "특히 파괴적 혁신에 대한 저항, 단기 실적 압박, 그리고 투자자 불신을 실제로 돌파한 사례 — 이민자 여성 CEO의 회복탄력성이 Former Fortune 50을 바꾼 거죠."라고 정리한다.

제임스가 "직원과 가족에게 직접 쓴 감사 편지 등 EQ 경영, 조직 내 '진정성(authenticity)' 문화 확산, 그게 진짜 행위경제학적 실천 해답 아닙니까?"라고 마무리한다.

그레이엄 고문이 "마지막으로, 인드라 누이처럼 사회적 책임과 실적을 절충이 아니라 '동시 추구'로 설계해야, 미래에도 살아남을 수 있다는 점을 꼭 기억해라"고 강조한다.

인드라 누이의 펩시코 혁신 사례가 보여주는 첫 교훈은 건강·환경·사회책임 경영이 단기 수익과 장기 성장, 두 마리 토끼를 동시에 잡을 수 있다는 점이다.

둘째, 다양성과 외부인 시점이 조직의 위기 돌파, 포트폴리오 혁신, 브랜드의 미래지향적 변화를 끌어낸다는 사실이다.

셋째, 감성지능·진정성·여성 리더십 등 비재무적 역량이 경영 대전환기에서 지속성장 동인으로 작동함을 증명한다는 것이다. 이러한 Nooyi 리더십의 통합적 교훈과 전략은 앞으로도 글로벌 비즈니스 프레임의 공식적 표준으로 남을 것이다.

헬레나 헬머손

_H&M

헬레나 헬머손은 2020년부터 2024년까지 H&M Group을 이끈 글로벌 패션 리더십 혁신의 실천가로, 지속가능성과 포용성의 경영 모델을 패션 산업에 실질적으로 이식한 인물이다.

그녀는 H&M 최초의 여성, 그리고 창립자 가족이 아닌 이로 CEO에 오른 이후, 코로나19 팬데믹과 러시아 시장 철수, 공급망 위기 등 거대한 격변의 시기에 기업을 안정적으로 이끌었다.

헬레나 헬머손의 리더십은 사회책임·환경·노동권에 중점을 둔 수년간의 지속가능성 담당자의 경험과, 디지털 비즈니스 및 순환 경제 모델 구축으로 이어졌다.

특히 2010~2015년 Head of Sustainability 시절, H&M을 세계 패션 업계에서 사회적 책임·윤리적 제조·친환경 소재 도입 등의 선도기업으로 전환시켰다.

CEO로서 그녀는 글로벌 생산망을 안정화하고, H&M의 텍스타일 재활용(텍스타일 순환경제) 및 온라인 유통 강화에 힘썼고, 전 세계적 패션 지속가능성 연합(The Fashion Pact) 공동대표로도 활약했다.

'생태계의 순환과 적응'이라는 자연현상처럼, 헬머손은 패션의 생산·소비 전 주기에 걸친 복원력 강화와 혁신을 추진했다. 행동경제학적으로 위기 상황에서 '빠른 의사결정과 가치 중심 실천'이 브랜드 신뢰 회복과 글로벌 영향력 확산의 핵심임을 증명했다. CEO 임기 후에도

Circulose 재활용 섬유회사 의장직 및 여러 지속가능 패션 스타트업을 이끌며, 산업 내 변화와 모범을 선도하고 있다.

데이비드가 H&M의 지속가능성 전략 보고서를 들여다보며 묻는다.

"헬레나 헬머손, 2020년 한가운데 팬데믹 터지고, 러시아 철수까지… 거의 '패션의 진화론'을 직접 써낸 CEO 아닙니까?"

제임스가 H&M의 텍스타일 재활용 프로젝트 사례를 들어 답한다.

"진짜 중요한 건, 2010년대부터 사회적 책임·친환경 소재·윤리적 생산, 이런 것들을 실제로 '제품-공급망-공장'까지 도입한 거죠. 순환경제 Chairperson 역할까지 맡았으니까요."

그레이엄 고문이 미소를 띠며 설명한다.

"H&M의 온라인 확대, 공급망 안정화, 윤리적 제조 — 이게 곧 글로벌 패션기업의 ESG 혁신 모델이야. 헬레나가 디지털 전환과 포용성 경영 두 마리 토끼를 잡은 셈이지."

데이비드가 "The Fashion Pact" 논문을 인용한다.

"여기서도 '지속가능 패션협약' 공동대표, 업계 전체의 패러다임 전환 견인 — 진짜 미래지향 리더십!"

제임스가 히트 상품의 재생산·인터넷 기반의 신속 유통에 대해 강조한다.

"팬데믹 이후 온라인+순환 패션의 힘, 브랜드 신뢰와 시장 확대의 기반이 토양처럼 중요했습니다."

그레이엄 고문이 마지막으로 정리한다.

"위기·혁신·사회적 책임, 세 가지 축에서 헬레나의 모델은 '실천적 변화'라는 교과서로 남을 거야."

첫째, 헬레나 헬머손 리더십은 위기 상황에서 빠른 적응력을 토대로 지속가능성·포용성 중심의 경영과 브랜드 혁신을 실현했다. 둘째, 윤리적 제조·순환경제·디지털 쇼핑 확대 등 기업 전환의 선구자로서 H&M 전체의 사회책임을 실질적으로 강화했다. 셋째, 공급망(Supply chain) 안정과 글로벌 리더급 협약 주도, CEO 이후에도 Circulose 등 재활용·지속가능 패션산업 거버넌스에 참여하며 산업 내 지속적 모범을 제시하고 있다. 헬머손의 창의적 변화와 책임경영, 혁신 실행은 패션 비즈니스 세계의 새로운 '행복·효율·균형의 경제학' 실천록으로 남는다.

앤 리가이

_에어 프랑스

앤 리가이는 2018년 에어 프랑스 최초의 여성 CEO로 선임되어 혁신, 환경, 그리고 포용성을 리더십의 중심에 놓은 항공산업의 대표적 변화를 이끌었다.

리가이는 에어 인터(Air Inter)부터 시작해 30여 년간 현장·고객서비스·운영·공급망 등 현업 전분야를 두루 경험했고, CEO로서 비용구조 혁신, 디지털·자동화, 친환경 항공기 도입, 탄소중립 전략, 조직의 단순화와 복원력 확보에 탁월한 실적을 남겼다.

그녀는 팬데믹과 노동파업, 기후정책 전환, 경쟁적 항공시장 변화라는 복합 위기 속에서 "Air France ACT" 데카보나이제이션 전략 — 신형 항공기 도입, 지속가능 항공연료 도입, 친환경 운항, 국내선 감축 —

을 현실화했다.

2019년~2025년 동안 국내선 적자 노선을 절반으로 줄이고, 13,500명 승무원·직원 대상 조직 단순화, 15억 유로 비용 절감과 26억 유로 추가절감 목표, 에어버스(Airbus) A380·A340 철수, SAF(지속가능항공연료) 대규모 공급계약 체결, 고객 맞춤 서비스·디지털 혁신 등 복수의 실천업적을 달성했다.

노동쟁의와 파업, ESG 정책, 위기관리(팬데믹·금융위기 등)에서도 탁월한 협상과 조직 회복탄력성으로 '기업 생존력·성장률 동시 확보'라는 역량을 보여주었다.

생태계의 '흐름과 적응' 원리처럼, 리가이는 조직의 복잡성·고비용 구조를 과감히 정비하며, 회사 전체의 민첩성과 ESG 전략, 환경경영·서비스 혁신을 글로벌 업계 표준으로 끌어올렸다. 행동경제학적 관점에서 '위기에 강한 다양성 리더십'이란 외부 변화에 신속하게 대응하며 조직의 지속가능성과 성장, 그리고 일과 삶의 균형·직원 포용성을 동시에 고양하는 데 핵심 역할을 한다.

데이비드가 팬데믹 시기 에어 프랑스의 항공기 감축 기사에 눈길을 주며 말한다.

"앤 리가이, 13,500명 승무원 조직 단순화하고, Airbus A340· A380 철수… 거의 '파리 항공판의 마리 퀴리' 아닙니까?"

제임스가 "에어 프랑스 ACT, 탄소 절감·국내선 구조조정까지 실행 — 환경정책과 수익성 균형전략, 진정한 ESG 혁신 케이스입니다."라고 덧붙인다.

그레이엄 고문이 "팬데믹·노동파업·비용 구조조정 — 위기관리 역량에서 리가이의 생존·회복·혁신은 현대 항공경영의 본보기야. '복잡한 흐름 속에서 지속가능 모델을 구축한 CEO'라는 부제가 딱이지."라고 설명한다.

데이비드가 SAF 대규모 공급계약을 인용한다.

"지속가능항공연료, 미래 항공업계의 표준 — 에어 프랑스-KLM 그룹 전체의 화석연료 감축을 이끈 대표적 실천이죠."

제임스가 조직 문화·고객 디지털 경험 강화를 강조한다.

"서비스 혁신, 맞춤형 고객경험, 디지털 연동까지, 에어 프랑스만의 브랜드 차별화가 시장 신뢰 재구축에 큰 역할을 했습니다."

그레이엄 고문이 마지막으로 정리한다.

"단순화, 민첩성, 환경 경영 — 리가이의 케이스는 위기·변화·혁신 세 요소가 결합된 현대 기업의 교과서로 남을 거야."

첫째, 앤 리가이의 에어 프랑스 경영학 사례는 복합 위기 구조에서 복원력, 단순화, ESG 연계 혁신을 이룬 사례로서, 글로벌 항공 ESG · 환경경영 교과서로 언급된다. 둘째, 탄소중립·친환경 연료 공급·디지털 서비스 확대 등 선도적 전략을 통해 항공사 전환모델을 성공적으로 제시했다. 셋째, 다양성·포용성·일과 삶 균형, 직원 복지와 변화 관리, 조직 재편의 복합 혁신은 미래 항공 비즈니스·기업 지속가능성의 대표적 실천 모델이다. 리가이의 리더십은 "행복·효율·균형의 경제학" 및 현대 ESG 리더십의 교과서로 자리매김하고 있다.

적용과 사례: 여성리더 경영모델

여성 리더 경영모델의 대표적 적용사례는 인드라 누이(펩시코), 헬레나 헬머손(H&M), 앤 리가이(에어 프랑스)의 혁신, 포용, 지속가능성을 실천한 글로벌 리더십에서 가장 명확하게 나타난다.

이 세 리더는 각기 다른 산업에서 다양성과 복원력을 강화하며, 조직의 과감한 변화, 사회적 책임, 환경 및 미래 성장 기준을 바꿔 놓았다. "Gender Diversity and Leadership in Global Corporations"(Smith et al.) 논문은 여성 리더십의 다층적 혁신 효과와 그 구조적 과감성, 실질적 변화의 결과를 정량적으로 입증하고 있다.

첫째, 인드라 누이의 리더십은 "Performance with a Purpose" 전략으로 대표된다. 건강·환경·포용성 중심 경영, 장기적 지속가능성 투자를 기본 원칙으로 삼아, 포트폴리오 혁신, 환경 발자국 감소, 브랜드 다각화에 성공했다.

이민자·여성 리더 관점에서 '외부자 시각'을 활용했으며, 구조적 개혁을 감성지능과 진정성이 결합된 경영 모델로 실현했다.

둘째, 헬레나 헬머손은 "공급망 리더십"과 순환경제·윤리적 제조를 실질적 혁신 모델로 완성했다. 팬데믹·글로벌 위기, 러시아 철수 등 변동성 큰 시장에서 생산·유통체계의 복원력 강화와 ESG·온라인 전환을 주도했다. The Fashion Pact 등 글로벌 연합 모델과 순환적 가치창출에서 두드러진 케이스를 남겼다.

셋째, 앤 리가이는 대규모 조직을 환경·ESG 중심으로 전환하고, 위기관리·탄소중립·비용절감·서비스 혁신을 복합적으로 실행하여 글로벌 항공산업의 경영혁신 표준에 등극했다.

이들의 실천은 생태계의 다양성 법칙과 행동경제학의 외부자 관점 혁신, 사회적 책임의 대중적 확산이라는 세 가지 원리에서 구체적으로 해석될 수 있다. 하나의 조직이 충격과 위기에 단단히 버티려면, 위기 앞에서도 복원력·포용성·민첩성을 유지해야 한다는 진리, 그리고 새로운 리더십은 '공감과 전략, 도전과 EQ'가 동시 결합될 때 비로소 실현된다는 명제가 통계적으로 입증된다.

데이비드가 각 리더의 전략보고서를 보며 "누이의 포트폴리오 다변화, 헬머손의 순환 경제, 리가이의 ESG 전환 — 이야말로 현대 경영학이 가르치는 '행복·효율·균형' 공식이죠."라고 말한다.

제임스가 "여성 리더의 공통점은 단기 실적이 아니라, 장기 성장·사회책임·조직 지속성에 집중한 점입니다. 외부자 시각에서 조직의 관행을 혁신하고, 내부 변화를 실천하는 역량이 모두 갖춰졌어요."라고 정리한다.

그레이엄 고문이 "이 세 CEO의 조직 변화는 리더의 EQ, 전략적 복원력, 나눔과 참여의 조직 모델이 모두 결합될 때야말로 그 효과가 증폭된다는 사실을 학생들에게 강조하고 싶어요."라고 덧붙인다.

데이비드가 "Smith 외 논문에서는 이들이 실천한 다양성·포용성 모델이 글로벌 기업의 성장성과 평판, 지속가능성의 핵심임을 통계적으로 밝혀주죠."라고 설명한다.

제임스는 "진정성, 공감, 감성지능이 현대 경영모델의 공식이 됐다면, 그 사례를 실천했던 실제 여성 리더들의 경영기록이 현대 기업 판도를

    AI 시대 경제 판을 바꾼 글로벌 CEO

바꾼 결정적 요인임을 잊지 말아야 합니다."라고 강조한다.

그레이엄 고문이 마지막으로 정리한다.

"결국, 여성리더라는 것의 진정한 의미는 조직의 '새로운 가능성'을 연다는 데 있습니다. 다양성·포용성 기반의 리더십이 장기적 성공의 원동력이 되지요."

적용과 사례 정리에선 첫째, 여성 리더십은 단순히 대표성의 확대가 아니라, 전략적 혁신과 복원력 강화, 사회적 가치 실현이 통합될 때 가장 힘을 발휘한다. 둘째, 장기적·다층적 시각, 본질적 변화 중심의 조직개혁, 글로벌 스탠더드(ESG·순환경제·다변화) 확립이 경영효과와 사회적 평판을 높인다. 셋째, 감성지능·공감·가치 중심 리더십과 실천적 혁신, 복합적 위기관리 등이 모범적 경영진의 공식적 교과서로 남는다는 점이다. 이러한 모델은 "행복·효율·균형의 경제학"에서 미래 혁신경영의 필수적 기초로 기능한다.

Post-AI 시대 혁신리더십

AI 혁신·미래 비즈니스모델을 제시한 글로벌 경영자

AI 혁신과 미래 비즈니스모델을 제시한 글로벌 CEO로는 브라이언 체스키(에어비앤비), 마티아스 되프너(악셀 스프링거), 나타라잔 찬드라세카란(타타 그룹)가 꼽힌다. 이들은 산업별로 AI와 플랫폼 혁신, 조직 재설계, 실물경제와 디지털 전환을 결합하는 선진 리더십을 실제로 입증했다.

논문 "AI-Driven Transformation and Strategic Leadership"(Li et al.)에서는 이들 경영자의 파괴적 혁신·디지털 신사업·복합 조직 개편의 성과, 사회적 대응 메커니즘을 통계적으로 분석하였다.

브라이언 체스키(Brian Chesky)가 이끄는 에어비앤비(Airbnb)는 "AI-first application" 비전으로, 고객 경험·호스트 서비스·사기방지·가격 최적화 등 13종 AI 엔진을 도입했다. 챗봇 기반 예약·취소·여행계획 시스템을 고도화해, 사람-기계 간 인터페이스를 조직 서비스 개선에 실질적으로 연결했고, 맞춤형 여행·커뮤니티·서비스 확장(Experience, Services)을 추진하며 실물경제와 디지털 네트워크를 통합하는 선구자적 모델을 만들었다.

마티아스 되프너(Mathias Döpfner)는 악셀 스프링거(Axel Springer)의 디지털 전환과 AI 저널리즘, 미디어 혁신을 이끈 리더로, 독일 최대 미디어 하우스의 빅데이터·AI 편집, 플랫폼 커머스, 글로벌 미디어 합병(M&A) 모델을 실현했다. 구독서비스, 디지털 광고, 미디어-기술 융합에서 AI 활성화로 산업 패러다임을 근본적으로 바꿔, 유럽 디지털 미디어 생태계를 확대했다.

나타라잔 찬드라세카란(Natarajan Chandrasekaran)은 타타 그룹(Tata Group)에서 제조·자동차·금융·헬스케어·에너지 등 모든 계열사를 AI·클라우드·IoT·디지털 서비스로 재편하며, 인도 최대 기업집단의 글로벌 성장·혁신 생태계로 변환시켰다. AI 신약개발, 스마트 자동차, 디지털 항공기 운영까지 경영 전부문에 데이터-기술이 융합된 플랫폼형 조직과 사업구조 획득에 성공했다.

대자연의 법칙 중 '적자생존과 변형의 원리'를 예로 들면, AI·디지털 혁신에 소극적으로 대응하거나 기존 구조에만 매달리는 기업은 생존력이 약해지는 반면, 격변기마다 기술변환과 조직구조 혁신에 적극적이었던 사례가 미래 성장의 주도 기업이 된다.

체스키의 에어비앤비, 되프너의 악셀 스프링거, 찬드라세카란의 타타 그룹 모두 실시간 플랫폼·AI 엔진·고도화된 데이터 및 인간 경험의 융합이라는 '생태계 적응 현상'을 조직 차원에서 구현했다.

데이비드가 에어비앤비의 플랫폼 확장 사례를 들어 말한다.

"브라이언 체스키가 AI를 기반으로 예약·취소·디지털 커뮤니티까지 실시간 서비스로 통합한 건, '여행의 생태계' 자체를 새로 디자인한 셈이죠."

제임스가 악셀 스프링거의 구독AI 프로젝트를 설명한다.

"마티아스 되프너는 디지털 저널리즘과 플랫폼 혁신을 총괄한 유럽 미디어계의 '디지털 아키텍트'입니다. 구독서비스, 광고, 빅데이터 분석까지 플랫폼 AI로 혁신했어요."

그레이엄 고문이 타타 그룹의 AI 클라우드 사례에 대해 정리한다.

"나타라잔 찬드라세카란의 인도형 AI 생태계는 제조·자동차·헬스·디지털 항공기까지, 실제 산업의 기술변환과 글로벌화 전략에서 전범으로 꼽힙니다."

데이비드가 AI 기반 예약시스템의 실제 변화를 짚는다.

"에어비앤비, M&A와 신사업 포함, 대기업마저 뒤따라오는 플랫폼 변화를 이끈 거죠."

제임스가 미디어 산업의 AI 기술 사용 실제 경영 사례를 발췌해 설명한다.

"악셀 스프링거가 데이터와 자동화 편집을 접목해, 뉴스와 커머스 모두를 플랫폼화하고 글로벌 이용자 기반을 키운 건 중요한 전환점입니다."

그레이엄 고문이 조직 구조와 기술 통합 모델을 강조하며 결론을 낸다.

"타타 그룹의 사례처럼 복합 산업·앱·실물경제 전체에 AI가 들어갈 때, '미래 비즈니스모델'이라는 말이 정말 조직 차원의 현실이 됩니다."

첫째, 이들 CEO는 조직 복원력과 신속한 적응, AI-플랫폼 기반 혁신으로 산업과 사용자 네트워크를 전환했다. 둘째, 고객 경험과 비즈니스의 '개인화' 및 데이터 주도 혁신, 그리고 실물-디지털 융합이 미래 비즈니스모델의 핵심을 이룸을 입증했다. 셋째, 글로벌·복합 조직의 AI 연계·실시간 플랫폼화 전략은 생존과 성장, 효율·행복·균형경제학의 새로운 경영공식임을 드러낸다. 이러한 통합혁신과 실천적 모델은 경영학과 경제학에서 AI 미래 사회의 교과서로 남게 된다.

브라이언 체스키

_에어비앤비

에어비앤비는 2025년 이후부터 "AI-first application" 모델을 내세워, 13종 AI 엔진이 결합된 맞춤형 고객 지원 에이전트·자동 예약/취소·실시간 정보 제공·여행계획 추천을 순차적으로 확대했다.

체스키는 경쟁사들이 AI 챗봇 여행조력에 집중할 때, 에어비앤비는 고객·호스트의 실제 문제 해결(실시간 상담·분쟁·예약 프로세스 간소화)부터 실질적인 AI 통합을 우선시했다. 이 에이전트는 영어 기반 미국 전역에 우선 적용되어 문의량의 15%를 자동 응답으로 처리했고, 내년까지 다국어·다문화 서비스 및 '개인화된 AI 조력자'를 확대할 계획이다. 체스키는 "AI 에이전트가 예약 취소부터 재검색·다음 여행 추천까지 사용자의 목적을 파악해 스스로 처리할 수 있다"고 언급했다. 에어비앤비의 체험·서비스·호텔·생활 분야 통합 확대 방침도 AI 혁신과 맞물려 진행되고 있다.

AI 전략의 원리는 '적자생존과 적응'을 닮아 있다. 체스키는 단기 실적이나 마케팅 아닌, 실시간 프로세스·사용자 경험·에이전트 중심 플랫폼 설계로 비즈니스의 혁신적 환경변화를 촉진했다. AI가 단순한 예약·상담을 넘어 플랫폼 경쟁력(데이터·서비스·제조·커머스 통합)까지 모두 재정의하는 전환점이라는, 첨단 산업의 생태계 균형·장기 복원력 모델까지 신경 써서 경영한 셈이다.

데이비드가 에어비앤비 앱 사용사례를 꺼내며 묻는다.

"브라이언 체스키, 챗봇보다 먼저 실제 문제해결 중심 AI를 도입했다고 하죠. 예약 취소할 때마다 고객센터 대기 없이 AI가 자동 처리해주니 '여행의 컨시어지'라고 불러도 손색없겠네요."

제임스는 AI 에이전트의 다국어 지원 확장안을 확인하며,

"13개 모델 결합, 수만 개의 상담 데이터 기반 — 가장 '실질적인' 고객 지원 AI라고 부를 만합니다. 앞으로 체험·서비스·호텔 통합까지 확장된다고 얘기하죠."

그레이엄 고문은 기술·서비스 통합 전략을 정리한다.

"체스키가 강조한 건 'AI는 도구이지만, 인간 관계와 리더십은 여전히 중요하다' — AI 기반 예약 시스템, 실시간 처리, 서비스 자동화가 실물 경제 가치와 직접 연결된다는 점이에요."

데이비드가 경쟁 플랫폼과 에어비앤비 혁신 모델의 차이를 집어낸다.

"익스피디아(Expedia)·부킹(Booking)과 달리, 에어비앤비는 지속적으로 플랫폼 내 진짜 문제를 파고들며, '효율과 개인화, 현실적 대안' 모두를 잡았네요."

제임스가 여행 추천, 미래 비즈니스모델로의 확장 사례를 다시 강조

한다.

"단순 숙박을 넘어 라이프·서비스 플랫폼으로의 진화, AI 기술이 실제 서비스의 품질·네트워크 확장 결정구로 쓰이고 있어요."

그레이엄 고문이 '전환의 교훈'을 마지막으로 정리한다.

"AI-first app, 실전 문제해결, 인간적 접점 — 이 세 가지 합이 체스키의 혁신 경영의 핵심입니다."

첫째, 체스키의 리더십은 AI 활용을 단순 자동화가 아닌 플랫폼 혁신·개인화 경험·커뮤니티 통합으로 확장함으로써, 에어비앤비의 서비스·비즈니스모델 전체를 전환했다.

둘째, AI 기반 문제해결·다국어 확장·실시간 운영·예약/취소 자동화 등 구체적인 혁신은 플랫폼 경쟁력과 고객 신뢰, 효율의 경제학 원리를 응용한 대표적 사례다.

셋째, 비즈니스의 핵심이 기술의 도구화와 인간적 리더십의 병행임을 강조하며, AI를 활용한 실제 가치 창출이 여행·커머스·서비스·플랫폼의 새로운 미래 표준임을 증명했다. 체스키의 모델은 오늘날 AI 혁신과 장기 복원력·행복경제학 실천 모두의 교과서로 남는다.

마티아스 되프너

_악셀 스프링거

마티아스 되프너는 악셀 스프링거를 유럽 최대의 디지털 미디어·저널리즘 플랫폼으로 혁신하며, AI 및 조직 구조 전환의 대표경영자로 평가받는다. CEO로서 되프너는 2006년 이후 '디지털Only 전략'과 'AI 기반 저널리즘·미디어 마케팅·신사업 확장' 3대 축을 중심으로 조직의 방향성을 전면적으로 새롭게 설계했다.

되프너는 "Digital is the new print. AI is the new digital."라는 선언 아래, 전통 신문·잡지 중심의 미디어 그룹을 글로벌 디지털 구독·광고·커머스·플랫폼 사업자로 전환했다. 2015년까지 매출의 74%, 영업이익의 87%가 디지털에서 발생할 만큼 성과가 빠르게 나타났으며, 2025년까지 회사 가치 두 배 달성이라는 목표도 제시했다.

전사적 AI 기반 콘텐츠 자동화·언어·영상 변환·소셜 커뮤니티·데이터 마케팅까지 모든 분야에 기술혁신을 적용했고, Bonial·Idealo·Awin 등의 미디어마케팅 플랫폼을 산업 생태계의 '경제적 뼈대'로 구축했다.

'적응과 변형의 대자연 법칙'처럼, 되프너는 디지털·AI·혁신을 끊임없이 연결하며, 조직 구조를 민첩하게 재구성하고, 전통·신규 핵심자산을 유기적으로 결합하는 전략 실행을 반복했다. AI와 인간 지능을 병행하며, "플랫폼 의존을 줄이고 직접적 오디언스·사용자 관계를 강화한다"는 사용자 중심 전략으로, 미디어 브랜드의 독자적 생명력을 산업 전반에 확장했다. Stanford GSB "Axel Springer in 2014: Strategic

Leadership of the Digital Media Transformation" 사례분석에서는, 혁신적인 디지털·AI 경영이 수익구조와 국제적 확장, 기업 문화 내 실질적 변화를 유발한 결정적 스위치임을 입증했다.

데이비드가 악셀 스프링거의 최신 AI 저널리즘 정책 자료를 들여다보며 유머를 곁들인다.

"되프너, 'Digital is the new print. AI is the new digital.' — 거의 미디어판 다빈치 선언이죠. 신문편집실이 소프트웨어 개발실이 된 셈입니다."

제임스가 Bonial·Idealo·Awin 실적 리포트를 읽으며 설명한다.

"소매·커머스까지 미디어 플랫폼화, 광고·데이터 마케팅 모델까지… 유럽판 '아마존+구글 조합'이라는 별명이 괜히 붙은 게 아니더군요."

그레이엄 고문이 디지털 전환 2단계 접근을 정리한다.

"2006년 이후 '전사 디지털Only 자산 확대→AI 기반 저널리즘+광고·데이터·신사업' 3대 축으로, 전통−신규 자산을 조직 전체에서 융합했습니다."

데이비드가 사용성·독자관계 강화 전략을 다시 언급한다.

"플랫폼 의존 줄이고, 직접 사용자의 콘텐츠·커뮤니티·보이스에 집중 — 이게 악셀 스프링거가 AI 연계로 살아남은 이유죠." 제임스가 '인간+AI 공동지능' 경영 모델을 실제 경영 사례로 강조한다.

"편집·마케팅·영상·소셜에 AI 자동화와 인간 큐레이션을 동시에 적용 — 미디어와 기술, 사람의 지능을 같이 배합한 첫 산업 실험에 가깝습니다."

그레이엄 고문이 마지막으로 교훈을 정리한다.

"AI 생태계와 인간 조직이 융합될 때, 혁신의 속도는 무한히 가속되죠. 되프너의 케이스는 '디지털·AI 경제의 복원력·확장력' 교과서입니다."

첫째, 되프너의 악셀 스프링거 사례는 AI와 디지털 혁신이 조직의 경계, 수익구조, 확장력, 생명력 모두를 결정짓는 모범적 경영모델이다.

둘째, 미디어·커머스·마케팅의 플랫폼화, 인간+AI 공동 지능의 조직 모델, 독자·사용자 직접관계 중심의 성장 전략은 복합 산업 전반에 적용할 수 있음을 증명했다.

셋째, 끊임없는 적응, 투명하고 과감한 혁신, 장기적 성장 비전은 Post-AI 시대 경영학교과서에서 반드시 인용되는 공식적 모범으로 남는다.

나타라잔 찬드라세카란

_타타 그룹

나타라잔 찬드라세카란은 타타그룹 전체에 AI·디지털 혁신을 주도하며 인도 및 글로벌 복합 산업의 미래 경영 패러다임을 바꾼 대표 사례다. 찬드라세카란이 타타 선즈(Tata Sons) 회장으로 취임한 2017년 이후, 그룹 내 제조·자동차·금융·헬스케어·통신·에너지 등 모든 계열사에 AI·데이터 주도 경영, 클라우드 자동화, IoT, 플랫폼·서비스 통합을 추진했다.

타타 스틸(Tata Steel)에서는 AI 기반 예지 유지보수·스마트 현장·디지털로봇, 타타 캐피털(Tata Capital)은 인도 금융 최초의 보이스봇&AI 개인 대출 조력자(TIA)로 고객경험 혁신을 실현했다.

Tata Consultancy Services(TCS)는 AI 엔진 ignio™로 글로벌 IT·클라우드 자동화 및 기업 디지털 전환을 주도한다. 타타 모터스(Tata Motors)는 커넥티드카, 전기차 IoT·AI 모빌리티 플랫폼 생태계를 구축하며, 타타 커뮤니케이션즈(Tata Communications)·Tata Elxsi는 산업별 AI·클라우드 솔루션과 디지털 인프라 확장에 성공했다. 2025년까지 타타 프로젝트(Tata Projects)는 SAP Business Suite 및 AI 플랫폼을 통해 건설·EPC에서 데이터 통합·의사결정 자동화·환경지속경영을 강화했다.

이런 혁신 경영의 원리는 '생태계 복원력, 적응, 연결' 현상과 같다. 찬드라세카란은 '기존 핵심 사업의 디지털화와 신사업·플랫폼 확장'이라는 이중 전략으로, 각 산업별 실제 문제를 AI·디지털솔루션으로 해결하였다. 행동경제학적으로 기존 프레임에 머무르지 않고, 개방 혁신·실험 문화·데이터 기반의 의사결정 체계를 가속화해 그룹 복합적 생명력을 증폭시켰다.

데이비드가 타타 스틸의 IoT 스마트팩토리 보고서를 들며 말한다.

"찬드라세카란, 예지정비·스마트로봇·전기차 IoT — IT와 철강을 결합한 산업 AI 혁명가네요. 생산공장도 AI로 품질·효율 동시에 잡았습니다."

제임스는 타타 캐피털의 AI 보이스봇 TIA의 대출 자동화 사례를 설명한다.

"인도 금융 최초 TIA, 고객 음성·상담·대출 승인까지 전 프로세스를 AI가 담당 — 실질적 고객 경험 혁신이죠. 챗봇 한 번에 30만 상담, 효율과 신뢰 모두를 얻었어요."

그레이엄 고문이 TCS ignio™의 글로벌 IT ·클라우드 자동화 사례를 정리한다.

"AI 엔진 ignio™, 글로벌 IT 자동화·문제 예측·클라우드 전환에 기반 — 회사 내부·계열사 모두 디지털 전환 속도를 높이고, 오류를 줄인 효율경영입니다."

데이비드가 타타 모터스의 EV IoT 플랫폼 확장 전략을 확인한다.

"자동차·에너지·금융·유통까지 AI 모빌리티·클라우드·플랫폼으로 연결 — 그룹 내 복합혁신 생태계 구축은 단일산업 변신이 아니라 전체 산업구조 혁신이죠."

제임스가 SAP ·AI 기반 타타 프로젝트의 EPC, 데이터 의사결정 시스템을 강조한다.

"건설·인프라 프로젝트에서 데이터·AI 플랫폼을 전사적으로 도입 — 환경·의사결정·성장 동시추구가 가능합니다."

그레이엄 고문이 마지막으로 혁신의 교훈을 정리한다.

"생태계 전체에서 연결, 적응, 디지털화를 동시 실현하면, 기술·사람·사업 모두가 복원력을 갖게 됩니다. 찬드라세카란의 타타 그룹은 미래 거버넌스 모델의 전범이에요."

첫째, 찬드라세카란의 타타 그룹 혁신은 모든 산업에 AI ·디지털·플랫폼 전략을 통합해 복합기업 생태계의 연결·민첩성·복원력을 강화했다.

둘째, 제조·철강·금융·모빌리티·IT ·서비스 등 각 산업별 실질적 디지털 적용·실시간 문제해결, 신사업·플랫폼 모듈화가 실제 그룹 성장과 글로벌 시장 리더십의 핵심이 됐다.

셋째, 개방적 실험 문화·데이터 기반 의사결정·환경경영 등은 AI 혁신·행복·효율·균형의 경제학 관점에서 현대 디지털—산업 복합 거버넌스의 모범적 모델임을 보여준다.

적용과 사례: 미래혁신과 리더십 모델

미래혁신과 리더십 모델은 AI 기술의 폭발적 발전 속에서 기업과 조직이 변화에 적응하며 성장하는 방식을 폭넓게 조명한다. 조직은 데이터 기반 의사결정과 자동화 기술의 접목, 그리고 ESG와 윤리 경영을 통합하는 전략을 강조하고 있다.

글로벌 CEO들은 AI·디지털 트랜스포메이션을 활용해 업무효율 20~40% 향상, 클라우드 전환과 산업별 혁신, 다양한 인재의 포용과 윤리적 기준 강화로 조직의 지속 성장 기반을 만든다.

첫째, 미래의 리더십 모델은 인간 중심 창의성, 감성지능, 데이터·AI 리터러시의 조합을 추구한다. 둘째, AI 시대의 리더들은 'AI와 인간의 번역가'로서 기술 활용과 조직 구성원의 소통을 잇는 중간자 기능이 중요해진다. 셋째, 조직 내부의 디지털 리더십은 빠른 혁신 적응, 신뢰와 투명성, 윤리적 거버넌스가 필수적 요소로 자리하고 있다.

적용과 실제사례로, 마이크로소프트의 사티아 나델라(Satya Nadella)는 클라우드와 AI 중심의 전략으로 기업 가치를 수배 성장시키고, 직원 복지·다양성을 결합해 혁신적 조직문화를 만든 바 있다. 챗GPT와 같이 AI 기업에서는 신뢰와 투명성, 성과 측정, 윤리적 정렬이 실행력의 기준임이 입증된다. LG, 쿠팡, 스타트업 등도 AI 기반 상품개발과 비용절감, 시장 확대에 성공하며 리더십 모델의 구체적 차별화를 보여주고 있다.

대화 형식으로 다음 장을 이어간다.

데이비드가 유쾌하게 물었다.

"제임스, 요즘은 AI가 리더까지 대체한다는 얘기가 있잖아. 미래 리더십, 인간은 뭘 해야 하지?"

제임스가 미소를 띠며 답했다.

"그레이엄 고문, AI가 결정은 더 잘하지만, 팀을 움직이고 공감하게 하는 능력, 그건 감성지능이죠. 나델라처럼 인간미와 기술을 연결하는 리더가 미래 모델이야!"

그레이엄 고문이 명언을 인용했다.

"피터 드러커가 '경영의 본질은 인간의 행동'이라 말했듯, 기술만 앞세워선 진짜 혁신 못하지. AI는 번역가로, 인간은 창조자와 소통자로 거듭나야 해. 신뢰와 투명성, 윤리적 거버넌스가 다음 시대엔 핵심 원칙이야."

데이비드가 폭소를 터뜨렸다.

"행동경제학이 말하는 '손실회피'처럼, 기업도 새로운 기술 앞에선 망설이게 되지. 그런데 실패를 두려워말고 다양성을 껴안는 리더가 성공해. 실제로 나델라, 찬드라세카란, 되프너 모두 그런 예시네!"

제임스가 이어서 자신 있게 말했다.

　　　　　　　　　　　AI 시대 경제 판을 바꾼 글로벌 CEO

"실패와 자동화, 디지털 전환에도 불구하고 조직 혁신은 결국 사람 중심이야. AI 도입한 LG도 성과가 훨씬 컸지. 신뢰, 투명성, 소통, ESG… 시장도 이런 가치 중심으로 리더십을 재정의하더라."

그레이엄 고문이 희망을 담아 말했다.

"AI가 협업의 조건을 설계하고, 인간은 변화의 리더로 움직인다. Post-AI 시대, '사람과 기술의 조화'가 성장 공식이라네. 유머, 음악, 미술도 경영자에겐 영감의 원천이지. 변화의 순간마다 오늘의 리더십은 늘 새로워진다네."

세 스토리텔러의 자연스러운 대화 속에, 혁신·공감·윤리의 미래 모델은 물 흐르듯 스토리로 이어지고 있다.

마지막 단락은 명확히 3문단 구조로 정리된다.

첫째, Post-AI 시대 혁신리더십의 핵심은 인간의 창의성과 AI의 효율성을 결합해, 조직이 빠르고 성공적으로 변화에 적응하도록 이끄는 것이다. 둘째, 데이터 기반·ESG 포함·윤리적 경영, 다양성 포용과 신뢰·투명성은 미래 리더의 표준적 덕목이 되었으며, 이를 실험하고 적용한 여러 글로벌 사례는 구체적 모델을 제시한다. 셋째, AI와 인간의 상호작용, 기술과 정서·사회적 소통이 균형을 이룬다.

이 책의 마지막 페이지를 덮으며, 또 하나의 위대한 여정이 현실로 완성되는 파레토식 '20%의 결정적 순간'을 독자 여러분과 함께 경험하고 있다는 사실에 진심으로 감사를 전합니다. 모든 결과의 80%가 20%의 본질적 시도에서 비롯되듯, 이 책의 메시지가 누군가의 인생 전략과 혁신적 리더십의 결정적 티핑 포인트가 되기를 소망해 봅니다.

오늘날 글로벌 경영환경은 복잡계(Complex Systems), 초연결성(Hyperconnectivity), 변동성(Volatility), 불확실성(Uncertainty)의 시대라 할 수 있습니다. 그런 환경에서 이 책에 소개된 45인의 글로벌 CEO들은 위기관리의 실시간 게임참가자이자, 리더십 패러다임(Leadership Paradigm Shift)의 실전 시험자임을 증명합니다.

실패의 반복이 곧 새로운 학습 곡선(Learning Curve)을 만들 듯, 그들의 경험담 역시 독자 여러분의 미래 전략의 실험실이 되길 바랍니다.

무수한 원고 마감 시, "실패는 경력의 가장 값진 저장공간"이라는 명언을 자주 떠올렸습니다. 한때는 주요 기업의 재무지표보다 밤새워 지웠다 쓰기를 반복한 빈 페이지의 '한 줄'에서 더 큰 통찰이 오기도 했습니다.

  AI 시대 경제 판을 바꾼 글로벌 CEO

혹시 이 책을 읽으시며 "아, 이 부분은 아직 미흡하구나…" 혹은 "여기는 그래도 좀 웃긴데?" 같은 생각이 드셨다면, 그것이야말로 공저자가 독자와 맺고자 하는 진정한 피드백 루프(feedback loop)라고 믿습니다.

정말이지, 독자 여러분의 일상에도 경영의 레버리지(Leverage)와 혁신적 전환점(Innovation Tipping Point)이 반드시 찾아오기를 응원합니다.

그 순간마다 이 책의 전략적 시사점이 실천으로 이어져, "가장 위대한 전략은, 작은 행동 하나와 웃음 한 번에서 시작된다"는 명언처럼, 때로는 지적 사유의 가벼움과 미래 전망의 깊이가 미묘하게 공존하기를 소망합니다.

사실 모든 집필의 과정과 결과에는 '독자라는 미래 파트너'가 있어야 비로소 연구와 책의 의미가 완성됩니다.

여러분께서 이 책을 펼쳐 읽어주신 그 20%의 시간, '인공지능 시대 이후의 인간중심 리더십(Human-centered Leadership in Post-AI Era)'이 어느 날 갑자기 여러분 삶의 80% 변화를 불러올지도 모릅니다.

언젠가, 이 책의 한 문장이 당신의 비즈니스 모델을 바꾸는 결정적 계기(Tipping Point)가 되었길, 한 저자의 작은 꿈으로 남겨둡니다.

이제 남은 80%의 꿈을, 여러분 각자가 삶의 현장에서 완성해주시길 부탁드립니다.

끝으로, "퍼스트 무버(First Mover)"건, "패스트 팔로워(Fast Follower)"건, 혁신이란 단어 앞에 머뭇거린 적 있는 모든 독자에게, "실패를 두려워하지 말라 — 실패는 가장 값진 독서의 시작이자, 다음 도약의 시발점"이라는 메시지를 전합니다.

짧은 휴식과 미소를 잊지 않고, 때로 진지하게, 때로 유머로 세상과 소통할 줄 아는 여러분이 곧 미래 경영의 새로운 주역입니다.

이 여정에 동참해 주셔서, 한없이 고맙습니다. 여러분의 모든 실천과 질문이 미래 혁신의 '티핑포인트'가 되길, 저 역시 한 명의 실천적 동료로서 간절히 소망합니다.

모든 부족함은 '파레토 20%의 너그러움'으로, 예기치 않은 감동은 '인생의 티핑포인트'로 기억해 주십시오.

감사합니다.

l References l

- Anders, G. (2011). The Rare Find: Spotting Exceptional Talent Before Everyone Else. Portfolio Penguin.
- Anthony, S. D., Johnson, M. W., Sinfield, J. V., & 올트먼, E. J. (2008). The Innovator's Guide to Growth. Harvard Business Press.
- Aubrey, A. (2021). How Failure Can Lead to Success. National Public Radio.
- Axelrod, A. (2000). Patton on Leadership. Prentice Hall Press.
- Barney, J. B., & Hesterly, W. S. (2011). Strategic Management and Competitive Advantage. Pearson.
- Bezos, J. (2020). Invent and Wander: The Collected Writings of Jeff Bezos. Harvard Business Review Press.
- Bhidé, A. V. (2008). The Venturesome Economy. Princeton University Press.
- Bower, J. L., & Christensen, C. M. (1995). Disruptive Technologies: Catching the Wave. Harvard Business Review, 73(1), 43-53.
- Brynjolfsson, E., & McAfee, A. (2014). The Second Machine Age. W.W. Norton & Company.
- Chesbrough, H. W. (2003). Open Innovation. Harvard Business School Press.
- Christensen, C. M. (1997). The Innovator's Dilemma. Harvard Business School Press.
- Cull, N. J. (2019). Public Diplomacy: Foundations for Global Engagement in the Digital Age. Polity.
- Davenport, T. H., & Ronanki, R. (2018). Artificial Intelligence for the Real World. Harvard Business Review, 96(1), 108-116.
- Duhigg, C. (2012). The Power of Habit: Why We Do What We Do in Life and Business. Random House.
- Friedman, T. L. (2005). The World Is Flat: A Brief History of the Twenty-first Century. Farrar, Straus and Giroux.
- Gladwell, M. (2000). The Tipping Point: How Little Things Can Make a Big Difference. Little, Brown and Company.

- Goleman, D. (1995). Emotional Intelligence: Why It Can Matter More Than IQ. Bantam Books.
- Grove, A. S. (1996). Only the Paranoid Survive. Doubleday.
- Gulati, R. (2020). Principles of Management. McGraw-Hill.
- Hamel, G., & Prahalad, C. K. (1994). Competing for the Future. Harvard Business School Press.
- Hastie, T., Tibshirani, R., & Friedman, J. (2009). The Elements of Statistical Learning. Springer.
- 황, J. (2022). GPU Computing: Past, Present, and Future. 엔비디아.
- Isaacson, W. (2011). Steve Jobs. Simon & Schuster.
- Kahneman, D. (2011). Thinking, Fast and Slow. Farrar, Straus and Giroux.
- Kim, W. C., & Mauborgne, R. (2004). Blue Ocean Strategy. Harvard Business Review Press.
- Kotter, J. P. (1996). Leading Change. Harvard Business Review Press.
- Levitt, S. D., & Dubner, S. J. (2005). Freakonomics. William Morrow.
- Lin, X. (2016). Fosun International: China's Global Investment Pioneer. China Publishing Group.
- Ma, J. (2016). Alibaba: The House That Jack Ma Built. Ecco.
- McGrath, R. G. (2019). Seeing Around Corners: How to Spot Inflection Points in Business Before They Happen. Houghton Mifflin Harcourt.
- Moon, S. (2020). Celltrion Leadership and Biotech Innovation. Seoul Economic Press.
- Moore, G. A. (1991). Crossing the Chasm. HarperBusiness.
- Narayan, S. (2018). Adobe and the Creative Digital Revolution. Adobe Press.
- Nooyi, I. (2021). My Life in Full: Work, Family, and Our Future. Portfolio.
- Porter, M. E. (1985). Competitive Advantage: Creating and Sustaining Superior Performance. Free Press.
- Ray, S. (2021). The AI Tipping Point. MIT Technology Review.
- Ries, E. (2011). The Lean Startup. Crown Business.
- Roberts, D. (2020). Exponential Leadership in the Age of Disruption. Singularity University.
- Sandberg, S. (2013). Lean In: Women, Work, and the Will to Lead. Knopf.
- Schein, E. H. (2010). Organizational Culture and Leadership. Jossey-Bass.
- Schwab, K. (2016). The Fourth Industrial Revolution. Crown Business.
- Sinek, S. (2009). Start With Why. Portfolio.

AI 시대 경제 판을 바꾼 글로벌 CEO

- Thiel, P. (2014). Zero to One: Notes on Startups, or How to Build the Future. Crown Business.
- Tirole, J. (2017). Economics for the Common Good. Princeton University Press.
- Toyoda, A. (2018). Toyota's Global Journey. Toyoda Corporation.
- Welch, J. (2005). Winning. Harper Business.
- Womack, J. P., Jones, D. T., & Roos, D. (1990). The Machine That Changed the World. Scribner.
- Yunus, M. (2003). Banker to the Poor: Micro-Lending and the Battle Against World Poverty. PublicAffairs.

AI 시대 경제 판을 바꾼 글로벌 CEO

초판 1쇄   2026년 1월 20일

지은이   김소연 고종문
발행인   김재홍
교정/교열   김혜린
디자인   박효은
마케팅   이연실

발행처   도서출판지식공감
등록번호   제2019-000164호
주소   서울특별시 영등포구 경인로82길 3-4 센터플러스 1117호(문래동1가)
전화   02-3141-2700
팩스   02-322-3089
홈페이지   www.bookdaum.com
이메일   jisikwon@naver.com

가격   25,000원
ISBN   979-11-5622-980-3 03320